APA GUIDES

Konzeption Hans Höfer

München

Herausgegeben von Susanne Rick und Heinz Vestner
Fotografiert von Gerd Pfeiffer, Günter Schneider u.a.

APA PUBLICATIONS

ZU DIESEM BUCH

Rick

Die „heimliche Hauptstadt Deutschlands“, als die München lange Zeit tituliert wurde, ist im Gefolge der Vereinigung der deutschen Staaten und des europäischen Einigungsprozesses politisch an die Peripherie gerückt. Als Hauptstadt der Ferienmacher und Pilgerort für Millionen Besucher aus aller Welt steht sie aber nach wie vor hoch im Kurs. Unter den 15 Bundesländern ist Bayern, touristisch gesehen, noch immer die Nummer eins und München der Ausgangspunkt der Erkundungsreisen durchs Bayernland.

Den schwierigen Auftrag, diese allseits beliebte Stadt, deren Bild von zahlreichen Klischeevorstellungen geprägt ist, nach dem Konzept der internationalen Serie der Apa Guides vorzustellen, erhielt **Heinz Vestner.** Er fand in **Susanne Rick** eine Journalistin, die bei mehreren „Arbeitsessen“ in Münchner Szenekneipen Aufbau und Struktur des *Apa Guide München* mit ihm festlegte.

Setzwein

Das Buch soll dem Leser München „von innen“ erschließen, aus dem Blickwinkel seiner Bewohner. Bei aller Liebe zu dieser einzigartigen Stadt wird es auch kritische Meinungen zum Vorschein bringen.

Ohne München wäre der Autor **Bernhard Setzwein** schwer denkbar. Sendling steht im Mittelpunkt seines Romans *Wurzelwerk,* und mit *Hirnweltlers Rückkehr* (1987) hat er eine literarische Sightseeing-Tour verfaßt, die nur ein echter Münchner schreiben kann. Die Beiträge in diesem Band sind gezeichnet von seinem ausgeprägt bayerischen Naturell.

Prill

Meinhard Prill, Historiker und promovierter Germanist, hat sich für den Geschichtsteil dieses Bandes in den zahlreichen Bibliotheken der Isar-Metropole umgesehen.

Lubkoll

Christine Lubkoll entdeckte mit ihrem Spaziergang durch das Lehel selbst ein Stück Neuland. Die gebürtige Bremerin promovierte in Berlin und arbeitete als Literaturwissenschaftlerin an der Ludwig-Maximilians-Universität.

Der Diplom-Geograph und Reisejournalist **Armin Herb** ist begeisterter Westendler und führt den Münchenbesucher durch die City-Randgebiete, die normalerweise – und dies ganz zu Unrecht – vom Besuchsprogramm ausgeklammert bleiben.

Neugart

Peter Neugart, gebürtiger Münchner, zog nach den Olympischen Spielen von 1972 in das Studentenviertel des Olympischen Dorfes. Seither gehörte der Filmemacher zu den Aktiven des Stadtteilzentrums *forum 2* und war dort lange für das Kinoprogramm zuständig.

Der Wirtschafts- und Reisejournalist **Georg Weindl** lebt abwechselnd in München und im Chiemgau und hat auch schon Stadtspaziergänge für den *Apa Guide Venedig* unternommen. Für den München-Führer hat er die Innenstadt erkundet und beschrieben.

Schmidt

Klaus Schmidt inspizierte die nähere und weitere Umgebung Münchens. Als Autor von Fernsehsendungen für den Bereich Sketch, Show und Unterhaltung interessierte ihn vor allem die unfreiwillige Komik im Leben des bayerischen „Märchenkönigs“ Ludwig II.

Ammer

Der Kunsthistoriker **Gerhard Ammelburger** ist den Spuren der Münchner Künstler gefolgt und hat für den vorliegenden Band in den unermeßlichen Kunstschätzen Isar-Athens gestöbert.

Andreas Ammer, ein echter Münchner, verschrieb sich in Seminaren, Studios, Galerien, Kneipen und Projekten der Pflege und Verwertung des „hohen", aber auch des „halbseidenen" Geistes. So entstanden auch seine Beiträge über die Münchner „Szene" (mehrmals aktualisiert) und sein Wohngebiet, die Au.

Eigentlich wollte der promovierte Germanist **Klaus Hübner** über München als Literaturstadt schreiben. Der Redakteur einer Fachzeitschrift und Mitarbeiter des Münchner *Iudicium*-Verlages, für den er den prächtigen Bildband *Bayerns Bier-Burgen* betreute, stellte bald fest, daß München weniger eine Literatur- als vielmehr eine Bierstadt ist. Münchens Biergärten kennt er denn auch mindestens so gut wie seinen Lion Feuchtwanger und dessen berühmten München-Roman *Der Erfolg.*

Hübner

Geboren in Paris, aufgewachsen in München, kehrte **Etienne Bellay** nach dem Studium in New York, Paris und Houston in die bayerische Metropole zurück, die er seither für sich und andere neu entdeckt hat. In vielen Veröffentlichungen hat sich Etienne als Kenner der Film- und Literaturszene in München erwiesen. Im *Apa Guide München* schreibt er über das bayerische Hollywood Geiselgasteig und den Komiker Karl Valentin.

Bellay

Peter M. Bode war viele Jahre Kulturredakteur und Architektur-Kritiker für die *Süddeutsche Zeitung* und den *Spiegel,* bevor er Redakteur bei der Münchner *Abendzeitung* wurde. Der Autor einschlägiger Architekturbücher und diverser TV-Sendungen über Architektur und Städtebau hat in seinem Essay die Münchner Stadtplanung unter die Lupe genommen.

Seit vielen Jahren fotografiert **Gerd Pfeiffer** in München, und es gibt wohl kaum einen Winkel in der Stadt, den er noch nicht im Visier gehabt hätte. Sein liebstes Kind ist der Viktualienmarkt, über den er ein schönes Buch veröffentlicht hat. Was dem flüchtigen Auge des Betrachters nur allzu leicht entgeht, hat der Fotograf und Kameramann **Werner Lüring** mit viel Liebe und Geduld festgehalten.

Pfeiffer

Weitere Fotos haben die Fotografen **Günter Schneider, Werner Gebhardt, Rainer Henninges, Robert Srzentic, Heiko Schiemann** und **Tony Halliday** beigesteuert.

Unser besonderer Dank gilt **Fritz Fenzl** von der *Monacensia*-Bibliothek, der den Zugang zu wichtigem Archivmaterial ermöglichte.

Die Redaktion des Buches hatten Heinz Vestner und **Regina Hagen.** Die Neuauflage von 1998 bearbeitete **Karin Baedeker,** Autorin mehrerer München-Bücher, die im Fremdenverkehrsamt der Stadt arbeitet und an der Quelle für die neuesten Reiseinformationen sitzt.

Matthias Liesendahl sorgte für das typographische Facelifting des Apa Guide, der um Bildmaterial der Fotografen **Marlis Kappelhoff** und **Herbert Hartmann** bereichert wurde.

INHALT

Willkommen

Geschichte

Menschen und Kultur

München erkunden

Karten

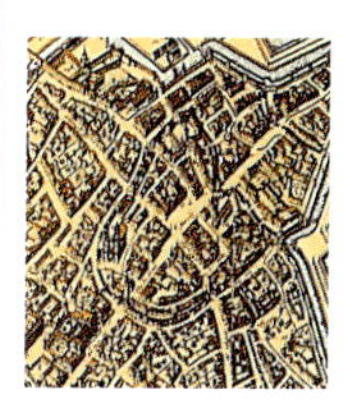

Stadtkunde

Reiseplanung

Wissenswertes

Unterwegs

Unterkunft

Essen & Trinken

Unternehmungen

Literaturhinweise

PER
EMA

Bücher

E
H

Hacker-Pschorr

der Bayern

WILLKOMMEN IN MÜNCHEN

München – beim Klang dieses Namens schlagen die Herzen höher, nicht nur in bundesdeutschen Provinzen. Versinnbildlicht diese Stadt doch alles, was im Zeitalter der Postmoderne Lebensqualität ausmacht: hoher Freizeitwert, die natürliche Idylle des bayerischen Oberlandes und das kulturelle Angebot einer seit jeher um Kunstsinnigkeit bemühten Metropole; eine Architektur, die den Bogen von der Gotik bis zum Funktionalismus spannt; ein patriotisches Lokalkolorit und gleichzeitig ein Standort der High-Tech- und Filmindustrie. München hat Atmosphäre, einen Hauch von Showbiz und High-Society – kurz, jene materielle Komponente, die noch immer den Imagewert einer Stadt ausmacht.

München – das ist auch und insbesondere eine, fast ist man gewillt zu sagen: neubayerische Stadt. Nirgends sonst in Bayern wird das Bayerntum so geziert und stilisiert zu Markte getragen wie in München. Kein Wunder. Zwei Drittel der Bewohner sind in den letzten zehn Jahren meist aus nicht-bayerischen Landen zugezogen und bemühen sich, wenngleich leicht verkrampft, dem bajuwarischen Selbstbildnis der Stadt gerecht zu werden.

München liebt seine Originale, lebt im Spannungsfeld von Sein und Schein und zieht gerade daraus die Kraft, den selbst erzeugten Mythos immer aufs neue mit Lebensenergie zu versorgen. Man setzt sich gern in Szene, gibt sich weltoffen, scheut keine Vergleiche: Isar-Athen, Klein-Paris, deutsches Silicon Valley, Weltstadt mit Herz, Filmmetropole, heimliche Hauptstadt der Bundesrepublik Deutschland. Dabei ist München immer ein Millionendorf geblieben und hat sich auch mit diesem Bild angefreundet; suggeriert es doch Idylle, Übersichtlichkeit und Bodenständigkeit. Von der Stadt sind nie Impulse ausgegangen, sie hat sich allem Neuen und Fremdem gegenüber meist gesperrt – Zugeständnisse an den Zeitgeist ausgenommen. War die Zeit aber vorbei, dann war es auch mit der Anpassungsfähigkeit vorbei – das mußte König Ludwig I. ebenso erfahren wie der Pazifist Kurt Eisner, 1919 kurzzeitig Ministerpräsident von Bayern, ganz zu schweigen von denjenigen, die sich, unzeitgemäß, mit bayerischer Obrigkeit angelegt haben.

Dennoch, alles will nach München. Allein das Oktoberfest zieht jährlich an die sechs Millionen Besucher an – in vierzehn Tagen. Man will in München leben und arbeiten, erwartet Erfolg und Vergnügen, selbst das Wetter soll hier durchschnittlich besser sein als anderswo. Seltsam jedoch: Nur wenige der Zuwanderer bleiben für immer. Die Fluktuation ist erheblich.

„München leuchtet“, schrieb um 1900 Thomas Mann. Und noch immer gilt, was einst ein Durchreisender von München behauptete: „München ist ängstlich bemüht, nicht weltstädtisch auszusehen, es will eine Landeshauptstadt bleiben. München hat das Gegenteil von Größenwahn. Einen Kleinheitswahn. Das Weltstädtische erzwingt sich aber seinen Weg.“

Vorherige Seiten: Hoch geht's her auf dem Oktoberfest / Die Mariensäule auf dem Marienplatz / Performance am Marienplatz / Ein Prosit der Gemütlichkeit / Der Oktoberfestzug am Nationaltheater / Bierseligkeit unter dem weißblauen Himmel. Links: Kunstgenuß monumental.

München.

Wichtige Daten zur Geschichte Münchens

Etwa 1200 v. Chr. Die Illyrer aus Südosteuropa siedeln am Nordrand der Alpen. Ab dem 5. Jh. v. Chr. dringen die Kelten von Westen ins Alpenvorland ein.
15 v. Chr. Die Römer unter Drusus und Tiberius dringen bis zur Donau vor.
Um 500 n. Chr. Nach kurzer Zeit unter ostgotischer Herrschaft nehmen nach und nach die Bajuwaren aus Böhmen das Land in Besitz.
746 Gründung des Klosters Tegernsee; ein kleiner Ableger an der Isar bekommt den Namen Munichen („Heim der Mönche"), der im 7. Jh. zum erstenmal dokumentarisch belegt ist.
947 Bayern fällt an die Sachsen unter Otto I., der seinen Bruder Heinrich mit dem Herzogtum belehnt.
1070 Die Welfen übernehmen das Herzogtum München.
1158 Welfenherzog Heinrich der Löwe läßt die Isarbrücke bei Oberföhring zerstören und wenige Kilometer flußaufwärts bei der kleinen Mönchsniederlassung Munichen eine neue Brücke errichten, an der er Zoll kassiert. Der Salztransport aus Reichenhall und Hallein sichert ihm reiche Einkünfte. Als Kaiser Barbarossa auf dem Reichstag zu Augsburg die Ergebnisse dieses Handstreichs besiegelt, ist München offiziell geboren.
1180 Heinrich der Löwe verfällt der Reichsacht, nachdem er Kaiser Friedrich Barbarossa die Heerfolge versagte. Otto von Wittelsbach wird statt seiner vom Hohenstaufenkaiser mit dem Herzogtum Bayern belehnt.
1255 München wird unter Herzog Ludwig II. Haupt- und Residenzstadt des Teilherzogtums Bayern-München, zu dem die Pfalz und Oberbayern gehören.
ab 1294 Herzog Ludwig der Bayer (ab 1328 Kaiser, ab 1314 deutscher König) übernimmt nach und nach die Herrschaft. Er läßt den zweiten Mauerring mit 4,5 km Länge anlegen, dessen Bau 15 Jahre in Anspruch nimmt.
1327 Verheerendes Feuer zerstört München.
1385–1403 Wegen Steuererhöhungen kommt es zum Aufstand der Handwerker und Kaufleute gegen den Herzog; die Zünfte erheben sich gegen die Patrizier.
1429 Wieder wird ein Teil der Stadt ein Raub der Flammen.
1506 Herzog Albrecht IV. (der Weise) erläßt das Primogeniturgesetz, nach dem nur der Erstgeborene erbberechtigt ist. Die Teilung Bayerns ist damit überwunden; München wird die Hauptstadt von Gesamtbayern.
1516 Das Bier-Reinheitsgebot wird erlassen, das älteste deutsche Lebensmittelgesetz.
1508–1550 Bayern unter Herzog Wilhelm IV. Der Herrscher wirkt der reformatorischen Bewegung in Bayern entgegen und holt schließlich die Jesuiten ins Land, die eine starke Kraft der Gegenreformation bilden.
1550–1579 Herzog Albrecht IV. setzt nach den Bestimmungen des Augsburger Religionsfriedens die ausschließliche Katholizität Bayerns durch. Der Herzog ist ein Förderer von Wissenschaften und Künsten.
1598 Unter Herzog Maximilian I. wird in Bayern die Katholische Liga gegründet, die der Herzog im Dreißigjährigen Krieg anführt.
1632 Die Schweden unter König Gustav Adolf besetzen auch München.

1634 Die kaiserlichen Truppen Spaniens ziehen in München ein. Als Folge einer Pestepidemie und der Wirren des Dreißigjährigen Krieges wird die Einwohnerzahl Münchens von 22 000 auf 9000 dezimiert.
1704-1714 Im Spanischen Erbfolgekrieg verliert Kürfürst Max Emanuel, der sich auf die Seite Frankreichs stellte, ganz Bayern an die Österreicher. 1705 erheben sich die Bauern gegen die österreichische Besatzung, die 1705 in der „Sendlinger Mordweihnacht" von den kaiserlichen Soldaten niedergemetzelt werden.
1714 Der aus dem Exil zurückgekehrte Max Emanuel erhält auf der Friedenskonferenz Bayern ohne territoriale Verluste zurück.
1742 Der Wittelsbacher Karl Albrecht wird in

Frankfurt als Karl VII. zum römisch-deutschen Kaiser gewählt.
1745–1777 Karls Sohn Maximilian III. regiert in Bayern. Er schließt mit Österreich Frieden und sichert Bayern Jahrzehnte der Ruhe, in denen er sich den Wissenschaften und dem Aufbau des Staates widmet.
1777–1799 Karl Theodor regiert über ein Bayern, zu dem zwar die Oberpfalz, nicht aber das Innviertel gehört.
1799–1825 Unter Maximilian IV. Joseph aus der Linie Pfalz-Zweibrücken: Zum Ausgleich für die an Napoleon abgetretenen linksrheinischen Gebiete werden 1803 im Friedensvertrag mit Frankreich die säkularisierten Fürstbistümer Würzburg, Bamberg, Augsburg, Freising und Passau Bayern angegliedert.

1805 Napoleon zieht als Verbündeter in München ein. Nach der Schlacht von Austerlitz schlägt er die Markgrafschaft Ansbach-Bayreuth sowie das österreichische Vorarlberg, Salzburg, das Innviertel und das Hausruckviertel Bayern zu.
1806 Bayern wird dank Napoleon Königreich. Herzog Maximilian IV. wird erster König von Bayern und nennt sich nun Maximilian I. Joseph.
1810 Das erste Oktoberfest.
1818 Die neue bayerische Verfassung bestimmt München als Hauptstadt.
1825 Ludwig I. besteigt den Thron. Unter ihm wird München eine Stadt der Künste und der Wissenschaften.
1840 Die ersten Züge verkehren zwischen München und Augsburg.
1846 München hat 100 000 Einwohner.
1848 Die Märzunruhen und die Affäre um Lola Montez, einer jungen irischen Tänzerin, zwingen den König zur Abdankung.
1848–1864 Ludwigs Sohn, König Maximilian II., fördert Gelehrte und Literaten und setzt sich für sozialpolitische Reformen ein.
1864–1886 Bayern unter König Ludwig II., dem „Märchenkönig" und Erbauer phantastischer Schlösser: Bayern nimmt mit Österreich am Krieg gegen Preußen teil (1866), an der Seite Preußens kämpft es gegen Frankreich (1870).
1886-1912 Prinzregent Luitpold nimmt anstelle des geisteskranken Bruders Ludwigs II. den bayerischen Thron ein.
1900 München hat 500 000 Einwohner.
1918 Novemberrevolution in München: König Ludwig III., der letzte Wittelsbacher König, flieht. Der Sozialist Kurt Eisner, der erste bayerische Ministerpräsident, ruft den freien Volksstaat Bayern aus.
1919 Die bayerische Räterepublik proklamiert. Kurt Eisner wird ermordet.
1923 Putschversuch der Nationalsozialisten an der Feldherrnhalle scheitert.
1933 Die Nationalsozialisten beseitigen am 9. März den letzten rechtmäßig gewählten Stadtrat. München wird „Hauptstadt der Bewegung".
1938 Das „Münchner Abkommen", unterzeichnet von Hitler, Mussolini, Chamberlain und Daladier, führt zur Zerschlagung der Tschechoslowakei.
1939 Hitler entgeht nur knapp einem Attentat im Bürgerbräukeller.
1943 Studenten und Professoren der „Weißen Rose" organisieren den Widerstand gegen die Tyrannei des Nationalsozialismus.
1944 München ist durch Bombenangriffe zu 70% zerstört.
1945 Amerikanische Einheiten nehmen kampflos die Stadt ein.
1946 In einer Volksabstimmung wird die Verfassung des Freistaats Bayern gebilligt.
1957 München wird nach Berlin und Hamburg die dritte deutsche Millionenstadt.
1958 Flugzeugabsturz mitten in München. Unter den Toten sind acht bekannte Fußballspieler von Manchester United.
1971 Die erste Münchner U-Bahn-Linie nimmt den Betrieb auf.
1972 Die XX. Olympischen Sommerspiele sind vom Attentat auf die Olympiamannschaft Israels überschattet.
1992 Der neue Münchner Flughafen eröffnet.
1997 Das neue Messegelände in Riem vor der Fertigstellung.

Vorherige Seiten: Der Marienplatz auf einem Kupferstich von Michael Wening von 1701. Links: Das Stadtwappen. Oben: Lola Montez.

Münchens Geschichte beginnt mit einer Gewalttat. 1156 verlieh Kaiser Friedrich I. Barbarossa das Herzogtum Bayern an den Welfen Heinrich den Löwen. Dieser zerstörte nach seiner Machtübernahme die bei Oberföhring liegende Brücke über die Isar, die sich im Besitz des Bischofs von Freising befand und als Zollstation reiche Einkünfte erbrachte, da über sie die Salztransporte von Reichenhall und Hallein nach Augsburg führten.

Einige Kilometer flußaufwärts ließ der Welfenherzog eine neue Brücke errichten, nahe einer kleinen Siedlung, die den Namen „Ze den Munichen" trug; sie war wohl nicht mehr als eine Ansammlung von Bauernhöfen, die zum Teil von Mönchen (Munichen) bewirtschaftet wurde und zu der auch eine kleine Kirche aus Stein gehörte.

Heinrich der Löwe, der bereits früh erkannt hatte, wie wichtig Städte für die Entwicklung eines Landes waren, und der als Herzog von Sachsen auch Lübeck, Rostock und Schwerin gegründet hatte, stattete die kleine Siedlung „Munichen" mit den Rechten aus, die notwendig für das Wachstum des Ortes waren: das Recht, einen Markt abzuhalten, und das Recht, Münzen zu prägen.

Bischof Otto von Freising mußte das Unrecht ohnmächtig hinnehmen; Heinrich der Löwe zählte zu den mächtigsten Herzögen des Reiches, und Kaiser Barbarossa, ein Staufer, hatte Bayern vor allem deshalb an ihn verliehen, um die alte Rivalität zwischen Welfen und Staufern um die Vorherrschaft im Reich zu beenden.

Am 14. Juni 1158 legalisierte der Kaiser daher den Schritt des Herzogs; das Datum gilt seither als Gründungstag Münchens. Die Siedlung mußte jährlich ein Drittel ihrer Münz- und Zolleinnahmen an das Bistum Freising als Entschädigung abtreten – eine Vereinbarung, die bis 1803 gültig war, als das Bistum an Bayern fiel. 1852 erfolgte der endgültige Schlußstrich; die Stadt kaufte sich mit 987 Gulden beim bayerischen Staat, dem Rechtsnachfolger des Bistums, von allen Verpflichtungen aus ihrer frühesten Geschichte frei.

Heinrich der Löwe mit seiner Gattin, Margarete von Holland.

München ist somit eine relativ junge Stadt, ohne die große Geschichte von Städten wie Augsburg oder Regensburg, die von den Römern gegründet wurden. Nachdem bei Grabungen am Marienplatz und unter dem Alten Peter Siedlungsreste und Fundamente einer Steinkirche gefunden wurden, die aus der Zeit vor 1158 stammen, blieben Versuche nicht aus, die Geburtsstunde Münchens bis in die Zeit der Römer oder wenigstens ins 6. oder 7. Jh. n. Chr. zurückzuverlegen.

Sicher ist jedoch lediglich, daß der Münchner Raum zur Zeitenwende römisches Siedlungsgebiet war. 17 n. Chr. entstand in Gauting (lat. Bratanarium) ein Militärposten der Römer, und auch in Denning und Grünwald finden sich römische Siedlungsspuren. Im Gefolge der abziehenden Römer besiedelten im 5. Jh. die Bajuwaren das Land, deren Herkunft bis heute ebenfalls umstritten ist. Aus dieser Zeit stammen die so häufig auf „ing" endenden Ortsnamen im Münchner Raum. Sendling (760), Pasing (763), Schwabing (782) oder Giesing (790) sind bereits früh beurkundet, auch andere Orte wie Laim, Haidhausen, Ramersdorf oder Bogenhausen scheinen bereits lange vor der Siedlung „Ze den Munichen" bestanden zu haben.

Schon dieser Name läßt erkennen, daß es mit einer Münchner Geschichte vor 1158 nicht weit her sein kann, immer wieder bezeichnen die Annalen der Klöster Schäftlarn und Tegernsee Mönchssiedlungen auf diese Weise, wobei umstritten ist, zu welchem der beiden Klöster München einst gehört haben mag; Historikerstammtische mit entsprechendem Lokalkolorit können darüber heute noch erbittert diskutieren.

Ebenso offen ist die Frage, warum der Mönch, den die Siedlung von Anfang an im Wappen trug, sich im 17. Jh. zum berühmten Münchner Kindl wandelte. Auch dafür kennt man keine eindeutige Erklärung. Das Münchner Kindl wurde rasch zum sympathischen Sinnbild der Stadt, und als die Stadtväter nach dem Zweiten Weltkrieg auf der Suche nach einem neuen Wappen waren, da das alte mit dem Hakenkreuz verunziert worden war, konnten sie ihre Absicht, den Mönch wieder im Wappen zu zeigen, nur mit Einschränkungen durchsetzen; die Münchner bestanden eisern auf ihrem geliebten Münchner Kindl, das sich auch heute noch im Wappen der Stadt in der Mönchskutte zeigt, in der linken Hand ein Buch haltend.

Erste Stadtmauer: Die Siedlung nahm nach 1158 einen raschen Aufschwung, als Schöner Turm bezeichnet, das innere Sendlinger Tor am südlichen Ausgang des Rindermarktes sowie die beiden nördlichen Tore am Ende von Wein- und Dienerstraße.

Mehrere Wehrtürme sicherten zusätzlich die Stadtmauer, von der heute nichts mehr zu sehen ist, auch wenn oftmals der Turm am Rindermarkt zu einem Überbleibsel aus dieser Zeit verklärt wird. Tatsächlich handelt es sich bei ihm aber nur um einen alten klobigen Wasserturm.

Zentrum Münchens war seit je der Marienplatz, der diese Bezeichnung jedoch erst seit 1854 trägt. Ursprünglich hieß er Markt-, später Schrannenplatz, denn hier

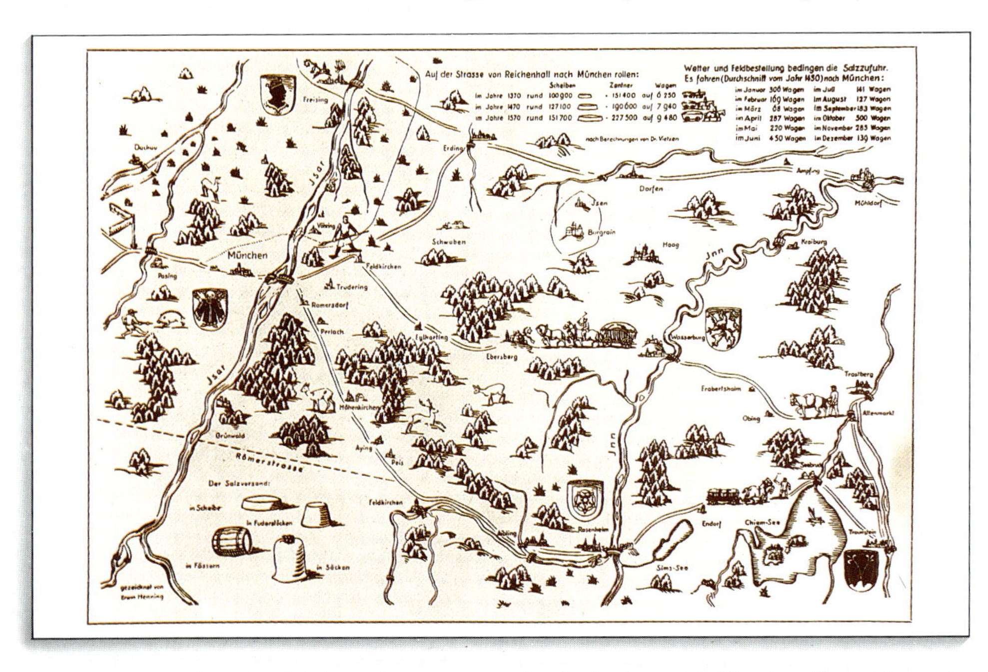

auch wenn sie im Vergleich zu heute nur winzige Ausmaße besaß. Der erste Mauerring, von dem 1173 berichtet wird, umschloß 2500 Einwohner und zog sich entlang der heutigen Augustinerstraße über Löwengrube, Schäfflerstraße, Hofgraben und Sparkassenstraße zum heutigen Viktualienmarkt hin, um über Rosental und Färbergraben den Kreis zu schließen.

Noch lange nach Erweiterung der Stadt floß hier das Wasser im inneren Stadtgraben. Fünf Tore sicherten den Zugang zur Stadt – das Talbrucktor beim heutigen Alten Rathaus am Marienplatz, das Obere Tor am Ende der Kaufinger Straße, später fand ab dem 14. Jh. der Getreidemarkt statt. An diesem Platz kreuzte sich die Salzstraße von Salzburg nach Augsburg mit der Straße, die Sendling mit Schwabing verband. Noch heute läßt der Stadtplan die Strukturierung Münchens durch dieses Straßenkreuz erkennen.

Auf dem Marienplatz spielten sich über Jahrhunderte hinweg die Höhepunkte städtischen Lebens ab – Turniere und Zweikämpfe, Feste und Bürgeraufstände, aber auch Hinrichtungen. Im Dreißigjährigen Krieg ließ der schwedische König auf dem Platz die Galgen errichten, nachdem er die Stadt besetzt hatte, und auch die Überlebenden der Sendlinger Bauernschlacht im Jahre 1705, im Volksmund „Mordweihnacht“ geheißen, fanden hier einen grausamen Tod.

Die kleine Siedlung München war 1180 nochmals ernsthaft in ihrem Bestand gefährdet, als Heinrich der Löwe Kaiser Friedrich Barbarossa die Unterstützung im Kampf gegen die oberitalienischen Städte verweigerte und dafür vom Kaiser geächtet wurde. Er verlor in der Folge das Herzogtum Bayern, und der Bischof von Freising glaubte nun, die alten Verhältnisse wiederherstellen zu können.

Schon vermerkten die Annalen des Klosters Schäftlarn: „München wird zerstört, Föhring wieder aufgebaut.“ Aber der Ort war anscheinend schon so gewachsen, daß ihn der Bischof nicht mehr zerstören konnte, und bis 1240 übernahm der Freisinger Bischof die alleinige Herrschaft über München, das in den Annalen des Klosters Scheyern schon 1214 als „civitas“, als Stadt, aufschien.

In diesem Zeitraum bezog München seine Einnahmen vor allem aus dem einträglichen Salzhandel und den damit verbundenen Brückenzöllen. Die Stadt war bereits zum Handelszentrum des oberbayerischen Raumes aufgestiegen, der auch schon die Münchner Pfennige als gebräuchliches Zahlungsmittel kannte, als die Wittelsbacher 1240 die Herrschaft übernahmen. Diese hatten 1180 die bayerische Krone erhalten und blieben bis 1918 die Herren von München wie auch von Bayern; keine andere Dynastie in Deutschland hielt sich länger an der Macht, und auch wenn die Wittelsbacher ihre Machtinteressen wohl durchzusetzen wußten – vor allem die frühen Herrscher führten oftmals ein ruppiges Regiment –, so haben sich die Bayern doch eine freundliche Erinnerung an „ihr“ Herrscherhaus mit seinen Herzögen, Kurfürsten und Königen bewahrt.

Links: Die Salzstraßen und der Isarübergang bei München. Oben: Stadtsiegel aus dem 14. Jh.

„Menschliche Herrscher“ seien es gewesen, so beteuern die Königstreuen in Bayern bis heute, und niemand protestiert. Alljährlich versammeln sich noch heute die Anhänger der Wittelsbacher im niederbayerischen Gammelsdorf, denn: „Mia braucha koan Kini, aber scheena wars …“ Zu deutsch: „Wir brauchen keinen König, aber schöner wäre es …“

Die erste Stadtburg: Herzog Ludwig II. war der erste Wittelsbacher, der München als Residenzstadt wählte. Er mußte die Herrschaft über Bayern noch mit seinem Bruder teilen, der in Landshut, der niederbayerischen Hauptstadt, residierte. Damit begannen die undurchsichtigen Landesteilungen, die immer wieder die Entwicklung des Landes hemmten und erst im frühen 16. Jh. endeten.

Zunächst aber ließ sich Ludwig der Strenge am nordöstlichen Rand der damaligen Stadt den Alten Hof als Stadtburg bauen. Hier stand vermutlich bereits ein Verwaltungsgebäude aus der Zeit Heinrichs des Löwen, und bei aller Sympathie, die man heute aus der historischen Distanz heraus diesem Herrscherhaus entgegenbringt, so war doch im Mittelalter das Verhältnis zwischen Bürgern und Landesherren nicht ohne Konflikte. Wohlweislich bauten die Wittelsbacher ihre Burgen und Residenzen gern an den Rand der Städte, um bei Aufständen rasch und ungehindert fliehen zu können.

In der zweiten Hälfte des 13. Jh.s wuchs München um das Fünffache. Franziskaner, Augustiner und Klarissinnen errichteten ihre Klöster in der Stadt, und obwohl man erst 1260 die Kirche St. Peter neu gebaut hatte (sie besaß damals einen Doppelturm), wurde bald eine zweite Pfarrkirche notwendig, da, wie der Bischof von Freising vermerkte, „die Taufgemeinde der Kirche des hl. Petrus in München durch Gottes Gnade ins Ungemessene gewachsen ist, daß sie durch eines einzigen Hirten Leitung ohne Gefahr für die Seelen nur schwer gelenkt werden kann ...". Es entstand die Marienkirche, die im 15. Jh. der Frauenkirche weichen mußte. Zwischen Marienplatz und Isar, im Tal, siedelten sich die armen Leute an; die wachsende Vorstadt wurde in den Mauerring der ersten Stadtbefestigung mit einbezogen, und dort ließen sich auch die Mönche des Heilig-Geist-Spitals nieder, die in der Folge einen Teil des Brükkenzolls für die Pflege und Versorgung der Armen und Kranken erhielten.

Die Expansion der Stadt ging nicht ohne soziale Spannungen vonstatten. An der Spitze der Bürgerschaft stand eine kleine Gruppe von reichen Patriziergeschlechtern, die auch den im späten 13. Jh. erstmals erwähnten Stadtrat (Rat der Zwölf) beherrschten. Sie vertraten die Interessen der Stadt gegen die Stadt- und Landesherren und deren Beauftragten, den Stadtrichter.

Das Gros der Bevölkerung bildeten Handwerker, kleine Händler, Fuhrleute, Arbeiter und Tagelöhner. Dazu kam eine kleine jüdische Bevölkerungsgruppe, die 1285 ein gewaltiges Pogrom zu erleiden hatte, als man sie des Mordes an einem Kind beschuldigte; 150 jüdische Bürger wurden in ihrer Synagoge verbrannt, die sich – wie das Ghetto – im Areal hinter dem heutigen Neuen Rathaus befand. Erst 1287 siedelten sich wieder Juden in der Stadt an. Ihre Lebensbedingungen waren weiterhin hart: Ihnen war bei Strafe jedes andere Geschäft als das des Geldverleihs verboten. 1348 wurden sie erneut verfolgt und 1442 schließlich endgültig aus der Stadt verbannt.

1295 rebellierte die Bürgerschaft gegen den Herzog, der auf dem Marktplatz eine eigene Münzprägestätte errichtet hatte, in der allerdings, zur Linderung der herzöglichen Finanznot, die Münzen mit unedlen Metallen gestreckt wurden. Die Handwerker der Stadt vor allem waren es, die das Haus stürmten und zerstörten und auch den Münzmeister töteten, wofür die Bürgerschaft 500 Pfund Pfennige als Strafe an den Herzog zahlen mußte.

Was die Steuerkraft betraf, war München damals die reichste Stadt der wittelsbachischen Ländereien; und das umliegende Land war fruchtbar genug, um die im 14. Jh. auf 10 000 Einwohner gestiegene Bevölkerung zu ernähren. Lebensmittel wurden auf dem Schrannenmarkt angeboten, auf dem sich auch, an der Einmündung zur Weinstraße, der Weinmarkt befand. Im Mittelalter noch trank man in München bevorzugt Wein, den man vorwiegend aus Südtirol bezog, wo die meisten Münchner Klöster eigene Weinberge besaßen.

Aber wo es möglich war, baute man auch in Bayern selbst Wein an, noch heute tragen die Uferhänge der Donau bei Regensburg den Namen „Winzerer Höhen". Da auswärtige Händler ihre Ware nur unter freiem Himmel verkaufen durften, errichtete man im späten Mittelalter den Weinstadel (Burgstraße 5), wo die Fässer über Nacht deponiert werden mußten. Die Fleischbänke der Stadt wurden früh schon unterhalb der Peterskirche angesiedelt, weshalb noch heute dort die Metzgerläden zu finden sind; in den Stadtgräben wurde seit dem15. Jh. Fischzucht betrieben. Die meisten Lebensmittel, die in der Stadt angeboten wurden, unterlagen dem Brückenzoll; ebenso die Kaufmannsware, die seit dem 14. Jh. auf dem heutigen Jakobsplatz („Jakobidult") verkauft wurde. Ein Kaufmann durfte die Stadt nicht umgehen oder einfach durchziehen, er war verpflichtet, seine Ware zumindest einen Tag lang auf dem Markt anzubieten. Durch diese Maßnahmen sicherten sich die mittelalterlichen Städte ihre Stellung als Marktplätze.

München als Kaiserstadt: Für Münchens Entwicklung war es von unschätzbarem Vorteil, daß es im frühen 14. Jh. zur Königs- und Kaiserstadt aufstieg, denn 1314 wählten die deutschen Reichsfürsten den bayerischen Herzog Ludwig IV. zum deutschen Kaiser, genannt Ludwig der Bayer. Gerade weil Ludwig nicht zu den mächtigsten Fürsten gehörte – der entscheidende Grund für seine Wahl –, stand

München im Lauf der folgenden Jahrhunderte im Zentrum der deutschen und europäischen Politik.

Ludwigs Konkurrent um die Kaiserkrone, der Habsburger Friedrich der Schöne, belagerte 1319 die Stadt; aber schließlich besiegte Ludwig ihn 1322 in der Schlacht zu Mühldorf und nahm ihn gefangen.

Auf die Seite des Habsburgers aber hatte sich der Papst gestellt, der damals in Avignon residierte, und dieser sprach nun den Kirchenbann über Ludwig aus. Es war dies der letzte Eingriff eines Papstes in deutsche Thronstreitigkeiten, zudem war Ludwig der letzte deutsche König, der in Rom zum Kaiser gekrönt wurde (1328). Eine eher nostalgische Reminiszenz an den Anspruch der Vorgänger, als Kaiser des „Heiligen Römischen Reiches deutscher Nation" in der Nachfolge der Herrscher des antiken Roms zu stehen, denn die Italienpolitik der deutschen Kaiser gehörte längst der Vergangenheit an.

Als Geschenk an München brachte der Kaiser von seiner Italienreise eine Reliquie mit, einen Oberarm des hl. Antonius, der sich noch heute in der Klosterkirche St. Anna im Lehel befindet.

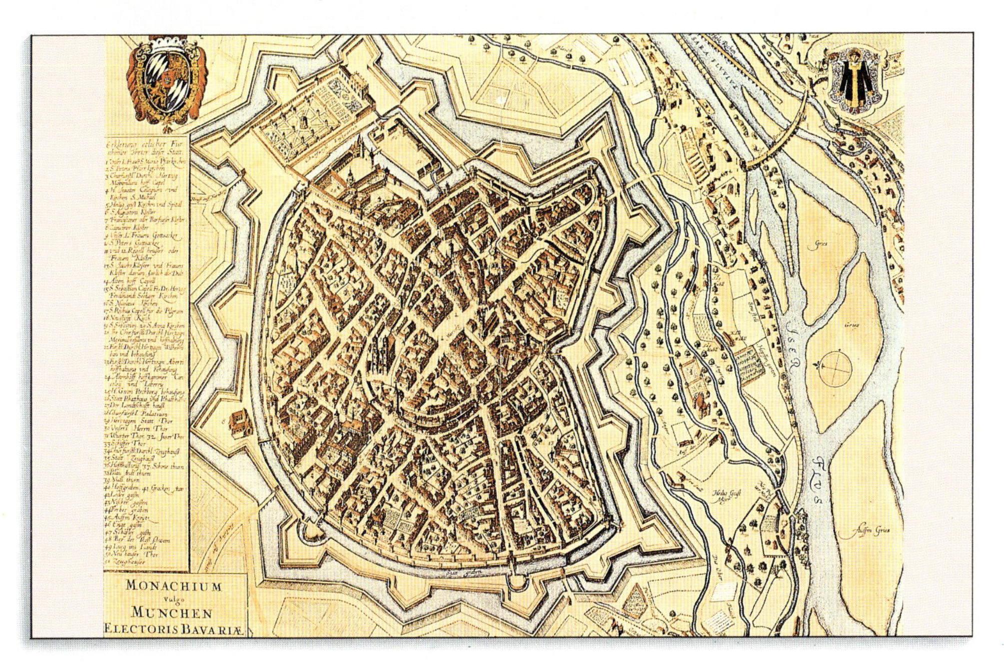

Das kurfürstliche München, Kupferstich von Matthäus Merian, 1640.

Aber München profitierte noch auf andere Weise vom Konflikt des Kaisers mit dem Papst. Die Stadt wurde von nun an zum Zentrum der antipäpstlichen Propaganda. Intellektuelle und Gelehrte, zumeist Franziskanermönche wie Marsilius von Padua, zugleich der Leibarzt des Kaisers, Bonagratia von Bergamo, Michael von Cesena, Heinrich von Thalheim, der Hofkanzler Ludwigs, oder Heinrich der Preisinger wandten sich in Streitschriften und Predigten von München aus gegen den Anspruch des Papstes, den weltlichen Herrscher unter seine Botmäßigkeit zu zwingen. All diese Männer bildeten die „Geistliche Hofakademie" des Kaisers, deren bedeutendstes Mitglied Wilhelm von Occam (Ockham) war. Er lehrte in Oxford und Paris, bis er sich, vom Papst als Ketzer verfolgt, nach München flüchtete. „Kaiser, verteidige du mich mit dem Schwert, und ich verteidige dich mit dem Wort", hatte er Ludwig angeboten. Als einer der ersten Rationalisten unterschied er streng zwischen Wissen und Glauben und plädierte für eine Kirchenreform durch Einberufung eines Konzils sowie für die Unterordnung der Kirche unter den Staat. Mit ihm beginnt die europäische Philosophie sich der Bevormundung durch die Theologie zu entziehen, und zumindest durch die Occamstraße in Schwabing ist dieser Gelehrte noch heute vielen Münchnern ein Begriff.

Schon damals aber wird die Bürgerschaft der Stadt weniger von den Disputen der Gelehrten mit dem Papst Notiz genommen haben als von den Maßnahmen des Kaisers, die Münchens Macht und Reichtum steigerten; denn Ludwig der Bayer hat, wie die Chronik vermeldet, „große lieb zu der stat gehabt". So ordnete er – noch heute ist das kaiserliche Schwarz-Gold Münchner Wappenfarbe – in seiner Kaiserlichen Goldbulle von 1322 an, daß Salz, das in Reichenhall oder Hallein gefördert wurde, nur in München über die Isar gebracht werden durfte. Dieses Monopol sicherte Münchens Reichtum und war die Basis für die Hochblüte der bürgerlichen Kunst im München des 15. Jh.s.

Zugleich dehnte sich die Stadt unter der Regierungszeit Ludwigs gewaltig aus, auch wenn der große Brand von 1327 fast das gesamte östliche Viertel der Stadt vernichtete. Ein neuer Mauerring wurde nötig, der dann, auch dies ein Indiz für die Blütezeit Münchens im 14. Jh., die Grenzen der Stadt bis in das 18. Jh. hinein markierte. Er verlief vom heutigen Stachus, dem damaligen Neuhauser Tor, über die jetzige Sonnenstraße zum Sendlinger Tor, folgte der heutigen Blumenstraße über das Angertor zum Isartor, um dann unter Aussparung des Gebiets der heutigen Residenz über das Schwabinger Tor (Odeonsplatz) entlang der jetzigen Maximilianstraße zum Neuhauser Tor (Stachus) zurückzulaufen.

Handel und Gewerbe waren vor allem im Tal, im Angerviertel um den Rindermarkt und im Hackenviertel konzentriert, während die Geistlichkeit das Kreuzviertel nordwestlich des Marienplatzes bevorzugte. Der Adel residierte vornehmlich im Graggenauer Viertel, also in der Gegend des heutigen Platzl.

Dem Kaiser hat die Stadt es auch zu verdanken, daß der Marienplatz über die Jahrhunderte hinweg erhalten blieb, denn er verbot die Bebauung des Platzes, auf daß er „desto lustsamer und desto schöner und desto gemachsamer sei Herren, Bürgern und Gästen und vor allem Leuten, die darauf zu schaffen haben".

Der stetige Anstieg der Einwohnerzahl führte auch alsbald zur Erweiterung des Stadtparlaments; ein „Äußerer Rat" mit 24 Mitgliedern sowie die „Gemein", ein Ausschuß der Gesamtbürgerschaft, ergänzten den alten Zwölferrat, in dem weiterhin ausschließlich Patrizier saßen. Letztlich hielten rund 40 Patrizierfamilien die Macht in ihren Händen.

Münchens große Zeit als Kaiserstadt endete, als Ludwig 1347 auf der Bärenjagd bei Fürstenfeld (dem heutigen Fürstenfeldbruck) starb. Der Stadt blieb damit vielleicht manche militärische Auseinandersetzung erspart, denn Ludwig hatte eine ungehemmte Hausmacht-

politik betrieben, Brandenburg, Kärnten, Tirol und Flandern unter die Herrschaft der Wittelsbacher gebracht und damit den Widerstand der übrigen Reichsfürsten herausgefordert.

Sie wählten 1346 Karl von Mähren zum Gegenkönig, der nach dem Tode Ludwigs als Karl IV. die Reichsinsignien in Empfang nahm. Vier Zisterziensermönche hatten sie zu München im Alten Hof Tag und Nacht bewacht: Reichskrone, Reichsapfel, Zepter, die Heilige Lanze, den Königsmantel, das Zeremonienschwert sowie das Reichs- und das Mauritiusschwert.

Zeit der Bürgerherrschaft: Mit dem Tode Ludwigs kamen unruhige Zeiten über München und das Land. Seine Nachfolger teilten das Land, bekriegten und beerbten einander; Bayern schied aus dem Kreis jener Reichsfürstentümer aus, die den König wählten, Brandenburg und Tirol gingen verloren. Landshut, Straubing und Ingolstadt, wo 1492 die erste bayerische Universität gegründet wurde, stiegen zu neuen Machtzentren in Bayern auf, um alsbald wieder zu verschlafenen Provinzstädten zu werden.

Die Städte waren es, die von den Bruderkämpfen der Wittelsbacher profitierten, denn immer wieder versuchten die Herzöge, ihre Schulden auf das Land abzuwälzen. Dessen Vertreter – Geistlichkeit, Adel und Städte, die sogenannten Stände des Landes – ließen sich im Gegenzug für ihre Zahlungen, aus denen sich schließlich die Steuern entwickelten, gewisse Freiheiten zusichern, darunter die niedere Gerichtsbarkeit, aber auch ein Widerstandsrecht gegen vertragsbrüchige Landesherren.

Bereits während der ersten Landesteilung, vor der Regentschaft Kaiser Ludwigs des Bayern, kam es in der „Schnaitbacher Urkunde" (1302) zu einer entsprechenden Regelung zwischen dem Landesherrn und den oberbayerischen Ständen, München eingeschlossen. Und die Bürger dieser Stadt waren es auch, die im 14. Jh. am vehementesten ihre Rechte gegen die Wittelsbacher verteidigten.

Mißtrauisch sah die Bürgerschaft – Handwerker und kleine Händler – die engen Beziehungen zwischen den reichen Patrizierfamilien, die in München die politische Macht innehatten, und den Herzögen. 1385 enthaupteten die Bürger gar den Patrizier Hans Impler auf dem Marienplatz als Günstling der Fürsten, und bald nahm man die Fehde mit den wittelsbachischen Herzögen selbst auf. 1397 flohen die Patrizierfamilien aus der Stadt und kehrten erst 1403 wieder zurück, nachdem die Herzöge Wilhelm und Ernst nach einer Belagerung der Stadt die Bürgerschaft zum Einlenken gezwungen hatten. Im Gegenzug erhielt die Bürgerschaft ein verstärktes politisches Mitspracherecht zuerkannt.

Die Wittelsbacher zogen rasch Konsequenzen aus diesem Bürgeraufstand. Ihre Stadtburg, der Alte Hof, war durch mehr-

Links: Der Alte Hof entstand unter Ludwig dem Strengen. Oben: Stadtwappen mit dem „Münchner Kindl" von Erasmus Grasser, 1477. Oben rechts: Moriskentänzer von Erasmus Grasser.

fache Erweiterung der Stadtmauer in die Stadtmitte gerückt. Ab 1400 errichteten sie eine Zwingburg außerhalb der Stadt, die Neuveste, die auf dem Gebiet der heutigen Residenz stand. Sie wurde erst 1476 in die Stadtbefestigung mit einbezogen, im 17. Jh. mußte sie schließlich dem Neubau der Residenz weichen.

In dieser Zeit der Hochblüte bürgerlicher Macht schuf München sich in rascher Folge seine heutigen Wahrzeichen. 1392 wurde das überflüssig gewordene Taltor, das noch aus der Zeit des Welfenherzogs stammte, zum Ratsturm umgestaltet. An seiner Seite entstand das Alte Rathaus mit seinem Prunksaal, einem der ern der Stadt mit Wappen und religiösen Szenen schmückte, sondern auch den Dom und St. Peter. Neben Polack gehörte der Oberpfälzer Erasmus Grasser zu den bedeutendsten Künstlern des 15. Jh.s in München; von ihm stammen, neben der Plastik des Kirchenpatrons von St. Peter, die berühmten Moriskentänzer, die einst im Rathausprunksaal standen. Dort sind heute nur noch Kopien zu sehen, die Originale werden im Stadtmuseum am Jakobsplatz aufbewahrt, aber von den ursprünglich 16 Figuren sind mittlerweile nur noch zehn erhalten.

Es waren überwiegend auswärtige Künstler, die Münchens Wahrzeichen

ohne Zweifel schönsten Denkmäler der Gotik in Deutschland, im Jahre 1470 von Jörg von Halsbach, genannt Ganghofer, geschaffen.

Halsbach war es auch, der zwischen 1468 und 1488 im Auftrag der Bürgerschaft die Frauenkirche erbaute, ein spätgotisches Bauwerk, das ohne Ornament und ohne Verzierung, ohne Marmorverkleidung und ohne Strebepfeiler auskommt und sich in seiner Schlichtheit damals wohltuend von den protzigen Fassaden der späteren Fürstenbauten abhob.

Aus Polen kam Jan Polack, der als Stadtmaler nicht nur die Türme und Mau-

schufen. Die Stadt brachte bis ins 14. Jh. hinein kaum einheimische Meister hervor, wie sie auch, sieht man von der Zeit Ludwigs des Bayern ab, lange kein geistiges Zentrum für Bayern darstellte.

Der erste Buchdrucker in München, Hans Schauer, brauchte 1482 jene lateinischen Lettern noch nicht, mit denen damals gelehrte Schriften gedruckt wurden, hatte er es doch vorwiegend mit Gebetbüchern und Liedersammlungen zu tun. Die Stadt verfügte jedoch über die finanziellen Mittel, um Künstler von auswärts zu holen, und vermochte so den Mangel an heimischen Talenten wettzumachen.

Um 1400 meldeten die Stadtbücher, daß jährlich über 25 000 Fuhrwerke mit Lebensmitteln aus dem Umland und mehr als 3000 Fuhrwerke mit Kaufmannsware die Stadttore passierten; dazu kamen die nicht registrierten zweirädrigen Karren und natürlich die Salztransporte. 1393 begann man, die Hauptstraßen der Stadt zu pflastern und erließ erste Verordnungen zur Verkehrsregelung.

Vor den Stadttoren erstreckten sich die Stallungen für die Pferde samt den dazugehörigen Handwerksbetrieben, vor allem an der Isarbrücke, wo jährlich auch mehr als 3000 Flöße anlandeten, die Baustoffe, Kohlen und ebenfalls Kaufmannsware von Wolfratshausen nach München brachten. Und bereits im Jahr 1492 baute man über den Kesselberg am Walchensee die Paßstraße aus, um die Verbindung nach Venedig zu verbessern, das seinerseits sein nördliches Handelszentrum von Bozen nach Mittenwald verlegt hatte. Denn München lebte nun nicht mehr allein vom Salzhandel, sondern zunehmend auch vom Fernhandel mit Italien; aus Venedig kamen Tuche, Gewürze und Edelmetalle.

Die Schedelsche Weltchronik von 1493, die eine der ersten Ansichten von München enthielt, zeigte eine reiche und wohlbefestigte Stadt, obwohl Stadtbrände immer wieder einzelne Viertel zerstörten und obwohl von 1349 an die Pest immer wieder das Leben der Stadt lähmte; bis 1680 wurden 25 Epidemien verzeichnet. Zahlreiche Wehrtürme prägten das Bild Münchens, aus Angst vor den Hussiten hatte man es mit einem zweiten Mauerring umgeben.

13 447 Einwohner wurden im Jahre 1500 gezählt, davon 700 Geistliche, 600 Angehörige des Hofadels und Hofbeamte sowie 350 Bettler. 124 Schuster und Schneider waren in der Stadt tätig, daneben 80 Krämer, 69 Metzger, 76 Leinweber, 38 Brauer, 23 Bierwirte, zwei Buchhändler und bereits ein Buchdrucker. Ab 1447 bestand das Reinheitsgebot für Münchner Bier, und schon ab 1475 war es verboten, in der Innenstadt Schweine zu halten; lediglich „Antoniusschweine" durften, mit einem Glöckchen versehen, auf ihre Art die Straßen vom Abfall freihalten. Noch konnte München nicht mit Städten wie Augsburg oder Regensburg konkurrieren, aber mit Städten wie Frankfurt oder Basel ließ es sich durchaus schon vergleichen.

Historische Stadtansicht aus dem Jahre 1493, Schedelsche Weltchronik.

SERENISS' PRINCEPS AC DN.DN. FERDINANDVS MARIA. VTRIVSQ, BAVARIÆ
AC PALATINAT, SVPERIORIS DVX, COMES PALATIN. RHENI. S.R.I. ARCHIDAPIF
ET ELECTOR LANDGRAVI, IN LEICHTENBERG.
Abraham Aubry Calcographus et Civis
D.D.D. 1658.

Mit der Wiedervereinigung Ober- und Niederbayerns (1506) wurde München zur Residenzstadt der bayerischen Wittelsbacher. Ursprünglich wollte Herzog Albrecht IV. Regensburg zur neuen bayerischen Hauptstadt erheben, aber der Kaiser sperrte sich gegen dieses Vorhaben, denn die freie Reichsstadt Regensburg unterstand seiner Hoheit, wie auch Augsburg und Nürnberg. Noch waren diese Städte reicher und mächtiger als München. Aber am Ende des 18. Jh.s hatte München sie alle überflügelt – eine Entwicklung, die von Rückschlägen begleitet war und nur wenig vom mittelalterlichen Bild der Stadt übriglassen sollte.

Der Ausbau der fürstlichen Macht: Von München aus versuchten die Wittelsbacher, Bayern wieder zu einem politischen Faktor im Reich zu machen und sich allmählich das Gewaltmonopol im Lande zu sichern. Denn noch bestand Bayern, ebensowenig wie die übrigen deutschen Fürstentümer, nicht als zusammenhängendes Staatsgebiet. Das Land war von zahlreichen Enklaven durchsetzt, die nicht unter die Herrschaft des bayerischen Herzogs fielen, sondern selbständig waren; es gab reichsfreie, also direkt unter kaiserlichem Schutz stehende Rittersitze und reichsfreie Städte, und es gab geistliche Fürstentümer wie das Bistum Freising, das ausgedehnte Ländereien besaß und immer wieder in Gefahr war, von den Wittelsbachern in seinen Rechten beschnitten zu werden. Aber auch innerhalb ihrer Territorien waren die Herzöge keine unumschränkten Herrscher, sondern von den Ständen des Landes, den Städten und dem Landadel finanziell abhängig. Denn diese zogen die Steuern im Lande ein und bewilligten auf ihren „Landtagen" dem Herzog jährlich bestimmte Beträge; in Bayern tagte der Landtag im Alten Rathaus zu München. Diese Ständerechte zu brechen, war das Anliegen des Absolutismus, der sich bis zum 18. Jh. in Europa durchsetzte. Die Fürsten bestimmten nun selbst die Höhe der Abgaben, die Land und Städte an sie zu leisten hatten; Schulden des Hofes wurden auf die Stände überschrieben, und für die Städte gehörte die Ära der Selbstverwaltung, in München durch Kaiser Ludwig den Bayern begründet, längst der Vergangenheit an.

Kurfürst Ferdinand Maria von Bayern auf einem Kupferstich aus dem Jahr 1658.

Die Wittelsbacher begannen im 16. Jh., das Bild der Stadt München nach ihrer Vorstellung zu formen. Zunehmend orientierte sich die Handwerker- und Händlerschaft der Stadt an den Bedürfnissen des Hofes, der Goldschmuck und Tapeten, wertvolle Stoffe und kunstvolle Schreinerarbeiten für den 1569 begonnenen Bau der Residenz verlangte – wie die Stadträte klagten: „Die Maler und Kontrafetter kommen das ganze Jahr nicht aus der Neuveste. Dazu die Bildschnitzer, Dreher, Steinmetzen, der außerordentliche Aufwand für Kleider, Tapezerei, Mummereien, das schädliche Übermaß in Essen und Trinken, Banketten und Landschaften."

Denn nicht nur zu bauen, auch zu feiern verstanden die Wittelsbacher. Rauschende Feste wurden inszeniert, so beim Besuch Kaiser Karls V. 1530, vor allem aber bei der Hochzeit Wilhelms V. mit Renate von Lothringen 1568: Drei Wochen dauerte das Fest, und noch heute erinnert das Glockenspiel am Marienplatz an die Turniere, die damals stattfanden.

Wilhelm V. war es auch, der 1587 die Stadt entscheidend schwächte. Er hatte sich beim Bau eines Renaissanceschlosses – der im Zweiten Weltkrieg zerstörten Maxburg zwischen dem Dom und dem heutigen Lenbachplatz – verschuldet und entzog der Stadt daraufhin die Salzhandelsprivilegien, um ein staatliches Salzhandelsmonopol zu errichten. Die Bürger rebellierten gegen diesen Eingriff in althergebrachtes Recht nicht, zu sehr dominierten die Herzöge bereits die Stadt; während des Dreißigjährigen Krieges zementierten die Wittelsbacher ihre Herrschaft; von 1643 an ernannten sie die Bürgermeister Münchens.

Neuer Glaube: Zu diesem Zeitpunkt hatten die Münchner Bürger schon lange den

Kampf verloren, der hinter der Kulisse höfischer Feste und handwerklichen Biedersinns um die protestantische Lehre Luthers tobte. Anfänglich war der bayerische Herzog Wilhelm IV. wie auch die große Mehrheit der Gläubigen ein Anhänger der Reformation; die katholische Kirche hatte durch ihre rücksichtslose Machtpolitik, Pfründenwirtschaft und durch den Lebenswandel ihrer Vertreter jeden Kredit beim Volk verspielt.

Rasch aber erkannte der Herzog in der Kritik an der kirchlichen Autorität einen Angriff auf die eigene Position, er fürchtete „Aufruhr, Rumor und Überfall" und verbot daher die Verbreitung der Schriften Luthers. Bereits 1522 ließ er einen Handwerksgesellen, der sich zum protestantischen Glauben bekannte, auf dem Marienplatz hinrichten – ein Schicksal, das auch Wanderprediger wie den Minoritenmönch Hans Rott traf, der zum Kampf gegen die „heidnisch-weltliche Obrigkeit" aufgerufen hatte. Die Bauernkriege 1525 in Schwaben und in Thüringen verschärften die Situation.

Die rund 40 Mitglieder einer um 1527 in München entstandenen Täufergemeinde wurden verhaftet, neun Täufer verbrannte oder ertränkte man, und auch der große bayerische Historiker des 16. Jh.s, Aventinus, konnte sich nur durch Flucht vor den schlimmen Folgen des Vorwurfs der Ketzerei retten. Wie er, verließen auch noch viele alte Patrizierfamilien, die sich zum Protestantismus bekannten, die Stadt, und als viele Münchner sonntags in das lutherische Augsburg pilgerten, ließ der Herzog die Wege dorthin überwachen.

„Deutsches Rom": Schon 1583 hatte Wilhelm V. verfügt, daß in Bayern nur das katholische Bekenntnis erlaubt sei. München wurde dadurch zum Zentrum der Gegenreformation in Deutschland, zum „deutschen Rom", wie kritische Zeitgenossen schrieben. Zum Lohn für ihre Papst- und Kaisertreue durften die Wittelsbacher den Stuhl des Kölner Erzbischofs besetzen, ein Recht, das sie bis 1806 in Anspruch nehmen sollten. Bereits 1559 hatte Albrecht V. die Jesuiten nach München geholt, die unter seinem Nachfolger Wilhelm V. in der Neuhauserstraße ein Kolleg, die Alte Akademie, errichteten. Wilhelm V. ließ für die Jesuiten ab 1583 die Michaelskirche erbauen, die größte Renaissancekirche nördlich der Alpen, deren immense Kosten den Bauherrn fast in den Staatsbankrott trieben.

Die Renaissance kam mit der Gegenreformation nach München; neben der Michaelskirche und dem schlichten, etwas düsteren Münzhof (1563–1567) waren es vor allem die ersten Bauten für die Residenz, die diesen Stil in München etablierten. Albrecht V. ließ 1563 die Kunstkammer errichten, eines der ersten Museen nördlich der Alpen; außerdem das Antiquarium, das man zum größten Profanbau der deutschen Renaissance rechnet. Er legte damit den Grundstein zu einem der prächtigsten Fürstenbauten Europas, und als der schwedische König Gustav Adolf 1632 während des Dreißigjährigen Krieges München besetzte, untersagte er seinen Truppen, diesen Gebäudekomplex zu schänden, denn „das sei ein Unrecht, das man nicht einem einzelnen antut, sondern der ganzen Welt".

Mit diesen Gebäuden begann die Geschichte der Kunststadt München, wobei Albrecht V. das Werk seines Vaters Wilhelm IV. fortsetzte. Der hatte schon 1518 den ersten Hofgarten mit einer Bildergalerie angelegt – dort, wo sich heute der Marstallplatz befindet – und dabei Künstler wie Hans Burgkmair oder Albrecht Altdorfer, der die *Alexanderschlacht* schuf, für sich arbeiten lassen. Albrecht V. zeigte neben seiner Baulust noch eine ausgesprochene Liebe zu Büchern; er kaufte die Buchschätze des Augsburger Unternehmers Jakob Fugger und erwarb die Bibliothek des Orientalisten Johann Albert Widmannstetter. Damit schuf er den Grundstock der Bayerischen Staatsbibliothek, mittlerweile eine der größten Bibliotheken der Welt.

Links: Übergabe des Stadtschlüssels an Gustav Adolf im Dreißigjährigen Krieg. Oben: Kurfürst Maximilian I., um 1635.

Unter Albrecht V. und seinen Nachfolgern, Herzog Wilhelm V. und dem 1623 zum Kurfürsten erhobenen Maximilian I., erlangte der Münchner Hof sogar europäischen Ruhm. Peter Candid war der Hofmaler, und mit Orlando di Lasso wirkte fast ein halbes Jahrhundert (1556 bis 1594) der wohl bedeutendste Komponist seiner Zeit als Leiter der Hofkapelle in München. Auf dem Gebiet der Plastik entwickelte sich aus Spätrenaissance und Manierismus ein eigenständiger frühbarocker Kunststil.

Hubert Gerhard gestaltete die Figur des heiligen Michael für die Fassade der Michaelskirche; von ihm stammt vermutlich auch die Madonnenfigur auf der Mariensäule am Marienplatz. Hans Krumper schließlich war der Schöpfer der Schutzherrin Bayerns, der „Patrona Bavariae" an der Westseite der Residenz.

Vor dem Dreißigjährigen Krieg: Glanzvoll war sie, die Münchner Hofhaltung, und natürlich erscheint die Sammler- und Mäzenatentätigkeit der bayerischen Renaissancefürsten der Nachwelt segensreich – zum Beispiel durch den Umstand, daß Maximilian I. mit seinem Ankauf der *Löwenjagd* die Rubens-Sammlung der Alten Pinakothek begründete und mit sanfter Gewalt Dürers *Vier Apostel* in Nürnberg erwerben konnte.

Für die Stadt München und ihre Bevölkerung aber bedeutete die Repräsentationssucht der Wittelsbacher eine große wirtschaftliche Belastung. Von „schweren Steuern" berichten die Chronisten, die Preise für Grundnahrungsmittel stiegen, die Handwerkerschaft begann zu verarmen, und zunehmend verwendeten die Herzöge den Überschuß der Stadtkasse für ihre eigenen Zwecke. Der Alltag der Stadt verdüsterte sich, der religiöse Eifer der Gegenreformation regierte. Das Frauenhaus wurde geschlossen, es kam

1578 zu den ersten Hexenverfolgungen, am Karfreitag zogen Prozessionen von Geißlern durch die Straßen, und von 1608 an waren Schauspiele mit weltlichem Inhalt nicht mehr erlaubt.

Ausschließlich religiöse Stücke wurden gespielt; die Zünfte begannen, biblische Szenen aufzuführen, und allenthalben triumphierte das Jesuitendrama, das mit seinen gewaltigen Inszenierungen die Zeitgenossen in den Bann schlug. Die Aufführung des Dramas *Esther* auf dem Marienplatz dauerte drei Tage, mehr als 2000 Personen wirkten dabei mit, und nach der Inszenierung des *Cenodoxus* von Jakob Bidermann, der in München lebte, suchten 14 Hofleute um die Aufnahme ins Kloster nach.

Es war die Zeit wahnhafter Grausamkeiten und kollektiver Bußübungen, die Zeit ekstatischer Prediger und düsterer Endzeiterwartung, die sich schließlich in der Apokalypse des Dreißigjährigen Krieges (1618–1648) bewahrheitete.

1619 begann man mit dem Ausbau Münchens zur Festung, dennoch ergab sich die Stadt 1632 kampflos dem schwedischen König Gustav Adolf, Führer der Protestanten. Gegen eine Zahlung von 450 000 Gulden war Gustav Adolf bereit, die Stadt vor der Zerstörung zu bewahren. Die Bürgerschaft brachte das Geld nicht sofort auf und mußte 10 Geiseln stellen; sie konnten erst nach drei Jahren in ihre Heimat zurückkehren. Zum Dank dafür, daß sowohl München als auch Landshut unversehrt blieben, ließ Maximilian I. 1638 die Mariensäule auf dem Marktplatz aufstellen.

Barock und Rokokoträume: Der Krieg hinterließ eine ruinierte Stadt, und auch die Finanzen des bayerischen Staates, 1628 zum Kurfürstentum erhoben und um die Oberpfalz vergrößert, sollten sich bis zum Ende des Alten Reiches 1806 nicht mehr erholen. Schuld daran trug vor allem die Hofhaltung der Kurfürsten. Bereits unter Ferdinand Maria und seiner Gattin Henriette Adelaide von Savoyen nahm das höfische Treiben nach französischem Vorbild phantastische Dimensionen an. Schäferspiele und Ritterturniere, Gondelfahrten auf dem Nymphenburger Kanal oder Feste auf dem Prunkschiff *Bucentaurus,* erbaut nach venezianischem Vorbild für den Starnberger See, gehörten ebenso dazu wie Oper und Ballett. 1653 fand in der Residenz mit *L'arpa festante* von G. B. Maccioni die erste Münchner Opernaufführung statt.

Festliche Kulisse des höfischen Vergnügens waren neben der Residenz die Theatinerkirche sowie Schloß Nymphenburg. Mit der Theatinerkirche, deren Bau 1663 begonnen wurde, erfüllte das Kurfürstenpaar ein Gelübde, das es bei der Geburt des Thronfolgers Max Emanuel gegeben hatte, und die Architekten Barelli und Zuccalli brachten damit den italienischen Barock nach München, einen Stil, der schließlich die Klöster und Dorfkirchen ganz Altbayerns prägen sollte: „Der einfache Mann erfaßte den Glauben mit den Augen durch Architektur und Bildwerke, mit den Ohren in Predigt und Musik. So wurde das katholisch gebliebene Bayern zum Land des rauschenden Barock auch in den kleinsten Dorfkirchen“, schrieb einmal der bayerische Historiker Karl Bosl.

Barelli war es auch, der den Mittelbau des Nymphenburger Schlosses entwarf, um den eine der weitläufigsten Schloßanlagen Europas entstand, natürlich nach dem Vorbild von Versailles. Im 18. Jh. erweiterten Baumeister und Künstler wie Josef Effner, die Gebrüder Asam, François Cuvilliés, Johann Michael Fischer, Johann Baptist Gunetzrhainer sowie die Bildhauer Johann Baptist Straub und Ignaz Günther diese Bauten im Stil des Spätbarock und Rokoko und stellten ihnen neue Bauten zur Seite, so die Amalienburg und die Pagodenburg im Nymphenburger Park, die Klosterkirche St. Anna im Lehel, die Kirche St. Michael in Berg am Laim und die Asamkirche in der Sendlingerstraße. In München wirkte zudem François Cuvilliés der Ältere, der in der Residenz mit dem Reichen Zimmer und der Grünen Galerie, vor allem aber mit dem nach ihm benannten Theater das „schönste Rokoko der Welt“ schuf, wie Jacob Burckhardt urteilte.

Finanziert allerdings wurden diese Bauten vorwiegend mit den Steuern der Bürger, deren Wirtschaftskraft dafür kaum ausreichte. Die Stadt konnte sich teilweise nur dadurch behelfen, daß sie Grundstücke an den Adel verkaufte; so entstanden, meist um den heutigen Promenadeplatz, die Palais Preysing, Lerchenfeld, Holnstein oder Törring. Daß die Bürgerschaft der Repräsentationswut ihrer Landesherren ausgesprochen reserviert gegenüberstand, liegt auf der Hand, und als 1674 die Residenz in Flammen aufging, weil eine Hofdame vergessen hatte, eine Kerze zu löschen, soll es über eine Stunde gedauert haben, bis die Bürger der Stadt zur Hilfe zu bewegen waren.

Bayerische Großmachtpläne: Aber nicht nur die Kosten der barocken Hofhaltung, auch der damit verbundene imperiale Anspruch überstieg die Kräfte Bayerns. Vor allem Max Emanuel war es, der eine Erhöhung seines Standes mit allen Mitteln suchte; das von ihm erbaute Schloß in Schleißheim wies bereits königliche Attribute auf. Er beteiligte sich am Kampf Habsburgs gegen die Türken, die 1683 Wien belagerten, und eroberte 1688 Belgrad. 30 000 bayerische Soldaten fielen bei diesem Feldzug, der das Land 20 Mio. Gulden kostete und der nichts einbrachte als jene türkischen Gefangenen, die dem Kurfürsten nach München folgten und die schließlich als Sänftenträger das Stadtbild bereicherten.

Mittelbar aber verlor Max Emanuel fast sein Land durch dieses Engagement, für das ihn der Kaiser mit seiner Tochter belohnte. Aus der Verbindung ging ein Sohn hervor, den die europäischen Mächte als Thronfolger für Spanien auserwählten. Als das Kind im Alter von sechs Jahren 1699 überraschend in Nymphenburg starb, kam es im Streit um die spanische Krone zum Spanischen Erbfolgekrieg (1701–1714). In dessen Verlauf schlug sich der Kurfürst auf die Seite Frankreichs – und stellte sich damit gegen den kaiserlichen Schwiegervater, der in Wien residierte. Max Emanuel verlegte nun seine Residenz nach Brüssel und plante, Bayern gegen ein größeres Territorium einzutauschen. Letztlich aber blieb er lediglich eine Marionette im Kalkül der Großmächte, und zehn Jahre lang, 1705 bis 1715, besetzten österreichische Truppen Bayern. Gegen deren Schreckensherrschaft rebellierten 1705 die Bauern des bayerischen Oberlandes. Meist nur mit Sensen bewaffnet, wagten 3000 Bauern den Marsch auf München, wo sich das Hauptquartier der Österreicher befand. „Lieber bayerisch sterben, als in

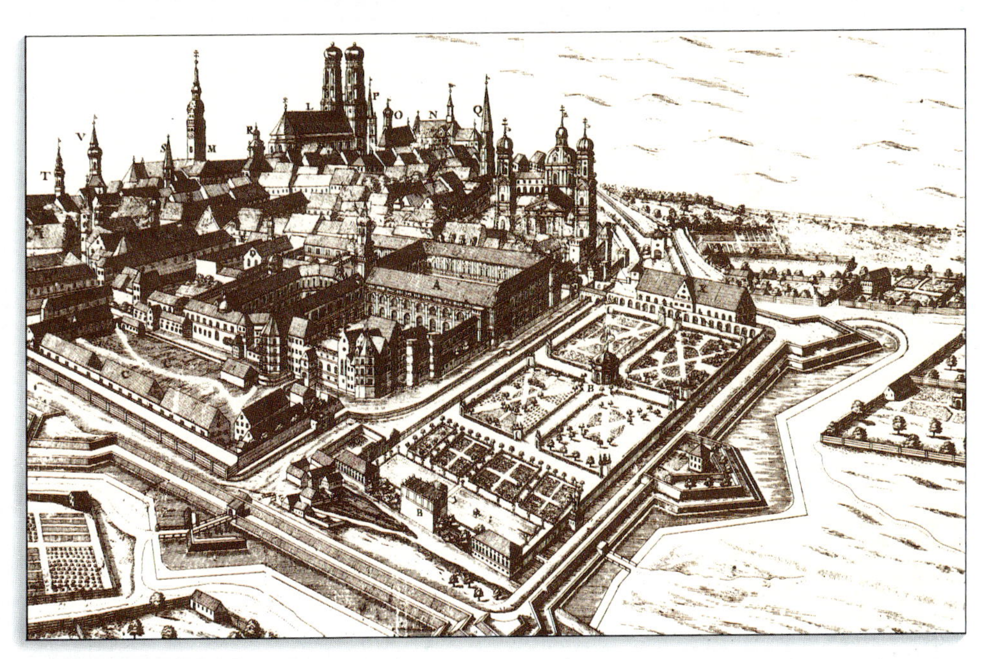

Blick auf München Anfang des 18. Jh.s. Im Vordergrund Hofgarten und Residenz, im Hintergrund die Frauenkirche, links St. Peter, rechts die Theatinerkirche (Kupferstich um 1701).

des Kaisers Unfug verderben!“, lautete ihr Schlachtruf, aber die Bauern wurden verraten. In Sendling, vor den Toren der Stadt, massakrierten die kaiserlichen Truppen die Aufständischen. Noch heute erinnert am Sendlinger Berg das Denkmal des Schmieds von Kochel, einer der Anführer der Bauern, an die Sendlinger „Mordweihnacht“.

Als Max Emanuel schließlich durch französische Hilfe Bayern zurückerhielt, jubelten ihm zwar die Bürger bei seiner Rückkehr zu, aber Wirtschaft und Finanzen des Landes befanden sich in einem trostlosen Zustand. Das endgültige Ende der bayerischen Großmachtpläne wurde 1742 eingeleitet, als Kurfürst Karl Albrecht sich auf Betreiben Preußens gegen Maria Theresia, die österreichische Kaiserin, selbst zum Kaiser krönen ließ. Abermals besetzten österreichische Truppen das Land, und Karl Albrecht resümierte ernüchtert in seinem Tagebuch: „So stellte ich Narr des Glücks einen Kaiser vor und tat, als ob ich Frankfurt zu meiner Residenz erwählt hätte, weil es in der Mitte des Reiches liegt, in Wahrheit aber war ich ein Verbannter, der keine Heimat hatte, da mein Land besetzt war.“ Mit seinem Tod (1745) endete diese Episode bayerischer Politik.

Zeichen der neuen Zeit: Unter Kurfürst Max III. Joseph wurde versucht, die zerrütteten Finanzen des Landes zu sanieren und die Schuldenlast von 32 Mio. Gulden abzubauen, wobei Bayern nicht mehr als 1 Mio. Einwohner zählte. Noch waren Handwerk und Gewerbe in Zünften organisiert, die weder Wettbewerb noch technischen Fortschritt zuließen. So versuchten die Landesherren, außerhalb der tradierten Gewerbeordnung neue Betriebe aufzubauen. Bereits um 1690 entstand in der Au eine fürstliche Tuchmanufaktur, 1720 folgte eine Tapeten- und 1764 eine Cottonmanufaktur. Mit Ausnahme jedoch der 1758 gegründeten Nymphenburger Porzellanmanufaktur arbeiteten diese Betriebe unter staatlicher Regie unrentabel.

Noch war an eine grundlegende Reform von Wirtschaft und Staat nicht zu denken, nur langsam faßte die bürgerliche Aufklärung auch in München Fuß. 1702 wurde erstmals eine Zeitung gegründet mit dem schönen Titel *Nutz und Lust erweckende Gesellschaft der vertrauten Nachbarn vom Isarstrom;* nach 1750 waren vor allem die *Münchner wöchentlichen Nachrichten* und die *Staats-, Gelehrten- und vermischte Nachrichten* in der Stadt beliebt. 1751 reformierte Wiguleus von Kreittmayr die bayerische

Gesetzgebung, vergaß allerdings, die Folter abzuschaffen; die Bayerische Akademie der Wissenschaften wurde 1759 gegründet, und Max III. Joseph, ein wahrhaft aufgeklärter Herrscher, verfügte 1771 eine allgemeine Schulpflicht. Während seiner Regentschaft verschwanden die letzten Erinnerungen an die Zeit der Gegenreformation, die dramatischen Darstellungen der Leiden Christi; das bürgerliche Schauspiel hielt in München Einzug. 1770 wurden Schillers *Räuber* im Faberbräu in der Sendlingerstraße aufgeführt. Mehrmals weilte Mozart in der Stadt, 1781 fand hier die Uraufführung seiner Oper *Idomeneo* statt, aber der

Wunsch des Komponisten nach einer Anstellung bei Hofe erfüllte sich nicht.

Der aufgeklärte Absolutismus, den Max III. Joseph gemäß seiner Maxime „Alles für das Volk, aber nichts durch das Volk“ pflegte, erstarrte schon bald nach seinem Tod. Mit ihm starb auch die altbayerische Linie der Wittelsbacher aus; die pfälzische Linie mit Karl Theodor übernahm das Erbe, und kaum ein Regent aus dem Hause Wittelsbach dürfte bei den Bayern so unbeliebt gewesen sein wie dieser. Am Vorabend der Französischen Revolution spielte Karl Theodor noch mit dem Plan, Bayern im Tausch gegen die österreichischen Niederlande an Österreich abzutreten. Die Herzogin Maria Anna und der ihr verbundene Kreis bayerischer Patrioten opponierten gegen diese Pläne, aber letztlich war es der preußische König Friedrich II., der im bayerischen Erbfolgekrieg 1778 die Versuche Österreichs vereitelte, Bayern zu annektieren. Bei diesem Feldzug kam es zu keinen Kampfhandlungen, weshalb er als „Bayerischer Kartoffelkrieg“ in die Geschichte einging.

Links: Die Sendlinger Bauernschlacht von 1705 auf einem Kupferstich. Oben: Das Obere Tor am Ende der Kaufinger Straße, auch „Schöner Turm“ genannt.

Der preußische König soll zu dieser Zeit in Bayern so populär gewesen sein, daß in fast jedem Haus sein Bildnis hing. Gegen Karl Theodor aber regte sich Unmut, und je mehr die Ideen der Aufklärung bei Gelehrten und Beamten Anklang fanden, desto strenger wurde die Zensur in Bayern. 1785 kam es zum Verbot des Freimaurertums und des Illuminatenordens, eines geheimen Kreises um den Ingolstädter Professor Weishaupt, dem viele hohe Beamte angehörten, die eine Staatsreform anstrebten. 1799 starb Karl Theodor, die Chronik vermerkt überfüllte Wirtshäuser und eine freudige Stimmung in der Bevölkerung.

Bei aller Eitelkeit und Großspurigkeit hat Karl Theodor dennoch das Bild Münchens maßgeblich geprägt. Er ließ 1795 die Festungsmauern schleifen und am westlichen Ende der Stadt den später nach ihm benannten Karlsplatz erbauen, den die Münchner aber trotzig nach dem dort gelegenen Biergarten eines gewissen Eustachius Föderl heute immer noch als „Stachus“ bezeichnen. Karl Theodor war es auch, der den Münchnern den Englischen Garten schenkte. 1789 beauftragte er den Grafen Rumford, der eigentlich Benjamin Thompson hieß und den es über Umwege von Amerika nach Bayern verschlagen hatte, sowie den königlichen Hofgärtner Sckell, den „Hirschanger zur allgemeinen Ergötzung für dero Residenz-Stadt München herstellen zu lassen und diese schöne Anlage der Natur dem Publikum zu seinen Erholungsstunden nicht länger vorzuenthalten“.

Fast 500 Jahre lang vollzog sich die Geschichte Münchens in jenem engen Geviert, das die Stadtmauer aus dem 14. Jh. umschloß, deren Umfang 5800 „gemeine Schritt“ betrug, wie Lorenz von Westenrieder in seiner *Beschreibung der Haupt- und Residenzstadt München* (1782) festgehalten hat.

Erst das 19. Jh. sprengte diese Grenzen, und es begann – zumindest für den heutigen Betrachter – die „gute alte Zeit“ Münchens, mit all ihren sentimentalen Geschichten über menschliche Könige und intrigante Künstler, über grantelnde Bürger und nur unwillig geduldete „Zugroaste“, über den Flair jenes lässigen Leben und Lebenlassens, wofür die Münchner bis heute ein trotziges „Wer ko, der ko“ („Wer kann, der kann“) oder ein resigniert-verwundertes „Ja mei“ übrig haben; letzteres ist in seinen Sinnschattierungen nicht zu übersetzen.

Königreich Bayern: Für ein halbes Jahrhundert hatte sich Bayern aus der europäischen Politik herausgehalten, so daß die Französische Revolution von 1789 von München aus gesehen zunächst als fernes Ereignis erschien; aber kaum war der neue Kurfürst Max IV. Joseph mit seinem Staatskanzler Maximilian Freiherr von Montgelas 1799 in die Stadt eingezogen, da besetzten im Juni 1800 französische Truppen die Stadt. Der Hof floh nach Amberg, während die französischen Offiziere am Abend ihres Einzugs die Oper *Don Juan* im Residenztheater genossen. Zu Kämpfen kam es nicht, Bayern verbündete sich vielmehr mit Frankreich, und Max IV. Joseph ließ sich von Napoleon als Maximilian I. zum König küren.

Durch diesen Schritt beging Bayern wie 16 andere deutsche Fürstentümer Reichsverrat gegenüber dem „Heiligen Römischen Reich deutscher Nation“, dessen Ende damit gekommen war; Kaiser Franz II. verzichtete auf die Krone des alten Reiches und begnügte sich als Franz I. mit der Krone von Österreich.

Vorherige Seiten: Der Schäfflertanz, aufgeführt im 19. Jh. Links: Ludwig I. im Krönungsornat.

Bayern wurde damit zum ersten und zum einzigen Male in seiner Geschichte ein souveräner Staat. Das Territorium hatte sich mittlerweile verdoppelt und die Bevölkerungszahl verdreifacht, denn als Ausgleich für den Verlust der teils von Frankreich annektierten Pfalz erhielt Bayern Franken und Schwaben zugesprochen, ebenso fielen die geistlichen Fürstentümer dem neuen Königreich Bayern zu, darunter auch das Bistum Freising. So wurde München ab 1821 Sitz des Erzbischofs von München-Freising.

Aufbau des modernen Staates: Die Reformen Napoleons revolutionierten die immer noch auf dem mittelalterlichen Ständegedanken basierende Gesellschaftsordnung Bayerns und die der übrigen deutschen Fürstentümer; die Grundlagen des modernen Staates entstanden. In Bayern war dies vor allem das Werk des Freiherrn von Montgelas. Der aus Savoyen stammende Staatskanzler von Max I. baute in wenigen Jahren eine moderne Staatsverwaltung auf und entwarf die bayerische Verfassung, die zwar 1808 vorgelegt, aber erst 1818 vom König unterzeichnet wurde; zu diesem Zeitpunkt allerdings war Montgelas aufgrund von Querelen mit dem romantisch-restaurativ gesinnten Kronprinzen Ludwig bereits entlassen worden.

Die Grundzüge seiner Reformen aber waren nicht mehr rückgängig zu machen, zu sehr hatten sie schon das Bild Bayerns und der Stadt München verändert, wenn auch nicht immer zur Freude der Bevölkerung. Es war weniger die Reform des Staates, die Unwillen erregte, auch nicht die Auflösung der Klöster und die Enteignung des Kirchengutes, eher waren es die kleinen Veränderungen im Alltag.

Das katholische München hatte einst 124 Feiertage im Jahr gezählt, neben den 52 Sonntagen 19 gebotene und 53 übliche Festtage, an denen Wallfahrten und Prozessionen eine willkommene Erholung von der Arbeit boten. Montgelas untersagte diese Riten, sogar der Mönch verschwand für einige Jahre aus dem Stadtwappen, denn er sei, so das Central-

Landes-Commissariat, „unschicklich für die heutigen Zeiten, da [er] noch zu sehr an Mönchsbarbarei erinnert“. Auch die zunehmende Zahl von Zuzüglern aus den neuen bayerischen Gebieten Schwaben und Franken sowie aus Norddeutschland, die Gleichberechtigung von Protestanten und Katholiken und schließlich der rasante Ausbau der Stadt – all dies stieß bei den Münchnern auf wenig Gegenliebe.

Die Maxvorstadt entsteht: Aber allen Widerständen zum Trotz wandelte sich das Bild der Stadt im 19. Jh. grundlegend. Kirchen und Klöster wurden zweckentfremdet oder ganz abgerissen, die Festungsmauern wurden 1805 geschleift, ein kleiner Rest der alten Stadtmauer, u. a. in der Jungfernturmstraße, ist bis heute erhalten geblieben. Anstelle der Stadtgräben entstand im Westen der Stadt eine breite Allee, die heutige Sonnenstraße. Sie zog sich vom Sendlinger Tor über den 1801 bereits angelegten Maximiliansplatz bis fast zum Schwabinger Tor hin, dem heutigen Odeonsplatz.

Für die planvolle Erweiterung der Stadt Richtung Schwabing schrieb König Max I. 1807 einen Wettbewerb aus, auf daß „die alte Stadt mit dem äußeren Stadtteil harmonisch verbunden werde, damit ein Ganzes herauskäme“. Die Architekten Friedrich Ludwig von Sckell, Karl von Fischer und (ab 1816) Leo von Klenze gestalteten zunächst die „Maxvorstadt“ zwischen Odeons- und Stiglmaierplatz, ein mit Gärten und Plätzen aufgelockertes Wohnviertel, das bereits klassizistische Elemente der späteren Münchner Prachtstraßen aufwies.

„Neues Athen“: Leo von Klenze war es auch, der mit dem Odeonsplatz den prunkvollen Ausgangspunkt nicht nur für die Briennerstraße, sondern vor allem für die von Kronprinz Ludwig gewünschte Ludwigstraße mit ihren Prachtbauten schuf. Die Anregungen dafür erhielt Ludwig, der 1826 die Regentschaft antrat, auf seinen Italienreisen, und in Klenze hatte er einen Baumeister, der seine Vorstellungen konsequent umsetzte. „Ich will aus München“, so hatte Ludwig I. verkündet, „eine Stadt machen, die Deutschland so zur Ehre gereicht, daß niemand sagen kann, er kenne Deutschland, wenn er München nicht gesehen hat.“

Die Stadt war lange Zeit jedoch wenig angetan von den königlichen Ambitionen. Man monierte die Kosten und die für damalige Verhältnisse unerhörte Breite der Straße, zudem stöhnte man über Klenzes Kompromißlosigkeit. Denn der Architekt kümmerte sich bei der Ausführung der Bauten auch noch um das kleinste Detail, bis er schließlich mit dem künstlerischen Gestaltungswillen des Königs selbst kollidierte, der früh bereits über seinen Architekten notiert hatte: „In Kunst und Technik ist er gewiß sehr ausgezeichnet, aber seine Herrschsucht ist groß, alles Bedeutende soll von ihm selbst oder doch unter seinem Protektorat gemacht werden."

Klenze war ein unbedingter Anhänger der Antike – neben der Ludwigstraße gestaltete er den Königsplatz mit den Propyläen und der Glyptothek, er erbaute die Alte Pinakothek und gab mit dem Königsbau der Residenz ihre endgültige Gestalt. Der König jedoch hatte bei aller Liebe zur hellenischen Kunst ein weniger dogmatisches Verhältnis zu ihr und schätzte auch die Baukunst des Mittelalters, worin ihn ein romantisch gesinnter Freundeskreis bestärkte, den Klenze als „mystisch abstruse Clique" abtat.

1827 schließlich wurde Klenze durch Friedrich Gärtner abgelöst. Dieser milderte den strengen Stil der Bauten Klenzes durch romantische Anklänge, realisierte neben der Ludwigskirche das Gebäude der heutigen Staatsbibliothek sowie die Universität und schloß die Achsen der Ludwigstraße durch die Feldherrnhalle und das Siegestor ab. Ein „neues Athen" war entstanden, wie die Zeitgenossen des Königs vermerkten.

Auch Heinrich Heine pries die „heiteren Kunsttempel und edlen Paläste", vermerkte aber ansonsten trocken: „Daß man die ganze Stadt ein neues Athen nennt, ist, unter uns gesagt, etwas ridikül ..." Noch standen die neuen Bauten etwas verloren am Rande des alten Stadtzentrums, und mit seinen 90 000 Einwohnern im Jahre 1840 war München noch nicht zu einer Großstadt herangewachsen. Aber die Stadt breitete sich aus und erhielt durch die Bauleidenschaft Ludwigs bald auch markante Wahrzeichen am Stadtrand.

In der Au erbaute Ohlmüller die neugotische Mariahilf-Kirche, am Rand der Maxvorstadt errichtete Ziebland die neuromanische St. Bonifazkirche und die Neue Pinakothek. Und nicht nur die mächtige Statue der „Bavaria", die bis heute die Oktoberfestbesucher grüßt, hat München diesem König zu verdanken, sondern letztlich auch das Fest selbst. Denn bei der Vermählung des damaligen Kronprinzen mit Therese von Sachsen-Hildburghausen fand 1810 ein Pferderennen mit anschließendem Volksfest statt, das seitdem jährlich gefeiert wird.

Biedermeierzeit: Feiern und Feste, vor allem in Künstlerkreisen, sollten bald zu einem Kennzeichen der Stadt werden. Gottfried Keller schildert in seinem Roman *Der grüne Heinrich* plastisch Münchens Biedermeierzeit mit ihren Künstler- und Faschingsfesten, aber auch die erbärmlichen Lebensumstände der namenlosen Literaten und Maler, die vergebens auf den freien Kunstmarkt drängten. Die Idylle blieb nur eine scheinbare, wovon auch die Bilder Carl Spitzwegs erzählen. Der Maler liegt auf dem alten Südlichen Friedhof begraben, neben dem Goethe-Portraitisten Josef Stieler, der 1823 mit Domenico Quaglio den Münchner Kunstverein gründete. In diesem Kreis wurde 1839 Spitzwegs Gemälde *Der arme Poet* so verrissen, daß der Maler in der Folgezeit seine Bilder nicht

Links: „Verdiente Männer Bayerns" in der Ruhmeshalle. Oben: Aquarell von 1810, im Hintergrund die Türme der Frauenkirche.

mehr mit seinem Namen zu zeichnen wagte. Er war ein Außenseiter und Autodidakt, der mit seinen Schilderungen des Münchner Alltagslebens allein gegen die Landschaftsmalerei der im 19. Jh. sich bildenden „Münchner Schule" um Johann Georg Dillis, Wilhelm von Kobell und Carl Rottmann stand. Wie in kaum einer anderen deutschen Stadt aber beherrschte in München die Historienmalerei das Feld. Peter von Cornelius, Wilhelm von Kaulbach und Karl von Piloty zelebrierten sie an der 1807 gegründeten „Akademie der schönen Künste" so lange, bis sie mit ihrem steifen Pathos und ihrer konventionellen Theatralik den Spott der jungen Malergeneration am Ende des 19. Jh.s herausforderten.

Münchens Anziehungskraft auf Maler und Literaten, Bildhauer und Architekten beruhte nicht allein auf der Kunstbegeisterung Ludwigs I., sondern auch auf der soliden wirtschaftlichen Basis der Stadt. München war in der ersten Hälfte des 19. Jh.s von Handel, Verwaltung und Dienstleistung geprägt. 1826 verlegte Ludwig I. die Universität von Landshut nach München, und der Ausbau der Ministerien etablierte jene bodenständige Ministerialbürokratie, die noch Stoff für die Romane Ludwig Thomas und Lion Feuchtwangers lieferte.

Durch die Tatsache, daß im Gegensatz etwa zu Preußen die Aufhebung der Leibeigenschaft in Bayern nicht zur Vertreibung der Bauern von ihren Höfen führte, bildete sich in München erst allmählich ein Proletariat, das zunächst in der Au und in Giesing Zuflucht fand; noch 1895 gab es in München lediglich 38 Unternehmen, die mehr als 200 Personen beschäftigten, darunter die Lokomotivfabriken Krauss und Maffei sowie die Waggonfabrik Rathgeber. So blieb die Stadt lange Zeit vom Mittelstand geprägt, und vielleicht liegt darin ein Grund dafür, daß Originalität und Provinzialität, künstlerische Avantgarde und allgemeine Ignoranz, politischer Radikalismus und stolz bekundete Rückständigkeit in München bis heute jene eigentümliche Verbindung eingehen, die der Stadt nach wie vor ihr charakteristisches Gepräge gibt.

Sturm auf das Zeughaus: Während der dreißiger Jahre des 19. Jh.s nahm die Regierung Ludwigs I. eine zunehmend restaurative Wendung. Der König holte die Orden der Kapuziner und Franziskaner zurück und führte 1832 die Pressezensur wieder ein. An der Universität entstand um die Philosophen Görres, Baader und Schelling eine romantische Bewegung der religiösen Erneuerung, und immer weniger ließen sich die neoabsolutistischen Träume des Regenten mit Ansprüchen einer Gesellschaft, die nach bürgerlichen Freiheiten verlangte, vereinen.

Als es 1848 in fast ganz Europa zu Aufständen kam, rebellierten auch die Münchner Studenten, und am 4. März stürmten die Bürger das Zeughaus am Jakobsplatz. Noch mehr vielleicht als die allgemeine politische Unzufriedenheit war die stadtbekannte Affäre des Königs mit einer Tänzerin namens Lola Montez Auslöser für die Tumulte, die den Bestand der Dynastie bedrohten, wie der Minister Abel dem König schrieb: „Dieses Verhältnis Euer Majestät zu dieser Abenteuerin hat Zustände herbeigeführt, die den guten Namen der Monarchie, die Macht und den Respekt, ja das künftige Glück eines geliebten Königs zu zerstören drohen." Ludwig I. dankte schließlich zugunsten seines Sohnes Maximilian ab, Lola Montez emigrierte nach Mexiko.

Aufbruch in die Moderne: Mit Max II. brachen liberalere Zeiten in München an. Der König überließ das politische Tagesgeschäft zunehmend der Beamtenschaft, denn sein Interesse galt der Wissenschaft und der Kunst. 1855 gründete er das Bayerische Nationalmuseum, berief die Historiker Giesebrecht und Sybel, aber auch den Chemiker Justus Liebig an die Universität und holte die Schriftsteller Emanuel Geibel und Paul Heyse, zwei „Nordlichter", nach München, wo sie im Zentrum des Dichterkreises der „Krokodile" standen. Heyse, obgleich erster deutscher Nobelpreisträger für Literatur, ist heute als Autor vergessen, aber die Münchner bewahren ihm durch die nach ihm benannte Unterführung am Hauptbahnhof ein stetes Angedenken.

Wie sein Vater baute sich auch Max II. eine Prachtstraße in München, die Maximilianstraße. Er schrieb dafür den größten internationalen Architekturwettbewerb des 19. Jh.s aus, den Wilhelm

Stier, ein Architekt aus der Berliner Schinkel-Schule, gewann; aber die größten Einzelbauten des Ensembles, der Bau der Regierung von Oberbayern und das die Straße krönende Landtagsgebäude, das Maximilianeum, stammen von Friedrich Bürklein. Neben der Ludwigstraße zählt diese Prachtstraße zu den schönsten Münchner Straßenzügen.

Unter Max II. kam es zur Eingemeindung der Vororte Haidhausen, Au und Giesing, um der Ausdehnung der Stadt nach Osten eine Basis am jenseitigen Isarufer zu geben. Im Süden der Stadt entstand zwischen 1861 und 1870 das Gärtnerplatzviertel. Nach der Eingemeindung von Sendling (1877) folgten Neuhausen (1890), das bereits zur Stadt erhobene Schwabing (1890) sowie Nymphenburg (1899), Laim (1900) und Thalkirchen (1900). Die Moderne begann, das Bild der Stadt zu prägen.

1839 war mit der Strecke nach Lochhausen der Eisenbahnverkehr in München eröffnet worden; der von Friedrich Bürklein begonnene und im Zweiten Weltkrieg zerstörte Hauptbahnhof wurde bis 1884 immer wieder erweitert, bei Großhesselohe spannte sich 1857 eine kühne Eisenbahnbrücke über das Isartal; im Alten Botanischen Garten entstand der Glaspalast, in dem 1854 die Allgemeine Deutsche Industrieausstellung stattfand; das Gebäude brannte 1931 ab. Wie kaum ein anderer Monarch nahm Max II. an den technischen Neuerungen der Zeit Anteil. Der weltberühmte Hygieniker Max von Pettenkofer erhielt einen Lehrstuhl an der Universität, und der König förderte auch das Schulwesen.

Aus seinen Privatmitteln stiftete er das Maximilianeum, das bis heute besteht und ausgewählten Gymnasiasten ein finanziell abgesichertes Studium erlaubt; noch heute wohnen die „Maximilianeer" im Maximilianeum am Isarufer, das zugleich Sitz des Bayerischen Landtags ist.

München während der 1848er Revolution.

Bayerischer „Märchenkönig": Mit dem Tode Max II. 1864 ging die politische Macht fast gänzlich in die Hände der Ministerialbürokratie über. Ludwig II., der bayerische „Märchenkönig", realisierte seine Träume eines schöneren, wahrhaft königlichen Lebens abseits der Stadt: durch romantische Schlösser, die er im bayerischen Oberland erbauen ließ. An München verlor Ludwig jedes Interesse, als die Stadt den Bau eines neuen Opernhauses für seinen Freund Richard Wagner zu verhindern wußte.

Gottfried Semper, der Architekt der Dresdner Oper, sollte den Bau in der Nähe des heutigen Friedensengels errichten, aber die veranschlagten Kosten von 6 Mio. Gulden brachten nicht nur das Projekt zu Fall, sondern hatten auch zur Folge, daß das Verhältnis des Königs zu Wagner in die Brüche ging. Da der Komponist durch einige ungeschickte Intrigen aufgefallen war und dem „von Pfaffen verhetzten, schwerblütigen Münchner Pöbel" jedes Kunstverständnis absprach, mußte er auf Bitten des Königs die Stadt verlassen, in der viele seiner Opern uraufgeführt worden waren, darunter *Tristan und Isolde* (1865), *Die Meistersinger von Nürnberg* (1867), *Rheingold* (1869) und *Die Walküre* (1870).

Die Ereignisse der europäischen und deutschen Politik interessierten den König kaum, und das Volk nahm nicht nur diesen Zug an der eigenwilligen Persönlichkeit Ludwigs II. mit Sympathie zur Kenntnis, sondern teilte auch seine Abneigung gegen die preußische Machtpolitik unter Bismarck.

Die unter Bismarcks Federführung erfolgte Einigung Deutschlands von 1871 weckte in München nur wenig Begeisterung. Bayern verlor damit seine seit 1806 bestehende staatliche Selbständigkeit; nur Bahn und Post blieben weiterhin „königlich-bayerisch". Bismarck konnte die Zustimmung Ludwigs II. nur gewinnen, indem er heimlich Gelder für den Bau seiner Schlösser überwies. Wohl gerade wegen seiner Traumverlorenheit war Ludwig II. beim Volk so beliebt wie kein anderer Herrscher, und als das Münchner Kabinett ihn 1886 entmündigte und er zusammen mit dem Arzt Gudden im Starnberger See – unter ungeklärten Umständen, wie seine Anhänger noch heute betonen – ums Leben kam, trauerte das Land um einen König, von dem offensichtlich zu keiner Zeit jemand etwas zu befürchten hatte. Bei seiner Beerdigung in der Michaelskirche soll, so wird berichtet, ein furchtbares Gewitter aufgezogen und ein Blitz in die Kirche eingeschlagen sein. „Der Blitz hatte nicht gezündet, nur einige Leute an die Mauer der Kirche geschleudert. Das war das himmlische Finale zu einem irdischen Trauerakte." Ludwigs Nachfolger, Prinzregent Luitpold, der für Ludwigs geisteskranken Bruder Otto regierte, mußte sich lange des Gerüchts erwehren, er habe aufgrund eigener Machtgelüste die Amtsenthebung Ludwigs II. in die Wege geleitet.

„Prinzregentenzeit": München erlebte unter Prinzregent Luitpold zweifellos seine Blütezeit als Kunststadt. Es war die Zeit der Malerfürsten August Kaulbach und Franz von Lenbach, letzterer der begehrteste Porträtist seiner Zeit, der die 1873 gegründete „Künstlergesellschaft" beherrschte. Er konnte es sich sogar leisten, unliebsame Konkurrenten wie den Porträtmaler Wilhelm Leibl aus der Stadt zu vertreiben, bis sich die Münchner „Sezession" (1892) mit Künstlern wie dem Landshuter Max Slevogt und Franz von Stuck gegen ihn stellte.

Max Liebermann arbeitete ebensogern in München wie Wassily Kandinsky, der mit Franz Marc, Gabriele Münter und Paul Klee die Vereinigung „Der Blaue Reiter"(1911) gründete; ihre Mitglieder waren wesentlich an der Entwicklung der abstrakten Malerei im 20. Jh. beteiligt.

Schwabing – „ein Zustand": Mittelpunkt der Münchner Künstlerszene von 1890 bis 1914 war Schwabing. Bis heute zehrt der Stadtteil vom damals erworbenen Ruf, aber der Charme dieser Jahre ist unwiederbringlich verlorengegangen im Wechselspiel der Zerstörungen, die Kriege, Verkehrsplanung und Grundstücksspekulanten anrichteten. Schwabing, einst ein „behäbiges Dorf mit einer netten Kirche", wie Ludwig Thoma schrieb, war schon früh vom Adel als Sommersitz entdeckt worden, bis sich am Ende des 19. Jh.s die Künstler zwischen Türkenstraße und Schwabinger Kirche ansiedelten. Es waren weniger die elitären Zirkel wie der Kreis um den Lyriker Stefan George, die hier heimisch wurden, sondern jene bunte Bohème, die durch ihren avantgardistischen Lebensstil dem gestandenen Münchner Bürger steten Anlaß zur mißbilligenden Verwunderung bot.

Eine legendäre Figur Schwabings war die Gräfin Franziska zu Reventlow, emanzipiert und selbstbewußt genug, das Skandalgerede über ihren Lebenswandel auch zu genießen. Sie veröffentlichte 1913 einen Roman über Schwabing und war ansonsten in den Redaktionsräumen des *Simplicissimus* zu Hause, jener 1889 von Albert Langen ins Leben gerufenen satirischen Zeitschrift, deren Symbol die rote Bulldogge war und in der die wohl bedeutendsten Autoren der Zeit schrieben: Thomas Mann, Karl Kraus, Frank Wedekind, Rainer Maria Rilke, Hermann Hesse und Heinrich Mann. Zeichner wie Olaf Gulbransson, Karl Arnold, Thomas Theodor Heine, Alfred Kubin oder Edu-

München in der Zeit um 1900. Links: Der Hauptbahnhof. Oben: Der Marienplatz mit Blick auf das Alte Rathaus.

ard Thöny illustrierten die Artikel mit ihren Karikaturen und Zeichnungen. Eine weitere Institution des Schwabings der Zeit um 1900 war die berühmte Künstlerkneipe von Kathi Kobus, der „Simpl" in der Türkenstraße, in der Hausdichter Joachim Ringelnatz Hof hielt.

In der Türkenstraße befand sich auch das „Café Größenwahn", das eigentlich „Café Stefanie" hieß und in dem der Anarchist und Schriftsteller Erich Mühsam gern verkehrte; in der Gaststätte „Zum goldenen Hirschen", ebenfalls in der Türkenstraße, gastierten die *Elf Scharfrichter,* eine Kabarettruppe, zu der neben Th. Th. Heine und Olaf Gulbrannsson die Autoren Heinrich Lautensack und Frank Wedekind gehörten. Im Laufe der Zeit siedelte in Schwabing eine regelrechte „Nebenbevölkerung" an, die die verschiedensten Kunstformen und Stile zu einem eigenen Lebensgefühl vermengte. Schon früh hatte Theodor Fontane nicht ohne Zynismus über das Bürgertum bemerkt: „Der eigentliche Grundstock der Bevölkerung ist geistig tot und verbiert wie nur möglich".

1890 gründete Georg Hirth die Zeitung *Jugend,* die Ziehmutter des Jugendstils, der mit seinen bunten Fassaden die Architektur der Stadt vor dem Zweiten Weltkrieg prägte. Wenig ist davon erhalten geblieben, so das Müllersche Volksbad, eines der schönsten Gebäude aus dieser Zeit. Der Jugendstil war eine Reaktion auf den Historismus in der Architektur des späten 19. Jh.s, wie er sich in der Prinzregentenstraße manifestiert hatte, dieser letzten Prachtstraße Münchens.

Gabriel von Seidl, berühmtester Architekt seiner Zeit, schuf hier das Nationalmuseum; von ihm stammt auch das Künstlerhaus am Lenbachplatz und die Lenbachvilla, während Adolf von Hildebrand mit dem Wittelsbacher Brunnen am Lenbachplatz eine der schönsten Brunnenanlagen Europas gestaltete. Bis 1903 dauerten die Bauarbeiten am Neuen Rathaus, dem die alten Landschaftshäuser am Marienplatz weichen mußten und dessen neugotischer Stil bis heute am ältesten Platz Münchens ziemlich deplaciert wirkt.

Um 1900 schrieb Thomas Mann, der seit 1894 in München lebte: „München leuchtet." Aber die berühmt gewordene Charakterisierung der Stadt war immer schon ironisch gemeint. Die Obrigkeit konnte sich nicht mit allem abfinden, was die Schwabinger Künstler zum besten gaben; 1895 erhielt zum Beispiel der Schriftsteller Oscar Panizza ein Jahr Gefängnis wegen angeblicher Gotteslästerung in seinem Drama *Das Liebeskonzil.*

Auch Th. Th. Heine und Frank Wedekind mußten eine Karikatur auf Kaiser Wilhelm II. im *Simplicissimus* mit Festungshaft büßen. Zunehmend verschärften sich die sozialen Spannungen. Die Bevölkerung der Stadt stieg in der Zeit um 1900 auf über eine halbe Million an,

gleichzeitig stieg auch die Zahl der Arbeitslosen. Die durchschnittliche Lebenserwartung betrug sage und schreibe nur 25 Jahre.

Vor allem in den Arbeitervierteln grassierte die Tuberkulose und raffte viele dahin, und zahlreiche Wohnungen standen schon damals leer, weil sie für den Großteil der Bevölkerung unerschwinglich waren. In den feuchten und überbelegten Herbergsvierteln der Au und Giesings war nur wenig von der „guten alten Zeit" zu spüren.

Titelbild der Zeitschrift *Jugend.*

Die Dynastie der Wittelsbacher

Die Herzöge

1180-1183 Otto I.
1183-1231 Ludwig I. der Kelheimer; gründet Landshut und Straubing; verheiratet 1214 seinen Sohn mit der Tochter des Pfalzgrafen am Rhein; Beginn der pfälzischen Linie der Wittelsbacher.
1231-1253 Otto II. der Erlauchte; übernimmt als erster Wittelsbacher das Stadtregiment über München.
1253-1294 Ludwig II. der Strenge; der erste Wittelsbacher, der sich in München eine feste Residenz erbaut. 1255-1340 Teilung des Landes in Ober- und Niederbayern.
1294-1347 Ludwig IV. der Bayer; 1314 deutscher König, 1328 römischer Kaiser; erwirbt Brandenburg, Tirol und die Niederlande.
1347-1349 Ludwig V. der Brandenburger und Stephan II. mit der Hafte
1349-1353 Ludwig V. der Brandenburger, Ludwig VI. der Römer und Otto V. der Faule; regieren bis 1353; dann Landesteilungen bis 1505 in Brandenburg, Niederlande, Oberbayern-Tirol, Niederbayern-Landshut und Niederbayern-Straubing.
1353-1361 Ludwig V. der Brandenburger
1361-1363 Meinhard
1363-1375 Stephan II. mit der Hafte; 1363-1392 Vereinigung von Ober- und Niederbayern.
1375-1392 Stephan III. der Kneißl, Friedrich der Weise, Johann II. der Gottselige; sie regieren bis 1392 gemeinsam, dann zerfällt das Land in die Herzogtümer Niederbayern-Landshut, Oberbayern-Ingolstadt und Oberbayern-München.
1392-1397 Johann II. der Gottselige
1397-1435 Ernst der Starkmütige und Wilhelm III.
1435-1438 Ernst der Starkmütige
1438-1460 Albrecht III. der Gütige
1460-1463 Johann IV. der Schwarze und Sigismund
1463-1465 Sigismund
1465-1467 Albrecht IV. der Weise und Sigismund
1467-1508 Albrecht IV. der Weise; 1505 endgültige Wiedervereinigung des Landes, aber das Gebiet zwischen Kufstein, Kitzbühel und Rattenberg fällt an Tirol.
1508-1516 Wilhelm IV. der Beständige
1516-1545 Wilhelm IV. der Beständige und Ludwig X.
1545-1550 Wilhelm IV. der Beständige
1550-1579 Albrecht V. der Prächtige
1579-1594 Wilhelm V. der Fromme
1594-1597 Wilhelm V. und Maximilian
1597-1623 Maximilian I.; erhält 1623 die Kurwürde.

Die Kurfürsten

1623-1651 Maximilian I.; Bayern vergrößert sich um die Oberpfalz und bekommt die Kurwürde.
1651-1679 Ferdinand Maria
1679-1726 Maximilian II. Emanuel, der „blaue Kurfürst“
1726-1745 Karl Albrecht (1742-45 als Karl VI. deutscher König und römischer Kaiser)
1745-1777 Maximilian III. Joseph der Vielgeliebte; Ende der bayerischen Linie der Wittelsbacher.
1777-1799 Karl Theodor (aus der wittelsbachischen Linie Pfalz-Sulzbach); 1779 verliert Bayern das Innviertel an Österreich.
1799-1805 Maximilian IV. Joseph (aus dem Hause Pfalz-Zweibrücken); er erhält durch Napoleon die Königskrone.

Die Könige

1806-1825 Maximilian I. Joseph
1825-1848 Ludwig I.
1848-1864 Maximilian II.
1864-1886 Ludwig II.
1886-1912 Luitpold; er regiert als Prinzregent für den geisteskranken König Otto I.
1913-1918 Ludwig III.

NIVEA

RUDOLF
MOSSE
FUNDUS
DAMEN-MODEN
RAISER
SPITZEN
DIESBACH
BÜRO MÖBEL

Mit dem Ersten Weltkrieg ging 1914 die „gute alte Zeit" in München zu Ende. Die Stadt wurde vom Kriegselend erfaßt: „Der Hunger drang gewissermaßen auch in die Bezirke der Wohlhäbigeren, wurde Losungswort an jedem Biertisch, wurde Gespenst, unsichtbar, aber überall fühlbar. Dabei hatten verhältnismäßig große Volksteile gerade in München noch immer Dinge, die man in Norddeutschland längst nicht mehr kannte. Jeder hier hamsterte, soviel er konnte. Im Schleichhandel war alles zu haben, und Deserteure waren nichts Ungewöhnliches mehr", wie sich Oskar Maria Graf erinnert.

Rote Fahnen über München: Graf, Bäckersohn aus Berg am Starnberger See, gehörte zu den eindringlichsten Chronisten Bayerns im frühen 20. Jh. Er war Augenzeuge der Revolution von 1918, die sich in Demonstrationen und Streiks schon während des Krieges angekündigt hatte. Auch nach Kriegsende blieb die Situation der Arbeiter verzweifelt, am 7. November zogen weit mehr als 100 000 Menschen auf die Theresienwiese, wo Erhard Auer von der SPD und Kurt Eisner von der linken USPD eine demokratische Verfassung forderten. Während es die SPD bei einer Proklamation bewenden lassen wollte, kehrte die Menge mit Kurt Eisner an der Spitze in die Stadt zurück. Kampflos wurden die Kasernen besetzt, und als schließlich die Residenzwache sich dem Aufstand anschloß, flüchtete Ludwig III. in der Nacht aus der Stadt.

Die seit 1180 bestehende Regentschaft der Wittelsbacher über Bayern war zu Ende, am nächsten Morgen wehten rote Fahnen von den Türmen der Frauenkirche. Kurt Eisner wurde vom „Revolutionären Arbeiterrat", den die Münchner Betriebsgruppen gebildet hatten, zum Ministerpräsidenten des Landes gewählt, das seitdem „Freistaat Bayern" heißt.

So friedlich die bayerische Revolution auch begann, so rasch verschärfte sich jedoch die Situation. Zwischen rechten und linken Sozialdemokraten sowie zwischen Anarchisten und Kommunisten kam es zu erbitterten Streitigkeiten über das weitere Vorgehen. Eisner schreckte vor einem radikalen Rätesystem zurück und beließ die Beamtenschaft weitgehend in ihren Ämtern, aber es gelang ihm nicht, das umliegende Land zur Versorgung der Stadt zu bewegen. Bereits am 7.1.1919 kam es erneut zu Demonstrationen, drei Menschen wurden dabei erschossen, und die Wahlen vom 12.1. endeten mit einem Debakel für Eisners Partei. Am 12.2.1919 wurde Eisner auf dem Promenadeplatz, auf dem Weg ins Parlament in der Prannerstraße, wo er seinen Rücktritt bekanntgeben wollte, von dem jungen Adligen Graf von Arco auf Valley ermordet.

Die Macht ging nun an den „Zentralrat der Bayerischen Republik" über, dem SPD, USPD und der „Revolutionäre Arbeiterrat" angehörten. Sie wählten am 17.3. den Sozialdemokraten Hoffmann zum neuen Ministerpräsidenten, aber seine Vorstellungen einer demokratischen Republik genügten weiten Teilen der Arbeiterschaft nicht. In Augsburg kam es zum Generalstreik, und als in München Anfang April die Schriftsteller Gustav Landauer, Erich Mühsam und Ernst Toller die Räterepublik ausriefen, floh die Regierung Hoffmann nach Bamberg und rief von dort aus die Reichswehr zu Hilfe.

Zu zerrissen waren in München die politischen Fronten, als daß die Räterepublik hätte überleben können; am 14.4. übernahmen die Kommunisten unter Eugen Leviné und Max Levien die Führung, aber von außen organisierte man eine Hungerblockade gegen die Stadt, und unter Franz Xaver Ritter von Epp rückten Armee und Freikorps auf München vor. Wie kaum ein anderer Aufstand in Deutschland hatte die Münchner Räterepublik etwas verzweifelt Utopisches an sich. Oskar Maria Graf berichtet von einem Leutnant Sebastian Wigelberger, der als Offizier der rasch gebildeten Roten Armee den heranrückenden Truppen durch einen Parlamentär erst formell den

<u>Vorherige Seiten</u>: Der Karlsplatz („Stachus") vor dem Ersten Weltkrieg. <u>Links</u>: Blick in die Theatinerstraße vor dem Zweiten Weltkrieg.

Krieg erklärte, bevor er schießen ließ; am Stachus soll der Schuhputzer Alisi, wie Toller überliefert, mit vier Mann mehrere Tage lang gegen zwei Regimenter erfolgreich Widerstand geleistet haben, und als kurz vor Ende der Kämpfe im Luitpold-Gymnasium neun Gefangene unter ungeklärten Umständen erschossen wurden, begannen die Revolutionäre noch mit der Suche nach den Verantwortlichen. Bei ihrem Einzug aber ertränkten die Freikorps die Münchner Revolution buchstäblich im Blut der Massenerschießungen; einige Führer der Räterepublik wurden, wie Gustav Landauer, bestialisch ermordet, nur wenige, wie Ernst Toller oder Erich Mühsam, kamen mit langjähriger Festungshaft davon.

Hitlerputsch und Inflation: Aber wohl kein anderes Ereignis in der Münchner Stadtgeschichte wurde so rasch verdrängt und vergessen wie die Räterepublik. Kaum eine Inschrift erinnert heute noch daran, und als man nach dem Zweiten Weltkrieg nicht mehr umhinkonnte, des Mordes an Eisner zu gedenken, „versteckte" man am Ort des Geschehens eine Gedenktafel im Boden.

Die linken Parteien in Bayern erholten sich von der Niederlage, die sie 1919 erlitten, letztlich nicht mehr. Die SPD-Regierung unter Johannes Hoffmann wurde alsbald gestürzt; es begann jene Zeit bayerischer Honoratiorenwirtschaft, deren führende Repräsentanten Lion Feuchtwanger in seinem Roman *Erfolg* in den Hinterzimmern des Hofbräuhauses thronen ließ, mißtrauisch gegen linke Gruppierungen und Medien, wohlwollend gegenüber rechtsradikalen Kreisen. Bis 1933 nahm die Bayerische Volkspartei (BVP) unter Heinrich Held das Ruder in die Hand, und das Land steuerte, wie Karl Bosl, einer der angesehensten Kenner bayerischer Geschichte, schrieb, „einen monarchistisch-konservativen und nationalistischen Kurs im Zeichen vaterländischer Verbände, Kampfbünde und Aktivistengruppen. Die Politik der ‚Ordnungszelle' Bayern, wie sie die Konservativen betrieben, hat im Grunde den Hitlerputsch vom 9. November 1923 vorbereiten helfen."

München war von 1919 an eine Hochburg reaktionärer Bewegungen. Hier gründete Julius Streicher seine antisemitische Deutsche Freiheitspartei; hier tagte, in den Hinterzimmern des Hotels *Vier Jahreszeiten,* die obskure Thule-Gesellschaft des Antisemiten Dietrich Eckart, und auch Hitler hielt sich seit 1919 in der Stadt auf. Er schloß sich einer der neu gegründeten Splitterparteien an, die später als „Nationalsozialistische Deutsche Arbeiterpartei“ (NSDAP) in Erscheinung trat und von 1920 an mit Massenversammlungen im Hofbräuhaus auffiel.

Nationale Schmach durch den Vertrag von Versailles, Arbeitslosigkeit, Inflation und Antisemitismus – mit diesen Schlagworten gelang es Hitler rasch, die Kampfverbände der verschiedenen rechten Gruppierungen in München um sich zu sammeln und 1923 den Sturz der Regierung zu wagen. Er stürmte mit SA-Kräften eine Versammlung nationaler Verbände im Bürgerbräukeller am Rosenheimer Berg, bei der auch die gesamte politische Prominenz Bayerns anwesend war, erklärte die bayerische Regierung für abgesetzt und marschierte am 9.11.1923 mit seinen SA-Trupps und General Ludendorff auf die Feldherrnhalle zu. Die Bevölkerung auf der Straße zeigte bereits damals spontane Zustimmung, aber vor der Feldherrnhalle stoppte die Polizei mit Waffengewalt den Zug.

Links: Kurt Eisner (ganz links), Ministerpräsident zur Zeit der Räterepublik, mit Erhard Auer (ganz rechts), dem Minister des Innern. Oben: Der Hitlerputsch im November 1923, Menschenmenge vor dem Alten Rathaus.

Die sich anschließenden Prozesse freilich gerieten zu einer juristischen Groteske, Ludendorff wurde freigesprochen, Hitler zu fünfjähriger Festungshaft verurteilt (während der das Pamphlet *Mein Kampf* entstand), aus der er jedoch schon 1924 wieder entlassen wurde.

Es waren günstige Zeiten für seine Hetztiraden, nicht nur in München, wo sich das Hauptquartier seiner Bewegung etablierte. Und es waren zumeist Mitstreiter aus Hitlers Münchner Zeit, oftmals Bayern, die später an der Spitze der unseligen NS-Diktatur stehen sollten, wie Heinrich Himmler, dessen Vater einst Direktor am Wittelsbacher Gymnasium in München war, oder der Rosenheimer Hermann Göring. Hitler hatte nicht nur die Unterstützung industrieller Kreise, sondern fand auch Zugang zu angesehenen Münchner Familien; seine Anhängerschaft aber rekrutierte sich vorwiegend aus dem Kleinbürgertum und aus der Arbeiterschaft, die besonders unter der anhaltenden Arbeitslosigkeit der zwanziger Jahre zu leiden hatten.

In München waren in dieser Zeit mitunter mehr als 20 % der auf 700 000 Einwohner gestiegenen Bevölkerung von der öffentlichen Fürsorge abhängig, und während des Inflationsjahres 1923 kostete eine Trambahnfahrt nur vom Stachus zum Marienplatz sage und schreibe 230 Milliarden Mark.

Die zwanziger Jahre in München: Nur allmählich stabilisierten sich in München wie auch in der gesamten deutschen Republik die wirtschaftlichen und politischen Verhältnisse. Soweit es ihre Mittel erlaubten, versuchte die Stadt durch eigene Maßnahmen, die Wirtschaft anzukurbeln. 1925 eröffnete das Deutsche Museum, ein Ereignis, das der seit einem Jahr bestehende Bayerische Rundfunk direkt übertrug. Am Oberwiesenfeld, dem heutigen Olympiagelände, wurde der erste Münchner Flughafen eingeweiht, und

am Stadtrand entstanden neue Siedlungen, um die Wohnungsnot zu mildern: die „Alte Heide" in Freimann, großräumige und für die damalige Zeit vorbildhafte Anlagen in Neuhausen und in Ramersdorf. München wuchs um die Vororte Daglfing (1930), Perlach (1930) und Freimann (1931). Die wohl reizvollste Wohnanlage erbaute der Unternehmer Bernhard Borst an der Dachauerstraße, die „Borstei", damals Wunschtraum vieler Wohnungssuchender in München.

Von der Atmosphäre der „wilden zwanziger Jahre" war im München dieser Zeit nur wenig zu spüren. So bedeutende Filme wie Sergej Eisensteins *Panzerkreuzer Potemkin* wurden ebenso verboten wie der Auftritt der Tänzerin Josephine Baker. Zunehmend verließen junge Künstler die Stadt, der Dirigent Bruno Walter ging wie die Autoren Brecht und Zuckmayer nach Berlin; nur wenige blieben, so – zunächst noch – die Romanciers Thomas Mann und Lion Feuchtwanger oder Otto Falckenberg mit seinen „Kammerspielen", die 1926 von der Augustenstraße in ihr heutiges Domizil an der Maximilianstraße umzogen.

Sie blieben die Ausnahme in einer Stadt, die auf biederer Tradition beharrte und deren Kulturbehörden einem Karl Valentin mit seinen hintergründigen Sketchen ebenso mißtrauisch gegenüberstanden wie den avantgardistischen Kunstströmungen aus Amerika oder der Sowjetunion. Der Kampf um die in Provinzialität versinkende Kunststadt München blieb erfolglos, auch wenn Thomas Mann 1926 in einer Rede den in der Stadt grassierenden undemokratischen und antisemitischen Geist scharf geißelte: „Wir mußten es erleben, daß München in Deutschland und darüber hinaus als Hort der Reaktion, als Sitz aller Verstocktheit und Widerspenstigkeit gegen den Willen der Zeit verschrien war, mußten hören, daß man München eine dumme, die eigentlich dumme Stadt nannte ..."

„Hauptstadt der Bewegung": Das wenige, was München an Weltläufigkeit und Aufgeschlossenheit geblieben war, ging 1933 mit dem Beginn der NS-Diktatur endgültig unter. Die Nationalsozialisten hatten keine Schwierigkeiten, die Macht in München zu übernehmen. Die bayerische Regierung unter Heinrich Held wurde von Reichsstatthalter Epp abgelöst, der Münchner Oberbürgermeister Scharnagl trat nach einem Ultimatum des Gauleiters Adolf Wagner zurück, und bei den Reichstagswahlen vom 5.3.1933 errangen die Nationalsozialisten die Mehrheit in der Stadt. Ab Sommer 1933 saßen sie allein im Stadtrat, ihre Gegner waren entweder geflohen oder nach Dachau deportiert, wo bereits im März 1933 das erste KZ Deutschlands entstand – worüber der *Völkische Beobachter* die Öffentlichkeit auch getreulich unterrichtete. Innerhalb weniger Wochen war die Stadt München fest in nationalsozialistischer Hand. Im Wittelsbacher Palais, einst Sitz der Münchner Räteregierung, richtete die Gestapo ihre Folterkeller ein, und nachdem sich 1934 im sogenannten Röhm-Putsch Hitler seiner innerparteilichen Kritiker entledigt hatte – die meisten wurden im Gefängnis Stadelheim erschossen –, begann vor allem für die Münchner Juden die Zeit des Terrors. 1938 wurde die Synagoge in der Herzog-Max-Straße abgerissen. Von den mehr als 10 000 Münchner Juden überlebten lediglich 200 den Zweiten Weltkrieg.

Hitler selbst bewahrte sich zeitlebens ein besonderes Verhältnis zu München, wo er in der Prinzregentenstraße Nr. 16 lange Jahre gewohnt hatte und wo, an der Ecke Arcis-/Briennerstraße, die Parteizentrale, das Braune Haus, ihren Sitz hatte. Monumentale Bauten waren für die „Hauptstadt der Bewegung" vorgesehen, der Hauptbahnhof sollte nach Laim verlegt werden, und eine breite Schneise sollte von dort zum Stachus führen, vorbei an einem gewaltigen Hitler-Monument. All dies wurde zwar nicht verwirklicht, aber die tatsächlichen Eingriffe in das Stadtbild waren gravierend genug. Am Englischen Garten entstand das „Haus der Deutschen Kunst", heute nur noch „Haus der Kunst" genannt, das 1937 mit der ersten Ausstellung der offiziellen Kunst des Dritten Reiches eröffnet wur-

Links: Die ehemalige Synagoge in der Herzog-Max-Straße, 1938 zerstört. Oben: Aufmarsch der Nationalsozialisten auf dem Königsplatz.

de. Um eine repräsentative Zufahrt zu diesem Bau zu erhalten, riß man die geschlossene Front der Ludwigstraße auf, um die Von-der-Tann-Straße neu anzulegen, willkommene Vorarbeit für die Stadtplaner der Nachkriegszeit, die hier eine Stadtautobahn, den Altstadtring, zur Schaffung der „autogerechten Stadt" verlaufen ließen. Der Königsplatz wurde als Aufmarschgelände zweckentfremdet und mit Granitplatten belegt, die erst 1988 verschwanden. Auch die Führerbauten an der Arcisstraße überlebten den Krieg und beherbergen heute u. a. die Musikhochschule; in diesem Gebäude unterzeichneten Hitler, Mussolini, Daladier und Chamberlain 1938 das „Münchner Abkommen". An der Feldherrnhalle entstand das Ehrenmal für die 1923 gefallenen NS-Kämpfer; die Vorübergehenden mußten hier den Arm zum Hitlergruß erheben, und mancher wählte daher den Umweg über die Viscardigasse, die im Volksmund alsbald den Namen „Drückebergergasse" erhielt.

Widerstand unterdrückt: Diese Anekdote kann nicht darüber hinwegtäuschen, daß in München wie im gesamten Reich die Nationalsozialisten auf breite Zustimmung bauen konnten; der mißglückte Attentatsversuch des schwäbische Handwerkers Georg Elsner auf Hitler 1939 im Bürgerbräukeller rief weithin Empörung hervor. Nur wenige wagten den offenen Widerstand: „Wollen wir", hieß es im Flugblatt der *Weißen Rose,* „den niederen Machtinstinkten einer Parteiclique den Rest der deutschen Jugend opfern? Nimmermehr!" Die Mitglieder der Gruppe, Hans und Sophie Scholl, Christoph Probst, Alexander Schmorell, Kurt Huber, Willi Graf und Hans Leipelt, wurden verhaftet und im Februar, Juli und Oktober 1943 in Stadelheim hingerichtet.

Ein organisierter Widerstand konnte sich nicht bilden, nachdem die Linksparteien schon 1933 zerschlagen worden waren. Zwar hatten sich einzelne Priester frühzeitig in Predigten gegen Antisemitismus und Diktatur gewandt; Jesuitenpater Alfred Delp starb nach dem Attentat auf Hitler vom 20. Juli 1944 am Galgen, der mittlerweile seliggesprochene Pater Rupert Mayer hatte lange Haftjahre im KZ Dachau auszuhalten.

Die Institution Kirche hatte sich jedoch weitgehend mit dem Regime arrangiert, und selbst ein so populärer Mann wie der Münchner Kardinal Michael Faulhaber brandmarkte 1944 das Attentat auf Hitler als feigen Mordversuch. Kurz vor Kriegsende versuchte eine „Freiheitsaktion

Bayern", die Kapitulation zu erzwingen, aber noch am 29. April 1945 wurden Angehörige dieser Gruppe, Leutnant Roth und Major Caracciola-Delbrück, erschossen. Der Einmarsch der US-Truppen am 30. April 1945 beendete schließlich für München den Zweiten Weltkrieg.

Die Bilanz des Krieges für die Stadt war verheerend; wie alle deutschen Großstädte war München weitgehend zerstört. Von 1940 an war die Stadt Ziel von Luftangriffen gewesen, der erste Großangriff erfolgte 1942, und insgesamt waren bei Kriegsende fast 45 % der Bausubstanz zerstört, darunter nahezu alle historischen Bauten und Denkmäler. 22 000 Münchner fielen als Soldaten, mehr als 6000 kamen bei Luftangriffen ums Leben. Von den einstmals über 700 000 Einwohnern befanden sich 1945 noch 470 000 in der Stadt.

„Trümmerzeit" und Wiederaufbau: Der Krieg hinterließ eine Ruinenlandschaft, München war unkenntlich und unbewohnbar geworden. Zunächst galt es, Ernährung und Wohnraum für jene zu schaffen, die in München geblieben waren oder jetzt zurückkamen. Die amerikanische Militärregierung setzte Karl Scharnagl, Münchens Bürgermeister der Vorkriegszeit, wieder in sein Amt ein. Unter ihm und seinem Stellvertreter Thomas Wimmer begann das große „Rama dama" („Räumen tun wir"). Die Trümmer wurden beseitigt, aus ihnen entstand der „Schuttberg" am Oberwiesenfeld.

Schon im Jahre 1945 erschien die erste Ausgabe der *Süddeutschen Zeitung,* und die ersten freien Wahlen 1946 gewann die CSU, eine neu gegründete Partei christlich-konservativen Zuschnitts; das öffentliche Leben stabilisierte sich allmählich. Vertriebene und heimkehrende Soldaten strömten in die Stadt, die in den nächsten drei Jahrzehnten im Zeichen des Wiederaufbaus stand; 1949, mit Gründung der Bundesrepublik Deutschland, wurde München Hauptstadt des Bundeslandes Bayern.

Als Wirtschaftszentrum profitierte München von der Teilung Deutschlands, denn mit der Abtrennung „Mitteldeutschlands" gerieten Städte wie Nürnberg und Regensburg in eine Randlage; München wuchs zu einer Drehscheibe im europäischen Nord-Süd-Handel und zur größten Industriestadt der Bundesrepublik

Ganz links: Der bayerische Löwe erhebt sein Haupt aus den Trümmern. Links: Oberbürgermeister Thomas Wimmer beim „Rama dama" 1945. Oben: Das Karlstor nach Kriegsende.

Deutschland heran. BMW und MAN, MTU und Siemens, MBB und Dornier – die Crème de la crème der bundesdeutschen Industrie – siedelten sich in München an oder bauten zerstörte Fertigungsanlagen wieder auf.

Vom Automobilbau bis zur High-Tech-Industrie reicht mittlerweile die Palette, und gern erwähnt man, daß München die größte Verlagsstadt der Republik und auch die wichtigste Filmstadt geworden ist. Daß sich die Stadt auch zum größten Standort der deutschen Rüstungsindustrie ausgewachsen hat, verschweigt man allerdings lieber.

„München wird moderner": Mit diesem Slogan paßte man die Stadt den tatsächlichen oder vermeintlichen Erfordernissen des 20. Jh.s an. Schon 1957 überstieg die Einwohnerzahl Münchens die Millionengrenze, und in Neuperlach, am Westkreuz, im Osten rund um den Arabellapark und am Hasenbergl entstanden gesichtslose Trabantenstädte.

Überhaupt war es ein unübersehbares Anliegen der Stadtplaner nach dem Krieg, München zu einer autogerechten Metropole zu machen. Das lag im Trend der Zeit, und die Stadt hat die Wunden, die man ihr schlug, nur mit Mühe überstanden. Weit über Bayern hinaus galt München als negatives Beispiel dafür, wie man ganz dem Auto zuliebe eine Großstadt „planen" kann. „Mitten in Bayern", schrieb der österreichische Kabarettist Helmut Qualtinger, „dort, wo grundlos die Autobahn aufhört, fängt München an. So wie der Krieg die Fortsetzung der Politik mit anderen Mitteln ist, so ist München die Fortsetzung des Autobahnverkehrs mit anderen Mitteln."

Erst in den späten sechziger Jahren kam man allmählich zur Besinnung – der kühne Plan, die Alleen am Isarwestufer einer mehrspurigen Stadtautobahn zu opfern, wurde nicht mehr ausgeführt. Der anhaltende Protest der Bevölkerung und der örtlichen Presse bewog die Verwaltung zum Einlenken, angeblich sollen dem damaligen Oberbürgermeister Jochen Vogel bei einem Besuch in Los Angeles erstmals Zweifel gekommen sein, ob die autogerechte Stadt nicht das Ende der Stadt selbst mit sich bringen würde. So gelang es, im Zuge der Vorbereitung der Olympischen Spiele 1972, wenigstens die Innenstadt durch eine Fußgängerzone vom Autoverkehr zu befreien und mit dem Bau von U- und S-Bahn moderne Massenverkehrsmittel zu schaffen, die bis weit in das Umland hinein reichen. Seitdem hat sich die Verkehrssituation in München zwar etwas entspannt, aber die öffentlichen Verkehrsmittel sind jedem dringend anzuraten, der in die Innenstadt will.

Es war jedoch nicht nur der Kahlschlag für den Autoverkehr, der neben den Kriegszerstörungen die Stadt deformierte; Kaufhäuser und Versicherungen benötigten Verkaufs- und Büroflächen, und was dann noch an alten Ensembles und erschwinglichen Wohnungen geblieben war, fiel allzuoft den Spekulanten zum Opfer. Dabei hatte man bis in die siebziger Jahre hinein viele zerstörte Bauwerke wieder aufgebaut – das Alte Rathaus und die Frauenkirche, die Residenz und die Ludwigstraße. Auch die Alte Pinakothek und der Alte Peter, den man nach dem Krieg aufgrund der großen Zerstörungen sprengen wollte, konnten gerettet werden; unaufhaltsam jedoch setzte ein, was der Architekt Erwin Schleich in einer bitteren Analyse die „zweite Zerstörung" Münchens nannte.

Viele erhaltenswerte Gebäude und Gebäudekomplexe fielen der Spitzhacke zum Opfer; von der herrlichen Maxburg blieb lediglich, im Rückblick völlig unmotiviert, der Renaissance-Turm stehen; die Neue Pinakothek verschwand ebenso wie der Marstallplatz und die Allerheiligen-Hofkirche, die Klenze einst für Ludwig I. erbaut hatte. Dazu kommen zahlreiche Bürgerhäuser und Adelspalais, die man nicht mehr aufbaute oder die Neubauten weichen mußten; diese Verluste an historischer Substanz waren es, die Schleich zu dem Urteil führten, demzufolge kaum eine Stadt in Europa nach der Zerstörung durch den Krieg „so viel Substanz verloren (hat) wie München".

Durch die wohlkomponierte Fassadenfront der Maximilianstraße, ganz ausgerichtet auf das Maximilianeum am Isarsteilufer, schlug man den mehrspurigen Altstadtring; das harmonisch abgestimmte Ensemble von Ludwigstraße und Siegestor überschattete lange Zeit das schwarze Hochhaus eines Kaufhauskonzerns an der Münchner Freiheit; diese städtebauliche Sünde wurde jedoch beseitigt. Am Deutschen Museum drängt sich der Neubau des Europäischen Patentamtes in ein altes, gewachsenes Wohnviertel, und auch außerhalb des Altstadtbezirks erstickt der Mittlere Ring ganze Straßenzüge mit Lärm und Gestank. Die alten Stadtbäche wurden unter Teerdecken beerdigt, in der Innenstadt und in Vierteln wie dem Lehel vertrieben Anwaltskanzleien, Banken und Versicherungen die Bevölkerung, und an alten Plätzen wie dem Stachus verbannte man die Fußgänger gar in den Untergrund.

1972, auch wenn die „heiteren Spiele von München" durch den Terroranschlag auf israelische Sportler zerstört wurden.

Heute ist München eine Stadt der Superlative: Es ist die größte Universitätsstadt der Bundesrepublik Deutschland, die größte Industriestadt, die Stadt mit dem höchsten Freizeitwert, die schönste Großstadt der Republik (auch wenn man dies in Hamburg gerne in Zweifel zieht), die Stadt mit einem der führenden Theater der Republik und dem zumindest kostspieligsten Kulturangebot.

Und selbst wer auf Superlative dieser Art nichts gibt – tatsächlich entschädigt ein Sommerabend im Biergarten, ein Spaziergang im Englischen Garten oder ein Sonnenbad in den Isarauen für das Leiden an dieser Stadt, für ihre hoffnungslos überhöhten Mieten, für die penetrante Protzerei jener Herrschaften, die zu Münchens „Schicki-Micki-Szene" gehören wollen, für das Verkehrschaos und für die Tatsache, daß in München kulturelle Veranstaltungen meist überfüllt sind. Und wem die Stadt einmal gänzlich zu eng wird, der kann sich an die Seen der Umgebung oder in die Berge flüchten. An solchen Tagen gewinnt man die Gewißheit, daß es sich eigentlich nur in München so richtig leben läßt.

„Weltstadt mit Herz": Obgleich München viel von seinem Reiz verloren hat, ist es weiterhin eine der schönsten deutschen Städte, und zugleich die beliebteste. Einer Umfrage zufolge würden 35 % aller Bundesdeutschen, vor die Wahl gestellt, lieber in der Isar-Metropole als in Hamburg oder Berlin wohnen. Als „Deutschlands heimliche Hauptstadt" wurde München in der Presse tituliert; viel Sympathie gewann die Stadt durch die Ausrichtung der Olympischen Spiele

Es geht wieder aufwärts: beschwingte Münchner Mode in den fünfziger Jahren.

Die Mannschaftsaufstellung des traditionsreichen, erfolgsverwöhnten „FC Bayern München" bringt symptomatisch die ganze schändliche Wahrheit ans Tageslicht: Münchens – nicht nur fußballerischer – Glanz und Gloria beruht auf den Legionärsdiensten von Nicht-Münchnern. Seit den Zeiten eines Franz Beckenbauer, der wenigstens noch aus Giesing stammte, gehören vornehmlich Belgier und Italiener, Brasilianer und Preußen zur Mannschaft, und keiner der vielen Trainer stammt aus München.

Es nimmt nicht Wunder, daß ein renommierter Journalist der *New York Times* auf der Suche nach der heimlichen Hauptstadt der Bundesrepublik und ihren Urmünchner Originalen konsterniert feststellen mußte: Die bayerische Landeshauptstadt ist durch und durch verpreußt!

James M. Markham, unser Amerikaner auf der verzweifelten Suche nach dem waschechten Münchner, verstand die bayerische Welt nicht mehr. Überall traf er auf „Ausländer": in Theatern – der Generalintendant Münchens, August Everding, stammt aus Westfalen –, in den Chefetagen der Zeitungen, in Museen, ja selbst in den Behörden. Wo war er nur zu fassen: der Ureinwohner, der echte Münchner? Ja, würde er einem nur einmal über den Weg laufen, auffallen müßte er dann sogleich, denn wie schon der erste München-Forscher, Lorenz Westenrieder, 1782 bemerkte: „Der wahre eingeborene Münchner ist sehr leicht von einem anderen wegzukennen." Wie gesagt: Wenn er sich zeigte!

Grimmige Verschlossenheit und nicht leicht zu beschwichtigender Argwohn gegenüber Fremden sind ihm schon immer nachgesagt worden, dem Münchner „Grantler". „Granteln" ist eine bayerische Spielart des Existentialismus, die sich den Unbilden der Welt nicht literarisch stellt, sondern mittels eines unablässigen monologischen In-sich-Hineinschimpfens, ohne dabei ein gewisses Erregungsniveau zu überschreiten; es klingt nur als *Basso continuo* im Leben eines Urbayern ständig mit.

Da München in der Tat von Fremden überflutet wird, sieht sich der im Umgang mit anderen Mentalitäten etwas steife und im Verständnis anderer Sprachen etwas unbeholfene Ureinwohner mehr und mehr zurückgedrängt. Im Grunde ist der über Generationen hinweg angesiedelte Münchner alles andere als ein Großstadtmensch. „Die Bewohner des Landes waren seit alters Ackerbauern, städtefeindlich. Das Zentrum des Bauernlandes, die Stadt München, war eine dörfliche Stadt", schreibt Lion Feuchtwanger in seinem München-Roman *Erfolg.*

Diese Dorfmentalität, zumindest die der Alteingesessenen, zeigt sich zum Beispiel auch darin, daß manche oft nicht einmal soviel Weltläufigkeit aufbringen, um über die eigene Stadtteilgrenze hinausschauen zu können. Für sie existiert er somit auch gar nicht, *der* Münchner; sie kennen nur den Laimer, den Giesinger, den Schwabinger, den aus der Maxvorstadt. Und nicht selten glauben die Bewohner eines Viertels, daß es Welten sind, die sie von dem anderen, benachbarten Stadtteil trennen.

Vorherige Seiten: Straßencafés sind im Sommer sehr beliebt. Vertreterin der jungen Münchner Generation. Links: Ein älteres Semester. Oben: Er hat dankbare Zuschauer gefunden.

Die Münchner Rass', wenn es eine einheitliche Ausprägung davon überhaupt gibt, ist also schwer zu bestimmen. Auch darf man ja den Neu-Münchner, den sogenannten „Zugroast'n" (Zugereisten), wie mittlerweile auch schon die schimpfen, die selber gerade erst fünf Jahre hier wohnen, nicht aus den Augen verlieren, prägt er doch das Gesicht der Stadt entscheidend mit.

Fremde leben in München, zumal in hohen gesellschaftlichen Positionen, schon seit jeher. Während der Gegenreformation zum Beispiel war die kurfürstliche Residenzstadt Sammelbecken für Gelehrte aus allen Himmelsrichtungen. Der herzogliche Bibliothekar und spätere geistliche Rathssecretarius Aegidius Albertinus etwa, der mit seinen fünfzig Buchveröffentlichungen als einer der Mitbegründer einer süddeutsch gefärbten Literatursprache gilt, kam bereits 33jährig aus den Niederlanden erstmals nach München.

Nach dem Zweiten Weltkrieg waren es vor allem die Hunderttausende von Flüchtlingen aus dem Osten (Sudeten- und Egerland, Schlesien, Pommern u. a.), die die Stadt aufnehmen mußte; und heute ziehen High-Tech-Industrien wie etwa Siemens die Zuwanderer an. Wo sich in diesem Völkergetümmel (nicht zu vergessen auch die Gastarbeiter!) der nach Münchner Urtümlichkeit suchende Fremde umtun soll, ist schwer zu sagen.

In einer Stadt, in der Hunderte – ach was, sagt der stets zur Untertreibung neigende Münchner – in der Tausende von Fremden die Einwohnermeldeämter belagern, sich zu Studienbeginn Massen von mit Schlafsack und Zelt bepackten Erstsemestern aller Herren Länder vor den Schwarzen Brettern in der Uni-Mensa drängen, droht der Münchner zum Fabeltier zu werden.

Gleich jenem Wolpertinger, dem inoffiziellen Wappentier Bayerns (einem sagenumwobenen Urviech, das noch niemand lebendig gesehen hat! Lediglich in ausgestopfter Form verfügt die Stadt über ein einmaliges Exemplar, welches der Fremde im Jagd- und Fischereimuseum inspizieren kann), spricht alles vom Münchner, mancher will ihn sogar gesehen haben, aber präsentieren läßt er sich kaum. Am ehesten noch ist er akustisch zu erhaschen, so als sei er nur ein körperloser Geist, der durch die Stadt „wachelt" (sanft weht).

Man sei also stets offenen Ohres, wenn man durch Münchens Straßen streift und sich in das Gewühl auf dem Viktualienmarkt mischt oder zufällig in eine kleine Stadtteil-Wirtschaft verirrt ... Mit einem Mal bekommt man eine leise Ahnung vom Wesen des Einheimischen: Nur in einer äußersten Notlage meldet sich der sonst eher wortkarge Münchner Bürger zu Wort – und zwar meist „granteInd": mürrisch und in einem für Fremde unverständlichen Dialekt.

Hochnotpeinlichen und intimen Befragungen nach seinem Innersten weicht er ebenso aus wie erzwungenen Selbstdarstellungen. Was er eigentlich sei, der Münchner, interessiert ihn selbst offenbar am wenigsten. Und wenn ihm die Seelen- und Gemütserforschung gar zu viel wird, muß einer seiner Wahlsprüche Einhalt gebieten: „Mei Ruah mecht i hom!" (Meine Ruhe möchte ich haben!")

Wir wollen uns dem unmißverständlich geäußerten Wunsch beugen, die der bayerischen Art auch gar nicht gemäße Nabelschau beenden und dem Interessierten die praxisnahe Feldforschung empfehlen. Man muß ihn halt erlebt haben: den Münchner!

Oben: Katholische Prozession durch die Innenstadt. Rechts: Vehikel für eine weltliche Prozession, den Oktoberfestumzug.

RESTA
München

Die Bayern! – Womöglich existiert auf dieser Welt außer den Texanern und in der Fremde lebenden Chinesen kein Volk, das so sehr bemüht ist, den Klischeevorstellungen, die andere über es haben, auch zu entsprechen. Das Schuhplattln ersetzt hier den Revolver und das Bier das Feuerwasser, mit dem andere Völker zu willenlosen Assimilanten bekehrt werden können.

Nach einer Selbstcharakterisierung des Wahlmünchners Herbert Rosendorfer beruht „das bayerische Selbstverständnis auf der Eigenanschauung als Deppen“, und nicht immer ist genau auszumachen, wo die Grenze zwischen ironischem Styling und selbstverdummender Mimikry besteht. Die Deppen treten dabei sowohl in Gestalt lederbehoster Seppl auf als auch als wahre Prinzen, falsche Barone, fette Industrielle oder als leichtlebige Showstars, die sich ausschließlich von kalten Buffets ernähren. Das wahrhaft furchterregende an diesen Stereotypen ist jedoch, daß sie in München durchaus ihre realen Entsprechungen finden und daß von allem etwas in jedem Münchner steckt.

Nirgendwo werden Rollen mit so viel Ernst gespielt und gleichzeitig so ironisch veräppelt. So kommt es, daß sich zwei Mythen überlagern: der des urwüchsigen Volkes und der der vollendet abgeklärten Lebewelt. Der Bayer ist der „Neger Deutschlands“. München aber ist in diesem „afrikanischen“ Landesteil mit seinen undurchsichtigen Stammesriten fest in der Hand eleganter Kolonialisten.

Ehrfurcht und Stupor: „Endlich bin ich angekommen in dem gelobten Land“, schwärmte 1840 Gottfried Keller aus der Schweiz und bringt damit ein weiteres, noch heute funktionierendes Stereotyp auf eine einfache Formel. Den Fremden kann der Münchner Lebensstil aber durchaus auch zu betäubter, sprachlos wütender Ratlosigkeit treiben. Schon zwei Jahre später hatte der Dichter, völlig pleite, dem derart gepriesenen Ort nur noch einen unvollkommenen Fluch hinterherzuschleudern.

Links: Oktoberfestzeit. Oben: Rudern auf dem Kleinhesseloher See im Englischen Garten.

Schwungvoll setzt er zu einem Gedicht über München an:

Ein liederliches, sittenloses Nest
Voll Fanatismus, Grobheit, Kälbertreiber
Voll Heil'genbilder, Knödel, Radiweiber ...

Doch dann fällt ihm nichts mehr ein, und er teilt, dem Stupor endgültig verfallen, nur noch mit, er schlampere an einem „Sonett über München herum, zerstoße aber den Schädel an einem störrischen Reim“. Unfähig, das rätselhafte Wesentliche der Stadt sprachfest zu machen, macht er sich davon.

Keller ist – für jeden wahren Münchner, sei er zugereist oder einheimisch, unverständlich – nicht geblieben. Es muß sich bei ihm um den hoffnungslosen Fall eines „Auswärtigen“ gehandelt haben, der nicht verstehen konnte, daß Münchner Klischees nicht bekämpft werden können. Das legendär unterhaltungssüchtige Lebensgefühl der Münchner ist sogar lexikonwürdig geworden! Nachzulesen im Brockhaus des 19. Jh.s: „Im allgemeinen ist die Bevölkerung Münchens, die im übrigen viel mehr aus Zugewanderten als aus Eingeborenen besteht, frohlebig, zum geselligen Zusammensein, insbesondere bei solidem, materiellem Genusse geneigt, [sie gibt sich] keineswegs mit schlechter oder schmaler Kost zufrieden, [sie ist] aufrichtig und rückhaltlos, für Neuerungen nur langsam zugänglich, (...) aber behaglich lebend. (...) Der Fremde fühlt sich bald heimisch und verweilt deshalb gern in der hübschen und lebhaften Stadt, die ihm in Natur und Kunst mannigfache Genüsse bietet."

Geld, Genuß und grantelnde Grandezza ohne Ende. Es läuft immer auf das gleiche hinaus: In München läßt es sich so gut leben wie auf nur wenigen anderen Quadratkilometern dieser Welt. Bis ans Mittelmeer sind es knapp sechs Stunden, bis zu den Alpen nur eine; an einem der Dutzend Badeseen ist man in einer halben Stunde, im Englischen Garten sofort, und Münchner trifft man überall. An Wochenenden liegt die Vermutung nahe, daß München ausbreitungsmäßig eine der größten Städte der Welt ist. Es läßt sich aber auch umdrehen: Bringt der Föhn denn nicht nur adriatische Luft, sondern optisch auch die Berge in die Stadt, die dann direkt an der Isar zu liegen scheinen? Man muß die Stadt gar nicht verlassen. Alle Annehmlichkeiten dieser Welt sind doch hier eine zwanglose Allianz zur Erquickung der Glücklichen eingegangen, die hier leben dürfen: Ist nicht München eine Weltstadt? Ist es nicht trotzdem noch ein Dorf, ja mehr noch – ein Millionendorf? Liegt es nicht – hochtechnisiert – in einer der schönsten Landschaften der Welt? Verbindet sich hier nicht südländisches Lebensgefühl mit mitteleuropäischer Effizienz? Leben hier nicht die schönsten Frauen? Gibt es hier nicht das meiste Geld, mehr Privattheater, vornehmere Opern, angesehenere Staatstheater als im Rest der Republik? Exquisitere Galerien, Modenschauen und Kulturfestivals? Und so weiter und so weiter und vor allem ... diese legendären Biergärten? Die Argumente sind alt, was dem Mythos aber keinen Abbruch tut. Und die Tatsache, daß die Kulturtempel etwas altväterlich dem Weltgeist hinterherdümpeln, stört die königlich-bayerische Selbstgefälligkeit nur wenig.

Bier und Kir Royal: Eines der ersten Dokumente bayerischer Lebensart stammt aus dem 15. Jh. von dem Humanisten Aventinus und stellt knapp und präzis fest: „Das bairisch volk...trinkt ser." Aventinus – so heißt noch heute ein bekanntes Weißbier, das nach ihm benannt wurde. Zwar belegen Statistiken den Mythos der Trinkfestigkeit nur bedingt, und der eine oder andere „Preiß" hat im Hofbräuhaus sicher mitgeholfen, doch Aventinus hat sicher nicht unrecht. Nirgends sonst wird das Trinken derart lustvoll und intensiv betrieben.

Nehmen wir zum Beispiel den Biergarten: Das ist beileibe keine beiläufige Art, die Zeit herumzubringen, sondern ein Unterfangen, das richtiger und sorgsamer Vorbereitung bedarf. Denn man geht zwar leicht einmal hinein, kommt aber – dafür sorgt schon das geradezu symbiotische Zusammenspiel von Sonne, gesetzlich vorgeschriebenen Kastanien und Bier aus Maßkrügen – nicht so leicht wieder heraus. Wer einmal im Biergarten sitzt, den vertreibt höchstens irgendwann die nächtliche Kühle, und am nächsten Tag sitzt er wieder da.

Das weitläufige Vorurteil, daß der Gerstensaft eines der Hauptnahrungsmittel des Bayern ist, hat auch eine Fernsehserie mit dem Namen *Kir Royal*, die das Gemisch aus Johannisbeerlikör und Champagner zum Münchner Standardgetränk erhob, eher bestätigt als widerlegt. Im übrigen ist wohl reines Bier ebenso wie gesüßter oder gepanschter Schampus nur Ausdruck desselben demonstrativen und zwanghaften Amüsierverhaltens in München.

Feste oder...? – Feste!: Auf keine seiner vielfältigen Tätigkeiten verwendet der Münchner soviel liebevolle und arbeitsame Sorgfalt wie auf die erfüllte Gestaltung seiner Freizeit. Und er ist für nichts so leicht zu begeistern wie für ein wie auch immer geartetes Fest.

Münchner Festivals gehen nicht an mangelndem Interesse zugrunde, sondern an dem hysterischen Erfolg, der ihnen sicher ist. Das Münchner Filmfest hat sich in die endlosen Weiten des Kulturbunkers Gasteig geflüchtet, um dem nicht endenden Ansturm der Massen standzuhalten. Eine Biennale zeitgenössischer Musik geht einem ähnlichen Schicksal entgegen. In der Metropole des Konservatismus – da besteht einmal ein nennenswerter Unterschied zwischen Politik und Kultur – hat man die Technik, kritisches Potential durch frenetischen Beifall zu „integrieren“, zur Perfektion entwickelt.

Es ist fast unmöglich, in München etwas jenseits dieses allgemeinen Entertainments zu unternehmen. Dafür sorgt schon der Jahreskalender, der mit Festivals, diversen Festspielen – mit überteuerten Karten und entsprechend hohen Zuschauerzahlen – und sogenannten fünften Jahreszeiten gespickt ist. Um diesen Namen streiten sich nicht nur der in den letzten Jahren etwas erlahmende Fasching (wo das ganze Jahr Mummenschanz herrscht, braucht man eben nicht den Freibrief der Narrenzeit),

Links: Herbststimmung im Biergarten am Kleinhesseloher See. Oben: Eisstockschießen auf dem Nymphenburger Kanal.

die Starkbierzeit zur Unterstützung des Fastens, das septemberliche Oktoberfest und die diversen Kulturfestivals. Am hysterischen Drang zur Freizeitgestaltung kommt keiner ungeschoren vorbei.

Jede gesellschaftliche Betätigung wird in München möglichst freizeitlich ausgeführt. Stärker noch als anderswo dienen Staatsempfänge, Vernissagen, Theaterpremieren vor allem der Kontaktpflege, weniger der Pflege von Kultur. Man geht dorthin wie anderswo zum Einkaufen, und wofür man hier zum Einkaufen geht, geht man ebenso wie andernorts in die Oper.

Die Allgegenwart des Entertainments gilt sogar für manchmal in Erscheinung tretende Anarchisten: Benannten sich doch die autonomen Gruppen, die sich Anfang der achtziger Jahre in München mit einigen lächerlichen Attentaten auf Banken ihr Vergnügen selbst schufen – während im übrigen Bundesgebiet die Häuser brannten – nicht etwa nach irgendwelchen heroischen Untergrundkämpfern, sondern nannten sich schlicht: „Freizeit '82".

Weißwurst und Kaviar: Selbst rudimentäre Körperfunktionen sind in die Freizeitrituale eingegliedert. In München ißt man selten einfach so. Sogar das unschuldige Verzehren jener legendären Weißwürste ist durch ein festes System von Histörchen und absurden Eßtraditionen reglementiert. Und des Münchners höchstes Vergnügen ist es, dem Fremden genau diese Anweisungen („Eine Weißwurst darf das Mittagsläuten nicht hören") mit dem unumstößlichen Argument: „Es ist halt so!" als Inbegriff bayerischer Lebensart vorzustellen.

Auch gewöhnliche Lebensmittel werden auf gehobene Art vermarktet. Dafür sorgt schon eine Reihe von Institutionen, die wohl nirgendwo anders auf der Welt derart selbstverständlich existieren könnten. Die Lastwagen eines bekannten Partyservice namens Feinkost-Käfer gehören sozusagen zum Stadtbild. Das traditionelle Feinkostgeschäft Dallmayr und der Viktualienmarkt machen alle Köstlichkeiten dieser Welt jedermann entsprechend niveauvoll zugänglich. Dem demokratischen Zugriff auf die leiblichen Genüsse können sich die wahren Snobs durch Flucht in einige wenige Gourmet-Tempel entziehen. Wem das aber zu allgemein ist, dem bleibt immer noch der spezielle Kult des Schweinsbratens oder eben der berühmt-berüchtigten Weißwurst.

Nackte und Hunde: Manche – man glaubt es kaum – gehen auch einfach nur spazieren. Doch schon diese simpelste aller Freizeitlustbarkeiten hat der Münchner zu einem gesellschaftlichen Ereignis gemacht. Kann es zwar durchaus vorkommen, daß die Oper in Jeans besucht wird, so wird der sonntägliche Ausflug im Englischen Garten zur Modenschau. Da wird weder mit Make-up noch mit Parfüm gespart, der Hund gekämmt und der Burberry entstaubt. In sozusagen dialektischem Verhältnis dazu hat der Münchner jedoch den Drang, bei jeder sich bietenden Gelegenheit all diese Hüllen fallenzulassen und sich in nackter Schönheit ins Gras zu werfen. Die bayerische Sonne lacht ungeniert dazu, während die staunenden Fremden das Schauspiel teils interessiert, teils verwirrt, manche sogar brüskiert zur Kenntnis nehmen. So demonstriert der Münchner, wie wohl es ihm in seiner Haut ist, und daß die Reihe von weiblichen Sehenswürdigkeiten – neben Frauenkirche und Bavaria – um die der Münchnerinnen selbst zu erweitern ist.

Beim Nacktbaden zeigt sich das wahre Ausmaß bayerischer Liberalität. Ist der Bayer traditionsgemäß gegenüber politischen Gängelungen eher gutmütig bis duldsam eingestellt, hört sich bei der Freizeitgestaltung gewissermaßen der Spaß auf. Daß die Stadtverwaltung nur bestimmte Zonen an der Isar und im Englischen Garten für Nacktbadende zugelassen hat, wird als echte Einschränkung empfunden. Und so breitet sich diese Spezies überall dort aus, wo ein Fleckchen Gras und viel freie Sicht zum Verweilen einlädt.

Beim Spaziergang entlang der Isar vom Deutschen Museum nordwärts kann man an schönen Tagen den Eindruck gewinnen, der Münchner sei entweder grundsätzlich nackt oder besitze einen Hund. Und manch einer hat sich über der Grübelei, ob er sich jetzt auch ausziehen oder zumindest einen Hund anschaffen sollte, verzweifelt in den Flaucher-Biergarten oder – falls er im Englischen Garten dem Müßiggang frönte – zum Chinesischen Turm gerettet. Womit wir wieder beim Bier wären …

Links: Fast food auf die bayerische Art. Oben: Am Flaucher – der Isar-„Strand" der Nudisten.

Amüsement und Arroganz: Das Rätsel bleibt also trotz aller Mühen ungelöst. „Was heißt München? – Residenz? Künstlerstadt? Bolschewismus, wie einst im Mai? Oder Weißwürschte?" fragte Kurt Schwitters Ende der dreißiger Jahre. Seine Antwort: „Alles nicht allein, sondern Überfluß." Eines jedenfalls ist ganz sicher: Münchner Freizeitvergnügen drückt sich nicht in befreiendem Gelächter aus. Politik, Kultur und Lebensweise vermengen sich in der „Weltstadt mit Herz" zu eher dumpfem Amüsement, dessen wesentlicher Bestandteil Selbstzufriedenheit ist. Und das wird man aller Welt doch noch zeigen dürfen.

„Ich weiß nicht mehr genau, war es gestern, oder war's im vierten Stock."
– Karl Valentin

Vierzig Jahre nach seinem Tod bekommt ein „Sehr geehrter Herr Valentin" vom Finanzamt München die Aufforderung, seine steuerlichen Verhältnisse aufzudecken. Rächte sich hier etwa eine Behörde, gegen die Valentin einst mit der Parole aufbegehrte: „Nieder mit dem Finanzamt – es lebe die Geldentwertung!"?

Karl Valentin, der am Faschingsmontag 1948 starb, hätte mit Sicherheit seine Freude daran gehabt! Und er hätte daraus weitere Szenen und Dialoge geschmiedet, wie schon in *Valentiniaden, Ein buntes Durcheinander*, *Stürzflüge im Zuschauerraum* und *Die Raubritter von München.*

Sein kinematographischer Nachlaß wäre um einen Streifen bereichert worden, der seinen Werken *Der neue Schreibtisch* (1913/1914), *Der Firmling* (1934) oder *Im Schallplattenladen* (1934) in nichts nachgestanden hätte.

Karl Valentin lebt. Nicht nur in seinen Filmen, die das Filmmuseum am St.-Jakobs-Platz 1 zu besonderen Anlässen zeigt (z. B. zur Oktoberfestzeit), nicht nur im Valentin-Musäum im Isartor (dort steckt u. a. der berühmte „entwendete Nagel", an den er den erlernten Schreinerberuf hängte) und nicht nur in den Köpfen der Stadtverwalter, die ihrem wohl bekanntesten Querulanten mit Ausstellungen sowie Blumenniederlegungen und Starkbierfest-Ansprachen huldigen.

Am Rand des Viktualienmarkts steht die so oft abgelichtete Brunnenfigur, unweit vom Gedenkbrunnen seiner langjährigen kongenialen Partnerin Liesl Karlstadt. Zu Füßen dieses einmaligen Komikerpaares, das schon rein äußerlich den komischen Widersinn des Valentinschen Denkens verkörperte, findet der Besucher immer einen frischen Blumenstrauß.

Kein geringerer als (der Augsburger) Bert Brecht hat den „Skelettgigerl", wie sich Valentin selber nannte, zutreffend beschrieben: „Wenn Karl Valentin in irgendeinem lärmenden Bierrestaurant todernst zwischen die zweifelhaften Geräusche der Bierdeckel, Sängerinnen, Stuhlbeine trat, hatte man sofort das scharfe Gefühl, daß dieser Mensch keine Witze macht. Dieser Mensch ist selbst ein Witz ... ein durchaus komplizierter, blutiger Witz. Er ist von einer ganz trockenen, innerlichen Komik, bei der man rauchen und trinken kann und unaufhörlich von einem innerlichen Gelächter geschüttelt wird, das nichts besonders Gutartiges hat..."

In seinen Szenen und Dialogen geht es meist um den scheinbar vertrauten und gewohnten Alltag, den er durch eigensinnig-groteskes Ernst- und Wörtlichnehmen sowie scharfe Beobachtung als unlogisch und widersprüchlich entlarvt.

Seine Figuren demontieren mit unerbittlicher Wortspalterei soziale und sprachliche Gepflogenheiten bis zu einer Absurdität, die gleichermaßen lächerlich und tragisch ist. Die Kunst Valentins erinnert in vielem an den Dadaismus.

Nach seinem ersten Eindruck von der Welt gefragt, erwiderte er: „Als ich die Hebamme sah, die mich empfing, war ich sprachlos; ich hatte die Frau in meinem ganzen Leben noch nicht gesehen." Sein Geburtshaus in der Zeppelinstraße 41 ist von einem privaten Investor gekauft, saniert und umgebaut worden. Dies ist sicher keine Verwendung im Sinne von Karl Valentin – das hieße nämlich: ganz in seinem „Sinn für Unsinniges", den er im wörtlichen Umgang mit der deutschen Sprache so meisterhaft an den Tag legte.

Valentin selbst war kein gutes Ende beschieden. Die Münchner wollten ihren „Vale" in der Nachkriegszeit nicht mehr hören, was den überzeugten Nazi-Gegner (er hatte im Dritten Reich Spielverbot) besonders schmerzte.

Es trat die Situation ein, die Valentin einst in einer fiktiven Szene – freilich umgekehrt – zwischen sich als arbeitsuchendem Sänger und einem verblüfften Direktor veranlaßte zu sagen: „Sie san net auf uns o'gwiesn, aber wir auf Eahna, des müessens Eahna merka!"

Schon etwas verbittert, doch nicht ohne den ihm eigentümlichen Humor schreibt er 1947 an den Volksliedsammler Kiem Pauli: „Ich habe meine lieben Bayern und speziell meine lieben Münchner genau kennengelernt. Alle andern mit der Ausnahme der Eskimos und der Indianer haben mehr Interesse an mir als meine 'Landsleute'. Dem Menschen kann man's nicht verübeln, wenn er von seinen Landsleuten nix mehr wissen will."

Links: Der Karl-Valentin-Brunnen auf dem Viktualienmarkt. Oben: Filmszene mit Karl Valentin. Oben rechts: Der Weiß Ferdl – auch er ein Münchner Original.

Eines will man in München, das sich selbst gern als das „Athen an der Isar" darstellt, auf keinen Fall sein: provinziell. Man sei hier ja schließlich nicht in „Hinterpfuideifi" (was ziemlich tief im Bayerischen Wald liegen muß), wie es der ehemalige Oberbürgermeister Erich Kiesl einmal ausdrückte. Daher erinnert man sich im offiziösen Münchner Kulturleben gern eines alten bayerischen Sprichworts:„Wer ko (kann), der ko!"

Und können tut man in München! Zum Beispiel, indem man sich die Einrichtung eines Generalintendanten leistet, einer Art repräsentativen Kultur-Monarchen. Nicht nur, daß er auf einer mittelalterlichen Burg residiert, der künstlerische Leiter der drei staatlichen Schauspielhäuser in München (National-, Residenz- und Gärtnerplatztheater) plus Marstall-, Cuvilliés- und Prinzregententheater wird sogar fürstlicher entlohnt als der bayerische Ministerpräsident.

Kultur-Monarch: Derzeit wird dieses Amt von dem aus Westfalen stammenden August Everding meisterhaft bekleidet. Als Rhetor von nicht nur barocker Gestalt, sondern ebenso barocker Sprachkraft, liebt er den festlichen Auftritt und die glanzvolle Rede; er vertritt in aller Welt, auch als Regisseur, bayerische Lebensart – was, wie böse Zungen behaupten, auch seine Hauptfunktion zu sein scheint. Er ist eine der glänzenden Figuren des Münchner Kulturlebens, das sich auch noch mit manch anderem Superlativ beschreiben ließe: München ist die größte Verlagsstadt Europas; es ist Zentrum der Kinowelt mit den Geiselgasteiger Bavaria-Filmstudios, die schon manchen millionenschweren Leinwandknüller realisierten; als Kunstmetropole wurde es vor Jahren mit einem monumentalen Kulturzentrum gekrönt, bei dessen Bau beinahe das Geld ausgegangen wäre, dem Kulturzentrum am Gasteig.

Everding war es übrigens auch, der das lange leerstehende alte Prinzregententheater, das aus der Idee eines Pendants zum Bayreuther Wagner-Festspielhaus entstand, nach einer mühseligen Betteltour um Renovierungsgelder wieder zum Leben erweckte. Heute erstrahlt der reich ausstaffierte Bau wieder in alter Herrlichkeit. Der Münchner liebt halt, auch heute noch, wie schon Lion Feuchtwanger bemerkte, „sein Theater dick und fett".

Immer höher strebend zum Olymp der Kunst.

Daß dieses üppig-barock Ausladende auch erdrückend wirken kann, spürten die noch nicht etablierten, das Neue fordernden Künstler in München schon vor langer Zeit. So beschwor der Bildhauer Hermann Obrist 1902 eindringlich *Münchens Niedergang als Kunststadt:* Die mit Kunstschätzen verwöhnte Isar-Metropole ersticke „am eigenen Fett", meinte er. „Alles sehr gutes, selbstgemachtes Renaissance-Fett." Eigens eine Kulturpflege zu betreiben – vor allem auch, was das Ungewohnte, Experimentelle betrifft –, „scheint gar nicht notwendig, wo man doch auf Schritt und Tritt mit der Kunst konfrontiert wird: in Form der herrlichen Bauten sowie der zahlreichen Theater, Museen, Galerien und Antiquariate. Dem Münchner wird so „das Schöne" schon mit der Muttermilch eingeträufelt, „in München wird lebendig, was sonst meist angelesen oder angedrillt ist". Daß es bei einer solchen Sattheit Neuerungen schwer haben, ist verständlich. Es ist von daher in München schon immer auch vom „Kulturkampf" gesprochen worden, nämlich vom Kampf des Innovativen, Avantgardistischen gegen das Traditionelle.

Münchner Kulturkampf: Dieser angebliche Kulturkampf gilt für die Repräsentanten der prunkvollen Münchner „Hochkultur" zwar nur als von wenigen herbeigeredet, doch das ständige Schwelen dieses mal aufflammenden, mal unterdrückten Feuers läßt vermuten, daß es hier doch um Grundsätzliches geht. Thomas Mann meinte schon 1926 anläßlich einer Kundgebung: „Dieser kulturpolitische Kampf soll hier nicht entfacht, nicht vom Zaun gebrochen werden: Er ist längst im Gange im Innern, in der Seele dieser Stadt."

München war schon immer auch ein Forum, wo radikale Neuerungen stattfanden. So entwickelte etwa Rainer Werner Fassbinder sein Konzept des Anti-Theaters in seinem „action-theater" in der Müllerstraße, wo zum Schluß der Vorstellung das Publikum mit einem Wasserschlauch aus dem Zuschauerraum geschwemmt wurde. Daß solche Publikumsprovokationen meist auf wenig Verständnis bei den Münchnern stoßen und daß eigentlich gar nicht viel passieren muß, um den Skandal auszulösen, beschrieb schon Oskar Maria Graf in seiner Autobiographie *Gelächter von außen,* einem packenden, lebendigen Zeitbild der unruhigen und wirren Jahre von 1918 bis 1933, in einer bezeichnenden Episode:

„Zwei Maler hatten sich in der Türkenstraße einen leerstehenden Laden gemietet, durch dessen großes Schaufenster man den Künstlern bei der Arbeit zusehen konnte. Auf der Leinwand des einen entstand eine Gruppe *plumpgemalter blauer Pferde,* beim anderen ein *Gewirr von farbigen Linien und Vierecken.* Schnell versammelte sich eine aufgebrachte Volksmenge vor dem Schaufenster. *A blau's Roß macht der! Der muaß ja faktisch farbenblind sei, der Aff, der saudumme. Solln dös Berg werdn oder ausgelaufene Darm? Des san doch Irrenhäusler.* Nachdem die beiden Gemälde fertig waren, wurden sie unverpackt durch die Straßen Münchens zu einer *königlichen Kunsthandlung* getragen, eskortiert von einem Polizeiaufgebot, das Tausende von schimpfenden und drohenden Münchnern in Zaum halten mußte. Die Kunsthandlung, die die Bilder gar nicht bestellt hatte, wollte sie schon wegwerfen; durch Zufall gelangten sie in die Hände eines aufgeschlossenen Sammlers. – Es waren Werke von Franz Marc und Wassily Kandinsky, heute zwei Klassiker der Moderne!"

Es genügt aber auch oft schon allein die Ankündigung einer avantgardistischen Kunstattraktion, um einen veritablen Skandal zu entfachen. Als der Kunstkritiker Laszlo Glozer 1972 anläßlich der Olympischen Spiele den Vorschlag machte, den amerikanischen Objekt-Künstler Walther de Maria mit der Installation einer „unsichtbaren Skulptur", dem „Denkloch" auf dem Olympiagelände, zu beauftragen, fegte ein Sturm der Entrüstung den Vorschlag in kürzester Zeit vom Tisch.

Selbst weltberühmte Namen können da keine einschüchternde Wirkung hervorrufen: Als Joseph Beuys' Environment *Zeige Deine Wunde* zu einem wahrhaft stolzen Preis von der Stadt München angekauft wurde (heute in der Städtischen Galerie im Lenbachhaus zu besichtigen), wollten viele aufgebrachte Münchner ihr Steuergeld nicht für solch ein „altes Graffel" (Gerümpel) hinausgeworfen haben.

Die Bayerische Staatsoper (Nationaltheater).

Moderne Kunst ist eben widerständig, sperrig und schwierig. Umso erfreulicher war, daß 1996 plötzlich auch in München die konservative Staatsregierung, der rot-grüne Stadtrat und die Bürger an einem Strang zogen, als es darum ging, ein Museum für Kunst, Architektur und Design des 20. Jahrhunderts, die Pinakothek der Moderne, zu realisieren. Kultusminister Hans Zehetmeier setzte den Bau auf dem Areal in der Nähe der Alten und der Neuen Pinakothek durch, und eine Bürgerinitiative sammelte bis jetzt mehr als 20 Mio. Mark.

Freilich handelt es sich dabei auch um ein Prestigeobjekt, Bayerns größten Museumsbau seit dem Krieg. Doch wie steht es auf der anderen Seite um die Ausstellungsmöglichkeiten der jungen, noch nicht arrivierten Künstler in dieser Stadt? Da fehlt es leider immer noch an akzeptablen Räumlichkeiten, und das LOFT in Haidhausen ist da eine von nur wenigen Adressen.

Gelegenheiten, um die alten Rivalitäten zwischen konservativer Staatsregierung und rot-grünem Magistrat wieder aufflakkern zu lassen, gibt es überdies genug – so zum Beispiel beim jüngsten Tauziehen zwischen Stadt und Kultusministerium um die Nutzung des Königsplatzes als Stätte für Open-air-Veranstaltungen. Als Hausherr und „angesichts der Würde des Platzes" pochte der Kultusminister auf anspruchsvolle Klassik-Veranstaltungen.

Immer wieder gerät die städtische Subventionspolitik für die Kultur unter Beschuß. In den siebziger Jahren waren vor allem die „Kulturläden", die sich in Eigeninitiative in den verschiedenen Stadtteilen etabliert hatten, Brennpunkt des Streits. Die beantragten Zuschüsse wurden vom Stadtrat auf ein Minimum gekürzt.

Es war wohl eher das Programm der „Kulturläden", das nicht so recht ins Konzept paßte. Hier wurde nämlich nicht bombastisch Kunst in einem vermeintlich unantastbaren Rahmen ausgestellt, sondern Kultur für und mit den Bürgern gemacht.

Was den täglichen Überlebenskampf der Kleintheaterszene anbelangt, so sehen sich heute viele der kleine Theater nicht mehr in der Lage, den Bühnenbetrieb weiterzuführen. An die 200 Theatergruppen in München müssen von einem Gesamtbetrag leben, der niedriger ist als die Jahresgage eines Dirigenten der Philharmoniker. Wo die Stadt auf Sparkurs geht, sind daher Sponsorengelder umso gefragter.

Ein ganz anderer Trend zeichnet sich mit dem Veranstaltungsunternehmertum ab. So hat sich beispielsweise in den letzten Jahren – wie in anderen Großstädten auch – abseits des mehr oder weniger etablierten Kulturbetriebs eine erfolgreiche kommerzielle Szene entwickelt. Berühmtestes Beispiel dafür ist „Hallenkönig" Wolfgang Nöth, der mit dem Kunstpark Ost in den Hallen des ehemaligen Pfanni-Geländes einen Unterhaltungsbetrieb aufgebaut hat, der mittlerweile als „größtes Zentrum für Jugendkultur in ganz Europa" gilt.

Auch nach zehn Jahren noch gut im Rennen und dabei ihrem kulturellen Auftrag treu geblieben ist die Chefin und Erfinderin des Tollwood-Festivals, Rita Rottenwallner. Was 1987 mit einem alternativen Kleinkunstfestival und improvisierten Ständen am Fuße des Olympiabergs anfing, hat sich mittlerweile zu einem internationalen Kulturfestival entwickelt, das wunderbarerweise immer noch voller Überraschungen, Wagnisse und Experimente steckt.

Kultur-Burg und Literatur-Tempel: Für viele aber muß mindestens Kaviar gereicht werden, um eine Veranstaltung als kulturell bedeutend zu empfinden. Diese Art von Kultur gibt es in München in Hülle und Fülle – ja, man hat sogar den Eindruck, daß die respekteinflößende Ausstaffierung bei jedem Projekt immer noch einen Dreh großartiger und glanzvoller werden muß.

Ein Beispiel dafür ist das Kulturzentrum Gasteig aus den achtziger Jahren, jene Trutzburg über der Isar, die den Besucher mit ihrem wahrhaft martialischen Aussehen beinahe erschlägt. Der Schriftsteller August Kühn nannte den Bau eine „Kulturvollzugsanstalt". Oder das 1997 eröffnete, aufwendig renovierte Literaturhaus am Salvatorplatz. Braucht München diesen Lesetempel wirklich, fragen sich seine Kritiker, wo doch die Stadt mit Literaturveranstaltungen in seinen ungefähr 30 Buchhandlungen schon längst als gesättigt gilt.

Aber „Kultur ist in München stets auch Repräsentation", so Christoph Vitali, Direktor des Hauses der Kunst und erfolgreicher Ausstellungsmacher. „Daß so viele Menschen sich auf dieser Bühne darstellen wollen, beweist den hohen Stellenwert, den sie Kunst und Kultur beimessen."

SPATEN

BÄC

Was dem Besucher in München als typisch bayerische Küche präsentiert wird, ist ziemlich deftige Kost, herzhaft und sättigend. Angesichts lokaler Köstlichkeiten wie Beuscherln, Semmelknödeln oder Reiberdatschi sei jeder Versuch, eine Reise nach Bayern ohne Gewichtszunahme zu überstehen, von vornherein zum Scheitern verurteilt, klagte unlängst ein amerikanischer Besucher der Landeshauptstadt.

Schweinefleisch, Kartoffeln und Kohl als wichtigste Grundnahrungsmittel und dazu zu jeder Tageszeit Bier, das ist das gängige Klischee von den bayerischen Eßgewohnheiten. Ein Klischee, das die Bayern selbst nachdrücklich pflegen – auch wenn es mit dem Alltag des Durchschnittsbürgers nicht allzu viel gemein hat.

Die Auslagen der Metzgereien versetzen viele ausländische Besucher in ehrfürchtiges Staunen: Wurst und Aufschnitt in jeder denkbaren Form, Größe und Geschmacksrichtung – in dieser Vielfalt andernorts unerreicht. Kultobjekt eingefleischter Bajuwaren ist die berühmte Weißwurst, die allerdings vom Kalb und nicht vom Schwein stammt. Die weißlich-grauen, mit frischer Petersilie durchsetzten Würste werden langsam erhitzt und dürfen keinesfalls gekocht werden. Wie man sie am besten genießt, ist eine Glaubensfrage: Puristen verzichten auf Besteck und lutschen die Würste genußvoll aus der Haut heraus, doch auch der Einsatz von Messer und Gabel gilt als vertretbar. Daß die Haut mitgegessen wird, ist eher unüblich, wenn auch kein unverzeihlicher Frevel. Ein absolutes Muß hingegen ist der süße Senf. Weißwürste ißt man nur vormittags, sagt man, aber auch zur frühen Stunde ist das einzig mögliche Getränk zum zünftigen Weißwurstfrühstück Bier, genauer gesagt Weißbier.

Wem das so kurz nach dem Aufstehen zu deftig ist, der kann sich abends durch die Palette der Wurstspezialitäten durchprobieren: die kalte Platte mit gemischtem Aufschnitt etwa oder gar die Schlachtplatte mit frischer Leber- und Blutwurst sowie gekochtem Schweinefleisch und Nierchen. Eine bayerische Spezialität ist der Leberkäs. In den Imbißbuden fristet er unter der Heizlampe ein eher trostloses Dasein. Vor dem Verzehr werden die schlappen, lauwarmen Scheiben mit Senf bestrichen und zum Mitnehmen in eine Semmel gepackt. Hausgemachter Leberkäs vom Metzger hingegen, von beiden Seiten angebraten, mit einem Spiegelei gekrönt und mit Bratkartoffeln gereicht, kann köstlich schmecken.

Schweinebraten mit Knödeln und Blaukraut gehört zu den Basics bayerischer Kochkunst. Die Knödel gibt's in zwei Varianten, als Semmelknödel, die überwiegend aus (alten) Brötchen bestehen, und als Kartoffelknödel. Spätestens an der urbayerischen Schweinshax'n scheiden sich die Geister. Den einen ist sie zu fett und zu schwer, für den, der das Schweinerne liebt, ist die Haxn mit ihrer knusprigen Kruste eine echte Delikatesse.

Es muß nicht immer Fleisch sein, Sie finden auch vegetarische Schmankerln. Pilze in Sahnesauce ergeben mit einem großen Semmelknödel eine vollwertige Mahlzeit. Auch „Kässpätzle", ein ursprünglich badisches, später von den Schwaben übernommenes Gericht, stehen heute nahezu überall in Bayern auf der Speisekarte.

Vespern unter freiem Himmel: Die Biergartenkultur hat ihre eigenen Spezialitäten entwickelt. Besonders beliebt sind Haxn, Hendln und Rippchen. Ofenwarme Riesenbrezn sind ein Genuß. Gut schmeckt dazu Obatzdn, ein orange-gelber Aufstrich aus Camembert, Butter, Paprika und Zwiebeln. Was aussieht wie Spiralen aus Papier, ist fein geschnittener Radi; nach dem Salzen wartet man ein paar Minuten, bis sich die Kristalle aufgelöst haben.

Mehlspeisen spielen, wie überall in der süddeutschen Küche, auch in Bayern eine wichtige Rolle. Meist als Nachtisch gedacht, sind viele so mächtig, daß sie als Mittagessen allein völlig ausreichen. Am bekanntesten sind Dampfnudeln, die mit Vanillesauce übergossen und entweder mit Zimt oder mit Mohn bestreut werden. Sie können in beiden Varianten ziemlich langweilig schmecken. Schmackhafter ist „Kaiserschmarrn", ein dicker, in Streifen geschnittener Pfannkuchen mit Zimt und Rosinen und Apfelmus oder Kompott als Beilage. Wer's leichter mag, wählt Zwetschgndatschi, Pflaumenkuchen aus Hefeteig.

Bei den Getränken ist selbstredend Bier klarer Favorit; die Auswahl ist beachtlich: Helles (Export) oder Dunkelbier, Hefeweizen oder dunkles Weißbier; im März das Starkbier und zum Oktoberfest Wiesnbier. Wem diese Biere zu stark sind, der kann auf alkoholfreies Bier oder Radler (weiße Limonade mit Bier) ausweichen.

Vorherige Seiten: Bedienung auf dem Oktoberfest. Links und oben: Reichhaltiges Angebot auf den Straßenmärkten.

Wenn man sich München als ein großes Haus vorstellt, in dem der Marienplatz das noble Wohnzimmer ist, Nymphenburg der Empfangssalon, Grünwald die Privatsuite der gnäd'gen Herrschaften und der Münchner Osten der Kohlenkeller, dann ist der Viktualienmarkt die Speisekammer dieses Hauses. Auch wenn der Vorratsraum bis unter die Decke mit den ausgesuchtesten Köstlichkeiten gefüllt ist, sollte dies nicht zu der Annahme verleiten, man habe es hier mit der Haushaltung einer Millionärsvilla

zu tun – eher liegt der Vergleich mit der üppig vollgehamsterten „Speis" eines blitzsauberen Bauernhofs aus dem Oberland nahe. So geht es denn auf dem Viktualienmarkt eher bäurisch-derb als städtisch-elegant zu, und dieser quirlige Flecken unweit des Marienplatzes gibt noch einen Eindruck davon, wie München war, bevor es zur weltstädtischen Metropole aufstieg.

Steht man auf dem Viktualienmarkt, befindet man sich gewissermaßen an der Wiege *Munichens* – um 1000 n. Chr. hatten Benediktinermönche auf dem Platz, wo noch heute die in ihrer Grundgestalt aus dem 12. Jh. stammende St.-Peter-Kirche steht, die erste Siedlung gegründet. Das Areal des heutigen Viktualienmarkts lag allerdings noch lange Zeit außerhalb der Stadtmauern Münchens, seit Mitte des 13. Jh.s entstand hier das Heilig-Geist-Spital, das erste Alten- und Armenhaus der Stadt. Erst die räumliche Enge des Marienplatzes, der das Markttreiben der immer größer werdenden Stadt nicht mehr aufnehmen konnte, ließ die Stadtväter nach einem Ausweichplatz suchen. Als Zwischenlösung diente der gerade erst aufgelassene St.-Peter-Friedhof, was die Polizeibehörde auf Betreiben des aufklärerischen Grafen von Montgelas, des Begründers des modernen Staates Bayern, als geradezu „ekelhaft" allerdings nicht allzulange duldete.

Am 12. Mai 1807 wurde daher der Grundstein für einen neuen Viktualienmarkt auf dem Gelände des ehemaligen Spitalhofs der Heilig-Geist-Kirche gelegt. Im Zuge der Säkularisation wurden die Gebäude des Spitals umfunktioniert, so war zum Beispiel die Fleischbank eine Zeitlang im ehemaligen Krankensaal untergebracht. Man sollte sich nicht mit dem Schlagwort der „guten alten Zeit" über die Realitäten zu Ende des 19. Jh.s. hinwegtäuschen: Die hygienischen Verhältnisse waren teilweise unzumutbar. Durch knöcheltiefen Schlamm watend, drängte das Volk an den Verkaufsbuden vorbei, wo oft verdorbene Ware bereits zum Himmel stank. Die eigens eingerichtete Viktualienpolizei mußte hart durchgreifen.

Diese Frühgeschichte des heutigen Viktualienmarkts – mit Friedhof und Armenhaus als seine Fundamente – sollte also nicht in Vergessenheit geraten lassen, daß dieser Ort weniger ein Tummelplatz für Gourmets war und ist, als vielmehr ein Treffpunkt für das Münchner Volk, das – über die Zeiten hinweg betrachtet – früher wohl kaum einmal in solch kulinarischer Fülle wie heute schwelgen konnte.

Noch heute findet man auf dem Viktualienmarkt Einrichtungen, die zeigen, daß hier nicht unbedingt das große Geld regiert – wenn man auch manchmal den Eindruck hat, daß es bei ausreichender Zahlungskraft nichts gibt, was hier an erlesenem Gaumenkitzel nicht zu bekommen wäre. In der am südwestlichen Rand des Marktes gelegenen Freibank etwa wird – eine Tradition aus dem 16. Jh. – Fleisch aus Notschlachtungen zu rund drei Viertel des Normalpreises angeboten, nur in geringen Mengen und nur an Endverbraucher. Vor noch nicht allzulanger Zeit galten Freibank-Käufer als ziemlich ärmlich, und bessere Herrschaften holten sich hier nur ihr Hundefutter. Mittlerweile hat die nur unregelmäßig feilgebotene Ware diesen Makel verloren, man schätzt allseits diese Möglichkeit eines billigen Fleischeinkaufs.

Auch ein anderes unverwechselbares Kennzeichen dieses Marktes belegt seine Verwurzelung im Volk: die Gedenk-Brunnen. Der Viktualienmarkt ist nicht einfach nur eine Art größerer Kaufladen. Er gleicht einem kleinen, abgeschlossenen Dorf mitten in der Millionenstadt, eingerichtet mit Dorfplatz, sprich Biergarten, Maibaum in der Mitte und eben den Brunnen, die auch einmal, während der Einkaufshektik, zum Verschnaufen einladen. Es ist aber um so bezeichnender, wem diese Brunnen gewidmet sind – nämlich nicht irgendwelchen verdienstvollen Stadtherren oder sonstigen Honoratioren, sondern Münchner Volkskomikern wie Karl Valentin, Liesl Karlstadt oder dem Weiß Ferdl. Allerdings sollte man bedenken, daß der querdenkerische Komiker Karl Valentin, bei seinen Landsleuten wegen seiner misanthropischen Grantlereien in Ungnade gefallen, in der Not nach dem Zweiten Weltkrieg verhungert ist.

Auch für solch traurige Gestalten, wie sie ebensogut aus Valentins Sketchen und Filmen entsprungen sein könnten, ist der Viktualienmarkt da, hier haben sie ihre „Klagemauer“, und der Treffplatz der Stadtstreicher ist gleich hinter der Freibank. Der Markt mag einem nämlich auf den ersten Blick zwar wie ein Spezialitäten-Laden vorkommen, er hält aber auch für den, der nur mehr ein paar Groschen in der Tasche hat, einiges bereit. Nicht wenige Obdachlose erhalten von den Marktleuten Grundnahrungsmittel. Und wem gar nichts anderes mehr übrigbleibt, als im Biergarten die stehengelassenen „Noagerl“ in den Maßkrügen auszutrinken, dem wird dies auch nicht verwehrt.

Zu diesem beinahe familiären Charakter des Viktualienmarktes tragen nicht zuletzt die Marktleute selber bei. Oft über mehrere Generationen betreiben sie ihren Stand, und mit der Zeit hat sich eine ganz eigene „Rass“ von Marktweibern herausgebildet. Gradaus sind sie, die Verkäuferinnen hinter ihren Warenbergen. Unschlüssigkeit und Herumnörgeln an Preis und Qualität können sie am wenigsten vertragen, und ihre schnell von der Zunge gehenden Grobheiten sind sprichwörtlich … oder waren es zumindest. Nicht wenige beklagen das langsame Verschwinden dieses bäurisch-derben Umgangstons, was man als Beweis dafür nehmen sollte, daß dann eben doch etwas vom Flair des Viktualienmarkts fehlte, wenn all diese Originale verschwänden.

<u>Links</u>: Gedenkbrunnen für Weiß Ferdl auf dem Viktualienmarkt. <u>Oben</u>: Nicht überall wird man so freundlich bedient.

Nicht immer sind die Marktleute am Schaffen oder „Granteln“. Einmal im Jahr, am Faschingsdienstag, wird der Viktualienmarkt eine riesige Tanzfläche. Dann erlebt man beim „Tanz der Marktfrauen“ eine „Gaudi“, die alle anderen Münchner Faschingsveranstaltungen an Stimmung und Vergnügen weit in den Schatten stellt. Auch dies gehört zum Viktualienmarkt – einer kleinen Welt, die ihre eigenen Gesetze hat und ein Herzstück Münchens ist.

Wer München sagt, denkt auch ans Bier. „Das ädle Baiernhärz mus fohler Unmut sein, bald es einmal Limonahdi drinkt", sagt Ludwig Thomas Abgeordneter Filser, und der muß es wissen. EG-Urteil hin oder her, das Münchner Bier wird nach wie vor nach dem Reinheitsgebot von 1516 gebraut, aus Gersten, Hopfen und Wasser. Ein bißchen Hefe kommt noch dazu. Sonst nichts. Das normale Bier, das Helle, hat etwas weniger Alkohol als das norddeutsche oder das englische. Dafür trinkt man es aus den weltweit begehrten Maßkrügen, und bei einer Maß bleibt es in den seltensten Fällen. Wer noch mit dem Rad heimfahren muß, kann eine Radlermaß trinken, halb Bier und halb Limonade. Oder einen Russen, eine Mischung aus Weißbier und Limo, die ihren Namen behalten hat seit 1918, als sich Münchner Rotgardisten erstmals so etwas mixten. Dunkles Bier gibt es zwar auch, sogar, so paradox es klingen mag, dunkles Weißbier. Weißbier nennen die Münchner ihr Weizenbier, und das ist gewöhnlich hell und spritzig. Und Pils gibt es und Märzenbier und Bock, im Frühjahr sogar den dunklen Doppelbock mit knapp 20 % Stammwürze, und zum Ausgleich auch alkoholfreies Bier. Aber im Biergarten trinkt man so was kaum. Des Stils wegen. Für den Münchner ist der Biergartenbesuch eigentlich eine ernste Sache. Fast ein bißchen wie die Sonntagsmesse.

Wieso eigentlich Biergärten? Nun, man braucht sie einfach, schon des Klimas wegen. In München, so der Kulturphilosoph Wilhelm Hausenstein 1949, „entsteht aus der starken Luft her ein mächtiger Durst, dem nur mit Bier ernstlich beizukommen ist, weder mit Wein noch mit Wasser".

Jeder Altbayer weiß, daß ausschließlich Maßen in einen echten Biergarten gehören. Die Maß läßt sich der Wirt gut bezahlen, und bei Brezen und Schweinswürstel und Radi und Obatztem langt er noch einmal kräftig zu. Doch unnötige Ausgaben müssen nicht sein: Fast überall darf man sich seine Brotzeit selber mitbringen, wie es seit der Zeit Ludwigs des Ersten guter alter Brauch ist. Nur das Bier kommt vom Wirt. Wer eine Maß bestellt oder sich beim Schankkellner holt, bekommt gewöhnlich einen Liter helles Bier. Obwohl es seit 1970 einen Verein gibt „gegen betrügerisches Einschenken", ist der Maßkrug nicht immer voll. Wenn unzufriedene Mitmenschen zu murren beginnen, der arme schwitzende Schankkellner ein „Ghört a Schaum vielleicht ned zum Bier? Oiso!" herausschreit und der Gast dies nicht der berühmten Münchner Gemütlichkeit zurechnet, ist er selbst schuld. Ein bißchen wortkarg ist sie oft, diese Gemütlichkeit, und manchmal auch schroff. Wer lang rumtut und viel redet statt zu trinken, sich mit dem Unterarm den Schaum vom Mund zu wischen, in die Sonne zwischen den Kastanien zu blinzeln, mit den Füßen im Kies zu scharren und gelegentlich „ja mei" zu sagen, der hat es nicht immer leicht. Denn dies ist die Basis, ohne die man schon gleich gar keine Lust hat auf so Neumodisches wie „Kommunikation". Niemand geht „schnell mal" in den Biergarten. Wer ruhig warten kann, bis es der Einheimische bei einem „Prost, Herr Nachbar" krachen läßt, der hat gewonnen. Und dann erzählt der Münchner dem Fremden vielleicht auch was über die Biergärten.

Angefangen, sagt er dann, hat es damit, daß die Brauer ihr Bier kühl lagern mußten. Also grub man Keller – in den steilen Hang am rechten Isarufer – in die flachen Hügel nicht weit vom Bahnhof. Damit die Sonne das eingekellerte Bier nicht trotzdem verdarb, pflanzte man obendrauf schattenspendende Kastanienbäume. Unter diese setzten sich die Münchner, wenn es zu heiß war in der Sonne, und wenn man schon früh am Tag eine frische Maß brauchte. Um zehn Uhr abends war Schluß, spätestens. Seit fast 200 Jahren ist das so, mehr oder weniger. Auch heute wird man nach 23 Uhr keinen geöffneten Biergarten finden.

Keinen echten jedenfalls. Echte Biergärten müssen aber keinen Keller drunter haben, denn den Reiz des Biergartensitzens hat man schon bald gespürt und deshalb mehr und größere Gärten angelegt. Der größte hat 8500 Plätze und heißt Hirschgarten. In Neuhausen gibt es zudem den Taxisgarten und ein paar kleinere mehr. Groß und ein beliebter Treffpunkt des bunten

Münchner Freizeitvölkchens ist der Biergarten am Chinesischen Turm im Englischen Garten, der rund 7000 Plätze hat und ein schönes Karussell für die Kinder. Nahe beim „Turm“ liegt der Kleinhesseloher See mit dem Seegarten, nicht weit davon der Osterwaldgarten und der Biergarten in der Hirschau. Wer weiter nördlich spazieren oder radeln will, kann sich im Aumeister erfrischen wie einst Thomas Mann. Auf der anderen Isarseite liegt der Biergarten Sankt-Emmeramsmühle, heute bekannt für sein Bussi-Bussi-Publikum. Beliebte Durstlöschanlagen rechts der Isar sind der Haidhauser Hofbräu-Keller am Wiener Platz, der Salvator-Keller an der Hochstraße oder die Menterschwaige. Klar, daß man auch außerhalb der Stadt schöne Biergärten findet. Muß aber nicht sein.

Zum Beispiel die Waldwirtschaft Großhesselohe am Isarhochufer. Bundesweit Schlagzeilen machte sie, als Anwohner mittels Gerichtsbeschluß dem Biergartenbetrieb den Garaus machen wollten. Die daraufhin gestartete erste bayerische Biergartenrevolution ging 1996 in die Annalen der Landeshauptstadt ein. Fazit nach höchstrichterlichem Beschluß: Die letzte Maß darf, wie gehabt, noch um 22.30 Uhr bestellt werden.

Wer die Innenstadt mag, kann gleich auf dem Viktualienmarkt sitzen bleiben und dann ins Hofbräuhaus gehen. Doch seine Maß kriegt man beim Alten Wirt in Obermenzing ebenso wie beim Landsberger Hof zu Pasing, in der Fasanerie oder am Flaucher. Womit, sinniert der Münchner, nur die allerwichtigsten Biergärten genannt sind.

Mag sein, daß man sich seinen Platz im Biergarten erkämpfen muß – aber dann „is a Ruah“. Die Großstadt wird klein, die Hektik weicht der Beschaulichkeit, die frische Maß schmeckt und die nächste erst recht. Sicher wird manchmal ein bißchen gegrantelt. Aber was sind schon Probleme? Im Biergarten scheinen selbst Klassenunterschiede aufgehoben; Männlein und Weiblein, Japaner, Amerikaner, andere Preußen und Hiesige, Rote und Grüne und Schwarze und Blaue trinken und diskutieren, die Kinder dazwischen und auch ein Hund, dem der Kellner einen Riesenaschenbecher voller Wasser hingestellt hat.

Die Stimmung wird lockerer, die Bedienung fescher, der Drang zum „Häusl“ heftiger, der Drang zur zweiten oder gar dritten Maß auch. Bier muß sein, und wo könnte man es intensiver genießen als in einem Münchner Biergarten?

Männlein und Weiblein, Preußen und Hiesige – einträchtig beisammen im Biergarten.

In Bayern ist Politik eine Angelegenheit des Magens. Ist der voll und hat zu arbeiten, ist die Welt in Ordnung. Bei Genußmenschen wie den Bayern kommt es allerdings entscheidend darauf an, womit der Magen gefüllt ist – speziell im Hinblick auf die flüssige Nahrung. Für manchen bayerischen Zeitgenossen ist das sogar ein Thema von politischer Tragweite. „Als man anfing, Helles zu brauen, brach der Erste Weltkrieg aus. Als man immer noch mehr Helles trank, kam Hitler an die Macht. Und als man fast nur mehr Helles trank, ging die Welt im Zweiten Weltrieg zugrunde.“ So jedenfalls reduzieren sich die Weltprobleme für den Autor Georg Lohmeier auf die eine Frage … nach Malz- und Alkoholgehalt des Bieres. Würde wieder mehr Dunkles getrunken, die Welt wäre besser.

Inwieweit das alles ernst zu nehmen ist, weiß man nie genau. In Bayern ist Politik nämlich außerdem weitgehend eine Angelegenheit von Schlitzohren. Und vielleicht hat Friedrich Nicolai doch Unrecht, wenn er anläßlich seiner Reise durch Bayern im Jahre 1781 behauptet, Knödel, Dampfnudeln und dickes Bier trügen „gewiß zur Dummheit und zu dem phlegmatischen Wesen bey“, das die Bewohner des Voralpenlandes auszeichne.

Aber nicht Dummheit, sondern die durch Anschauung erworbene Weisheit ist es, die den Bayern erkennen läßt: Der Lauf der Welt ist nicht zu ändern; alles Trachten des irdischen Daseins kann es folglich nur sein, Leib, Seel' und 's Sach' (das Eigentum) beinand zu halten. Wenn also der Bayer den Mund aufmacht, dann nicht, um Reden auf die Veränderbarkeit der Welt zu schwingen, sondern um zuvorderst für sein leibliches Wohl zu sorgen.

„Libe Mari, ich bin froh, daß ich keine Rede nicht halden brauch, sondern das Maul“, schreibt der neu gewählte Landtagsabgeordnete aus Dingharding in Ludwig Thomas berühmten *Filserbriefen* seiner Frau nach Hause. Und er ist sichtlich erleichtert festzustellen: Das Regieren übernehmen schon andere für ihn, er braucht bloß wie befohlen abzustimmen und den Mund zu halten.

Die dicken Hefte mit den komplizierten Regierungsvorlagen hat er „fier zwei Gnackwürschte“ beim Metzger verkauft

„und brauch kein Gobfweh (beim Studieren der Vorlagen) nücht zum kriegen“.

Daß *der* Mann der bayerischen Politik, der wie kein zweiter mit dem ganzen Volkesstamm und seinen Eigenheiten gleichgesetzt wurde, Sohn eines Metzgers aus dem Münchner Stadtteil Schwabing war, scheint demnach kein Zufall zu sein.

Wer solcher Herkunft war wie der vormalige bayerische Ministerpräsident Franz Josef Strauß, bei dem konnte man sich auf den Sinn für die praktischen Dinge des Lebens verlassen, bei dem fühlten sich die Landeskinder in sicherer Hand. Ihn statteten sie treuherzig mit auf Lebenszeit ausgedehnter Regierungsgewalt aus, machten

ihn zu einer Art Ersatz-„Kini“. Und er schaltete und waltete, wie er wollte – freilich immer (oder fast immer) im Rahmen der demokratischen Gesetze.

Die Kommandozentrale dieser Art von bayerischer Politik ist das Wirtshaus. Vom Stammtischredner bis hinauf in die höchsten Etagen gilt: Zur Politik gehören deftige Kost und reichlich Bier. Ein Beispiel dafür war der Franzens-Club, der ehemalige politische Stammtisch des Ministerpräsidenten. Gegründet wurde dieser Männerbund 1973 auf dem Oktoberfest beim damals noch unumstrittenen Grillhendl-König Friedrich Jahn.

Politik im Rathaussaal (links) und im Biergarten (oben, Karikatur aus dem *Simplicissimus*).

Mit zum engeren Kreis gehörte auch ein Fleischkonzern-Besitzer, Josef März, dem Strauß in aller Welt (und auf jede Weise) die Wege für dessen Exportgeschäfte ebnete. Zum Dank stellte März seinen „Nußdorfer Hof“ als Treffpunkt des Franzens-Clubs zur Verfügung, wo auch ein milliardenschwerer Kredit für die DDR eingefädelt wurde. Hier tüftelten wohl dereinst auch Franz Josef Strauß und Wilfried Scharnagl, Chefredakteur des *Bayernkurier*, früher „Prawda“ der CSU genannt, ihre Verlautbarungen an das bayerische Volk aus. Selten gab es solche Übereinstimmung zwischen „unabhängigem“ Journalismus und Staatsmacht. Offen gab Strauß einmal zu: „Scharnagl schreibt, was ich denke, und ich denke, was Scharnagl schreibt.“

Ob der Bayer, als bäurischer Mensch, an Vorgängen von so großer Tragweite allerdings überhaupt interessiert ist, ist fraglich. Viel lieber konzentriert er sich auf seine unmittelbare Lebenswelt: „Uns bewegen ganz andere Dinge“, schreibt der – wenn auch fingierte, so doch nicht minder volksnahe – „Schdadrat“ Filser Max zur Oktoberfestzeit an seinen „Schbäzi“: „Sind heier die Schdeggerlfisch koscher, oder ferwurmd? Isd der türkische Hönig frei fon Pstizüden? Sind die Kalbshaxn aus Niederbayern oder kommen sie ferseichd fon droben runter?“ So ist vielleicht auch zu erklären, daß es der eine oder andere „Sozi“ in der Lokalpolitik fast bis zum Volkshelden gebracht hat – was landesweit bis zum heutigen Tag nur sehr schwer denkbar ist.

Münchens Nachkriegs-Oberbürgermeister Thomas Wimmer, schlicht „da Damerl“ genannt, war so einer, den die Münchner als einen ihresgleichen ansahen. Sein zupackend-naives „Rama dama“ („Räumen tun wir“; gemeint war der Kriegsschutt nach 1945) war noch von einer anderen Art als die Thronbesteigungen späterer Oberbürgermeister.

Wimmers wöchentliche Bürgerstunde, bei der jedermann mit ihm persönlich seine Probleme besprechen konnte, ist längst eine nostalgische Erinnerung an die Frühzeit der Kommunalpolitik, und mancher Münchner denkt wehmütig: „So an Wimmer kriagn ma nimmer.“

Wenn der Sommer in München am schönsten wird, Ende September, steht der alteingesessene Münchner Grantler alljährlich vor einer schweren Entscheidung: Soll er dieses Mal wirklich ernst machen mit seiner Drohung, keine zehn Braurösser brächten ihn dieses Jahr hinaus auf die „Wies'n" – wie der Münchner sein Oktoberfest nennt. Muß er sich nicht Jahr für Jahr mehr ärgern angesichts des Sittenverfalls draußen auf der Theresienwiese: Inzwischen wird das Bier schon gar aus Containern ausgeschenkt, „hinterfotzig" getarnt durch eine Holzfaßattrappe, von der aus die Leitung zu den Aluminiumbehältern führt. Und die Fremden erst ... jedes Jahr werden es mehr. Sie stürmen die Festzelte, als gelte es eine Festung zu schleifen, und führen dann ihre Siegestänze auf den Holztischen des zum tosenden Hexenkessel gewordenen Münchner Bierhimmels auf.

Ja, der Münchner hat schon allen Grund zu lamentieren, was sein Oktoberfest anlangt. Er tut dies denn auch ausführlich – und zwar bei einer Maß und einem selbst mitgebrachten „Radi" (Rettich) im Freien *vor* den Zelten... denn irgend etwas ist stärker im Innern und zwingt einen immer wieder auf die „Wiesn".

Und wenn es nur nostalgische Gefühle sind für die gute alte Zeit, als die Maß Bier noch 2,95 kostete (das war 1971, heute liegt der Preis bei über zehn Mark!); oder schaurig-wohlige Kindheitserinnerungen wie etwa die an den ersten Besuch beim „Schichtl" – jener seit 1876 bestehenden Schauerbude, die den Münchnern so ans Herz gewachsen ist, daß sie den Spruch „Auf geht's beim Schichtl" als Redewendung ins alltägliche Leben übernommen haben. Zu was hier so entschlossen ans Werk gegangen wird, ist nicht weniger als die Enthauptung eines Freiwilligen aus dem Publikum mittels Guillotine mit anschließender Wiederanpflanzung des Kopfes. Auf keinen Fall wollen die Münchner auf dieses grausige Spektakel verzichten: Als dem Schichtl einmal wegen Steuerschulden das Aus drohte, verhalf eine Volkssammlung zum Überleben.

Der Münchner liebt sie also schon, seine „Wies'n". Vielleicht weniger die spektakulären Attraktionen heutiger Tage wie die immer schneller-verwegeneren Fahrgeschäfte, als vielmehr die zwischen zwielichtigen Kuriositäten und echten Sensationen angesiedelten Darbietungen, die man in der traumwandlerischen Benommenheit eines „Wies'n"-Bummels allemal gerne für ein paar Stunden treuherzig glaubt. Entscheidend ist dabei das Flair einer Gegenwelt zum Alltag, in der alle Absonderlichkeiten dieser Welt konzentriert auf einer kleinen Wiese zu Füßen der Bavaria-Statue aufeinanderprallen. Beduinen, Kirgisen und Tataren: Wieviele Münchner werden diese Völker zum ersten Mal in ihrem Leben eben auf dem Oktoberfest gesehen haben. Oder all die anderen „Weltpremieren": 1820 ein Gasballonflug, Feuerwerke, exotische Tierschauen, Abnormitätenkabinett. Es muß die archaische Lust am Ausbruch aus den alltäglichen Zwängen und Gesetzmäßigkeiten sein, die diese Volksbelustigung über 175 Jahre alt werden ließ.

Dabei ist dieses Fest den Münchnern nur geschenkt worden als spendable Dreingabe ans Volk anläßlich der Hochzeit des bayerischen Kronprinzen Ludwig mit Therese von Sachsen-Hildburghausen. Und schon von Anfang an wollten die herrschenden Kräfte das Spektakel für eigene Zwecke nutzen, sei es zur Betonung eines eigenen Nationalcharakters unter Kronprinz Ludwig oder zum demonstrativen Zusammenschluß aller Volksgruppen „im Zeichen Großdeutschlands" unter den Nationalsozialisten. Die „Wies'n" blieb aber immer eher ein zügelloser Massenrausch als eine verordnete Volkseuphorie.

Daran änderten auch die Zwangspausen während des Ersten und Zweiten Weltkriegs nichts, ebensowenig wie „Notfeste", bei denen wie 1947 in nur einem Zelt Dünnbier (!) ausgeschenkt wurde: Die Münchner schütteten 1 1/2 Millionen Maß von diesem „Plempel" mit Verachtung hinunter, und dabei werden ihnen kaum recht viele Fremde geholfen haben. Welchen Anteil die Münchner heute am Verzehr von über einer halben Million Grillhendl und über sechs Millionen Maß Bier haben, entzieht sich der Statistik.

Seine Essens- und Biermarken, die ihm – gewohnheitsrechtlich – von seinem Arbeitgeber zustehen, geht der Münchner an einem Samstag einlösen. Beschwingt und wie immer gegen den Hauptstrom der Besuchermassen flaniert er durch die Budenstraße, leistet sich zum Abschluß noch ein Magenbrot oder gebrannte Mandeln und beschließt so seinen „Wies'n"-Müßiggang.

Links: Am ersten Sonntag während des Oktoberfests findet der große Festumzug statt. Oben: Nicht alles auf der Wies'n ist traditionell.

München ist erstaunlicherweise in vielen Bereichen immer noch eine liebenswerte und auch ansehnliche Stadt, trotz der Dynamik, mit der sich die „magnetische" Metropole der südlichen Bundesrepublik entwickelt. Aber in Bayerns Hauptstadt gingen auch jahrzehntelang die Uhren anders als in Frankfurt, Stuttgart, Düsseldorf oder Hamburg. Und das hat sich – wie man jetzt sieht – zum Vorteil des „Millionendorfes" ausgewirkt. So verstanden es die Münchner Stadtpolitiker bis heute, den Druck der wirtschaftlichen Kräfte einigermaßen hinhaltend abzuwehren – unter anderem, wenn es darum ging, die vertraute Altstadtsilhouette durch Hochhäuser drastisch zu verändern. Dadurch hielt sich der Einbruch einer rücksichtslosen Container-Architektur in das charakteristische Stadtbild noch ziemlich in Grenzen, verglichen mit anderen deutschen Ballungsschwerpunkten.

Probleme mit den Plätzen: Die Stadt hat merkwürdigerweise Schwierigkeiten mit der Gestalt vieler ihrer Plätze. Die von nichtssagenden Geschäftsbauten gesäumte Leere vor dem alten Isartor ist zu einer bloßen Verkehrskreuzung verkommen, weil die unorganisch geschlagene Schneise des Altstadtrings hier wie auch beim Forum der Maximilianstraße und vor dem Prinz-Carl-Palais einst geschlossen geformte Stadträume aufgerissen hat.

Ähnlich raumzerstörerisch geht der Verkehr mit dem Sendlinger-Tor-Platz und mit dem Stiglmaierplatz um. Der eigentliche Mittelpunkt Schwabings – der Feilitzschplatz – hat immer noch nicht die einem Stadtteilzentrum zukommende urbane Bedeutung, und der Jakobsplatz, im Herzen der Innenstadt, vegetiert in einsamer Häßlichkeit vor sich hin. Der Marienhof hinter dem Rathaus diente jahrelang zur einen Hälfte als Parkplatz und zur anderen dem bunten Pflanzdrang der städtischen Rabattenkünstler. Der Münchner Bahnhofsvorplatz – zur Hauptsache ein Armutszeugnis aus den fünfziger Jahren – gehört zu den unattraktivsten Empfangsorten einer deutschen Großstadt.

Also auch hier überall Provisorisches, Halbfertiges, Rohes, Zufälliges. Kein gestaltender Geist, kein übergreifender Entwurf ist bei den Verantwortlichen erkennbar. Und obwohl um so maßstabsprengende und quartierfeindliche Projekte wie das Kulturzentrum am Gasteig oder das Europäische Patentamt an der Isar gerungen wurde: Die heimischen Architekten, denen solche Argumente schon von Berufs wegen Anlaß für kritisches Engagement sein müßten, überlassen zunächst dem wütenden Protest der Bürger das Feld. Erst wenn der Widerstand unüberhörbar wird, schließen

sich die wacheren unter ihnen verbal dem Aufbegehren an und verfassen wohlgesetzte Resolutionen.

Produktiver Querkopf: Ganz anders jedoch verhält sich ein einziger, vergleichsweise noch junger Architekt: Stephan Braunfels, eine rare Ausnahme seines Berufsstandes – er mischt sich ein, wirft sich in die Bresche, zeichnet unermüdlich und unverdrossen Alternativen zur offiziellen Planung und schleudert stets neuen Zündstoff in die öffentliche Diskussion. Mit äußerst zielstrebiger Hartnäckigkeit trachtet Braunfels danach, *die Stadt zu verschönern;* und er legt darum, unaufgefordert und unermüdlich, städtebauliche Projekte für fast alle neuralgischen Punkte Münchens vor.

Braunfels hat sich nicht nur mit dem von der Bayerischen Staatskanzlei mittlerweile vereinnahmten Hofgarten (seine Initiative gab dem allgemeinen Protest den entscheidenden Anstoß), der Residenz und dem Marstallplatz, dem Odeonsplatzviertel und dem gesamten Altstadtring intensiv schöpferisch beschäftigt, sondern er nahm sich darüber hinaus auch die wichtigsten und bereits erwähnten Münchner Plätze vor: Es gibt von ihm reizvolle und ästhetisch begründete, zwingende Gegenentwürfe für den Marienhof – sein grazil strukturierter Arkadenvorschlag wird seit Jahren diskutiert –, für den Jakobsplatz, den Sendlinger-Tor-Platz, das Isartor, den Stiglmaierplatz, den Rotkreuzplatz und den Königsplatz; außerdem zeichnete er interessante „Transformationen“ berühmter häßlicher Bauten wie der ehemaligen Armeemuseums-Ruine, des Betonbunker-Kaufhofs am Marienplatz und des inzwischen neu gebauten Hertie-Hochhauses in Schwabing.

München bräuchte noch weit mehr solcher produktiver „Querköpfe“, wie Braunfels einer ist: Er hat endlich die geistig-ästhetische Dimension in den städtebaulichen Diskurs über München gebracht. Real gebaut haben bislang freilich andere.

Der, der sich ausgedacht hat, wie man die banale Sonnenstraße in einen Boulevard à la Düsseldorfer Kö verwandeln könnte, der die Wunde, die der Altstadtring im Osten der Innenstadt geschlagen hat, durch sympathische Architektur heilen will ... dieser unerschöpfliche Anreger darf nun endlich auch in München bauen, nämlich die Pinakothek der Moderne. Zur Jahrtausendwende soll das prestigeträchtige Bauwerk fertiggestellt sein. Es wird in unmittelbarer Nachbarschaft zur Alten und Neuen Pinakothek vier Museen für Kunst, Architektur und Design des 20. Jhs. unter einem Dach beherbergen.

Es gibt aber hierorts inzwischen auch eine ganze Reihe von jüngeren progressiven Architekten, die jeweils in eigener Richtung nach einem Weg gesucht haben, der wegführt von den Stereotypen eines abgelebten Funktionalismus und doch nicht zwangsläufig hineinführt in die Sackgasse einer allzu bedenkenlos ausgeschlachteten Postmoderne, bei der sich Nostalgie und Zeitgeist wohlfeil und modisch mischen. Die richtige Symbiose von Erfahrungen der Vergangenheit mit den Erfordernissen der

Vorherige Seiten: Das Rathaus am Marienplatz.
Links: Innovativ – die Zentrale der Hypobank.
Oben: Umstritten – Kulturzentrum am Gasteig.

Gegenwart zu finden, ist ihre Sache. Die folgenden Beispiele belegen, daß München trotz allem eine, allerdings noch bescheidene, Rolle in der zeitgenössischen Architektur spielt.

„Caravelle mit weißen Segeln“: Der Hochhaus-Komplex der Hypobank-Zentrale im Arabella-Park ist nach dem spektakulären Wurf des vierzylindrigen BMW-Turms der zweite originelle Architekturbeitrag zum Thema der großen Verwaltungen. Bei den Hypo-Türmen haben sich die Entwerfer Walther und Bea Betz durchaus die Freiheit genommen – trotz vieler Auflagen seitens der verantwortlichen Behörden –, den Funktionen eine jeweils anschauliche Form fekt und gleichmäßig über alle Bauteile gezogene Fassadenhaut aus Glas und schimmerndem Aluminium enthüllt im Detail plastische Struktur im graphischen Liniennetz. Das Duo Betz hat von seinem Werk einmal gesagt, es erinnere es an eine *Caravelle mit weißen, kraftvoll geblähten Segeln zwischen silbernen Masten.*

Beim 114 m hohen Rundumblick von der Spitze des Hypo-Hauses auf die Silhouette des alten München und das gewachsene Band der Isar-Auen wird auch klar, daß sich die Standortwahl für diesen Neubau und seine zahlreichen Verwaltungs-Nachbarn am Mittleren Ring und im Arabella-Park positiv auf die Erhaltung der histori-

zu geben: Die Zwecke haben das Spiel der Phantasie nicht eingeschränkt.

An diesem Verwaltungs-Solitär ist die Prägnanz bestechend, mit der sich das facettenreiche Hochhaus gleichsam schwebend über dem „untergeschobenen“ Flachbau und der Umgebung erhebt. Aus der Ferne wirken die drei unterschiedlich großen und in verschiedenen Höhen zwischen den vier schlanken Turmschäften eingehängten Baukörper wegen ihrer dreieckig-prismatischen Form scharf und geschliffen. Doch aus der Nähe erweisen sich die den „Wind spaltenden“ Kanten der kristallinen Geometrie als sinnlich und rund. Die per-

schen Innenstadt auswirkt; denn die Bürostadt am Außenrand entlastet das Zentrum der Landeshauptstadt vom Druck des tertiären Sektors, der gemeinhin immer in die Stadtmitte drängt. Durch die U-Bahnlinie sind die 5 km Entfernung zwischen der Innenstadt und den Dienstleistungsunternehmen ohnehin auf Minutendistanz geschrumpft.

Das genaue Gegenteil zum auftrumpfenden Hypo-Haus ist Uwe Kiesslers überaus nobler, angenehm unprätentiöser und dennoch völlig aus dem Rahmen fallender Entwurf für den Sitz der Bayerischen Rückversicherung im **Tucherpark** am Englischen

Garten. Inmitten eines Konglomerats normierter, kantiger und gestapelter Verwaltungsriegel, Bürowürfel und Hotelkästen gelegen, behaupten sich in aller Bescheidenheit (was die Größe betrifft), aber sehr distinguiert und schwungvoll, die vier Rundkörper dieses Versicherungsgebäudes. Mit Leichtigkeit – dabei rational und äußerst präzise bis in die letzte Einzelheit durchdacht und durchgeformt – umspielen diese Rotunden mit Anmut die Plumpheit der gebauten Umgebung.

Die Hausgruppe der „Rück" ist jedoch nicht deswegen gerundet, um sich partout von der Nachbarschaft und Konkurrenz abzuheben, sondern der gewählte Grundriß dreier ineinander verschmolzener Kreise (mit dem separaten Casino-Bau sind es vier) ergibt sich aus der logischen Erkenntnis, daß in runden Räumen die Wege kürzer, die Ausnutzung der Fläche ökonomischer, die Kommunikation besser, die Belichtung gleichmäßiger, die Möblierung zwangloser und der Abbau eingefahrener Arbeitsplatzhierarchien einfacher ist als in den üblichen Rechteck- oder Sechseck-Grundrissen. Die Architektur entspricht in diesem Fall den Belangen eines modernen Unternehmens vollkommen.

Die Fassaden dieser human dimensionierten High-Tech-Architektur (von solcher Design-Qualität ist in München nur noch das viel jüngere Druckerei-Gebäude des Süddeutschen Verlags bei Riem) sind durchgehend verglast; sie werden waagerecht durch Balkone betont gegliedert, während das zierliche Brüstungs- und Traggerüst dieser Balkone wie eine „Netzhaut" die feinen Profile der großen Fenster optisch äußerst reizvoll überlagert.

Links: Das ehemalige Olympische Dorf mit dem Olympiastadion im Zentrum. Oben: Die moderne Lüftl-Malerei wurde im heutigen Studentendorf auf dem Olympiagelände erspäht.

Inseln des guten Designs: Mit raffinierter (wenngleich nicht unumstrittener) High-Tech-Ästhetik rückte auch das Team Ekkehard Fahr und Partner dem lange Zeit vernachlässigten Münchner **Hauptbahnhof** zu Leibe; es krempelte zunächst die besonders langweilige Verbindungshalle vor den Bahnsteigen um: Das Dach wurde aufgerissen und der bislang so tote Raum durch eine elegante Oberlicht-Konstruktion in eine taghelle „Kathedrale der Technik" verwandelt. Die Mittel sind Edelstahl, Glas, Lochbleche, Messing und Granitboden. Die Farben: Silbergrau und Weiß. Ein Galeriegeschoß – geprägt durch schlank profilierte Metallstützen und den Rhythmus bugähnlicher Erker – wurde eingezogen, um die kostbare Nutzfläche durch die Empore zu erhöhen. Man fühlt sich an die großartige, vierschiffig gewölbte Bahnhofshalle aus dem 19. Jh. erinnert, die nach dem Kriege (voreilig) abgebrochen wurde, weil sie ausgebrannt war.

Die Fahr-Gruppe räumte auch mit dem visuellen Chaos der bisherigen Reise-Kioske auf: Sorgfältig detaillierte Pavillons wurden unter Benutzung der auch sonst durchgängig verwendeten, klaren Industrie-Elemente entworfen.

Mit ihrem Sprossenwerk und den aparten Bogenleuchten an den vier Dachecken stehen diese neuen Kioske wie Inseln des guten Designs auf dem Querbahnsteig und

gliedern diese riesige öffentliche Hallenfläche aufs Angenehmste.

Auch beim kalt-futuristisch aufpolierten Bahnhofs-Buchladen für die internationale Presse zeigten die Architekten, wie überlegen sie die konstruktive Schönheit technischer Lösungen zur Steigerung des Ambiente einsetzen können.

Die eigentliche Radikalkur für den Münchner Hauptbahnhof, den architektonisch langweiligsten aller deutschen Millionenstadt-Bahnhöfe, steht aber noch bevor. Sie betrifft sein heruntergekommenes Äußeres und das chaotische städtebauliche Umfeld. Bis zum Jahr 2015 soll der alte Bahnhof einem von Grund auf neu konzipierten Bau weichen. Bahnhof und Schienenstränge werden – ähnlich wie in Stuttgart geplant – unter der Erde verschwinden, und auf der heutigen Gleisstraße wird mit großer Parkanlage, mit Wohnungen und Büros eine Stadt in der Stadt entstehen.

Lebensqualität in Gefahr: Zwei riesige Bauprojekte beschäftigen Münchens Planer in diesem Jahrzehnt. Nach der Fertigstellung des neuen Flughafens bei Erding (benannt nach Franz-Josef Strauß) war die größte und schwierigste Aufgabe die milliardenteure, aber längst fällige Verlagerung der Messebauten aus dem Westen der Stadt auf das Gelände des seit 1992 aufgelassenen Flughafens Riem.

Schon im Vorfeld war ein heftiger Streit unter den Politikern darüber ausgebrochen, ob die Messe innerhalb des riesigen Riemer Gebiets auf der stadtnäheren oder auf der zentrumsferneren Seite plaziert werden sollte. Die Kräfte der Wirtschaft plädierten natürlich für den für sie günstigeren Standort so nah wie möglich an der City. Das hätte aber für den ebenfalls auf dem Riemer Flugplatzgrund geplanten Wohnungsbau bedeutet, daß die Menschen hinter eine gewaltige Gewerbezone abgedrängt leben müßten – denkbar schlechte Voraussetzungen für ein neues Wohngebiet, das nicht zuletzt die Innenstadt entlasten soll.

Diese Auseinandersetzung ist jedoch typisch für den Dauerkonflikt der Münchner Stadtplanung, die einerseits Flächen für die immer noch dynamisch anwachsende gewerbliche Expansion schaffen muß – und andererseits die mit dieser Entwicklung zwangsläufig verbundene Wohnungsnachfrage kaum noch in angemessenen Lagen befriedigen kann. München platzt darum auch aus allen Nähten; der Druck auf die Region wird dementsprechend noch massiver, und die Lebensqualität – die München bundesweit so attraktiv macht – ist sowohl im Stadtbereich als auch im Umland in Gefahr, wenn die bayerische Regierung zum Beispiel ihren Ehrgeiz nicht zügelt, der darauf zielt, den künftigen Flughafen zum „Luftverkehrskreuz des Südens" auszubauen, das mit der Rhein-Main-Drehscheibe konkurrieren soll.

Oben: Eindrucksvolle BMW-Zylinder. Rechts: Skulptur vor dem Europäischen Patentamt.

MÜNCHEN ERKUNDEN

Unsere Stadterkundung beginnt im Herzen der Stadt. Zunächst geht es *Durch die Fußgängerzone* – vom Hauptbahnhof zum Marienplatz. Von dort aus können Sie sich am besten *Auf den Spuren des alten München* bewegen, kreuz und quer durch die historischen Stadtviertel rund um den Marienplatz. Für den zweiten Tag in München schlagen wir Ihnen einen Stadtbummel *Vom Sendlinger Tor zum Odeonsplatz* vor, bei dem Sie wiederum eine Rast am Marienplatz einlegen können.

Vom Odeonsplatz ist es nicht weit ins legendäre Schwabing. Diesem wohl berühmtesten und größten Münchner Stadtteil haben wir mehrere Abschnitte gewidmet. Zunächst geht es von der Feldherrnhalle *Die Ludwigstraße* entlang bis zum Siegestor und zum *Englischen Garten.* Auf dem Weg dorthin liegt linker Hand die Maxvorstadt, das einstige Zentrum von *Kunst, Kabarett und Revolutionären.* Das Schwabing von der Leopoldstraße bis zur Münchner Freiheit finden Sie im Artikel *Das moderne Schwabing.* Das *Olympiagelände,* den Austragungsort der XX. Olympischen Sommerspiele 1972, sollte man unbedingt besuchen. Wer vor allem wegen der Kunstschätze Isar-Athens nach München gekommen ist, wird sich bestimmt *Im Herzen der Kunst* zu Hause fühlen, wo die wichtigsten Münchner Museen vorgestellt werden.

Von fast allen Punkten Schwabings aus kann man schöne Spaziergänge unternehmen, etwa in *Das Lehel,* das sich vom Haus der Kunst bis zum Theater am Gärtnerplatz, *Die Isar* entlang, erstreckt. Wenn Sie die Isar am Deutschen Museum überqueren, sind Sie schon fast in *Haidhausen,* dem „zweiten Schwabing“ und heute einem der Zentren der Münchner Szene. In *Bogenhausen* dagegen geht es gediegener zu. Von Haidhausen ist es nicht weit bis zur *Auer Dult und Nockherberg.* Rundherum liegen hier die früher eher „proletarischen“ Stadtviertel Au und Giesing.

Der Bauch von München ist ein etwas längerer Stadtbummel, der im Glockenbachviertel beginnt und über die Theresienwiese bis ins Westend und nach Sendling führt. Der Weg nach *Neuhausen und Nymphenburg* endet am Schloß Nymphenburg. In *Jenseits des Mittleren Rings* haben wir einige eher verstreute Sehenswürdigkeiten zusammengestellt.

Im letzten Teil des Buches machen wir zunächst *Ausflüge in die bayerische Natur* rund um München, vor allem zu den herrlichen Seen. Andere Ausflugsmöglichkeiten bietet der anschließende Artikel *Bier und Barock.* Wenn Sie noch weiter ins „Hinterland“ Münchens vorstoßen wollen, ist der Artikel *Freising, Landshut, Regensburg und Augsburg* das richtige. Um *Glanz und Elend der Vergangenheit,* Schloß Schleißheim und die KZ-Gedenkstätte Dachau, geht es im folgenden Artikel. Den krönenden Abschluß des Buches bildet *Der Märchenkönig*, eine Art Traumreise zu den berühmten Schlössern von Ludwig II.

Vorherige Seiten: Das Olympiagelände aus der Vogelperspektive / Blick vom Alten Peter / Barocke Extravaganz vor dem Cuvilliés-Theater. Links: Die Bavaria auf der Theresienhöhe.

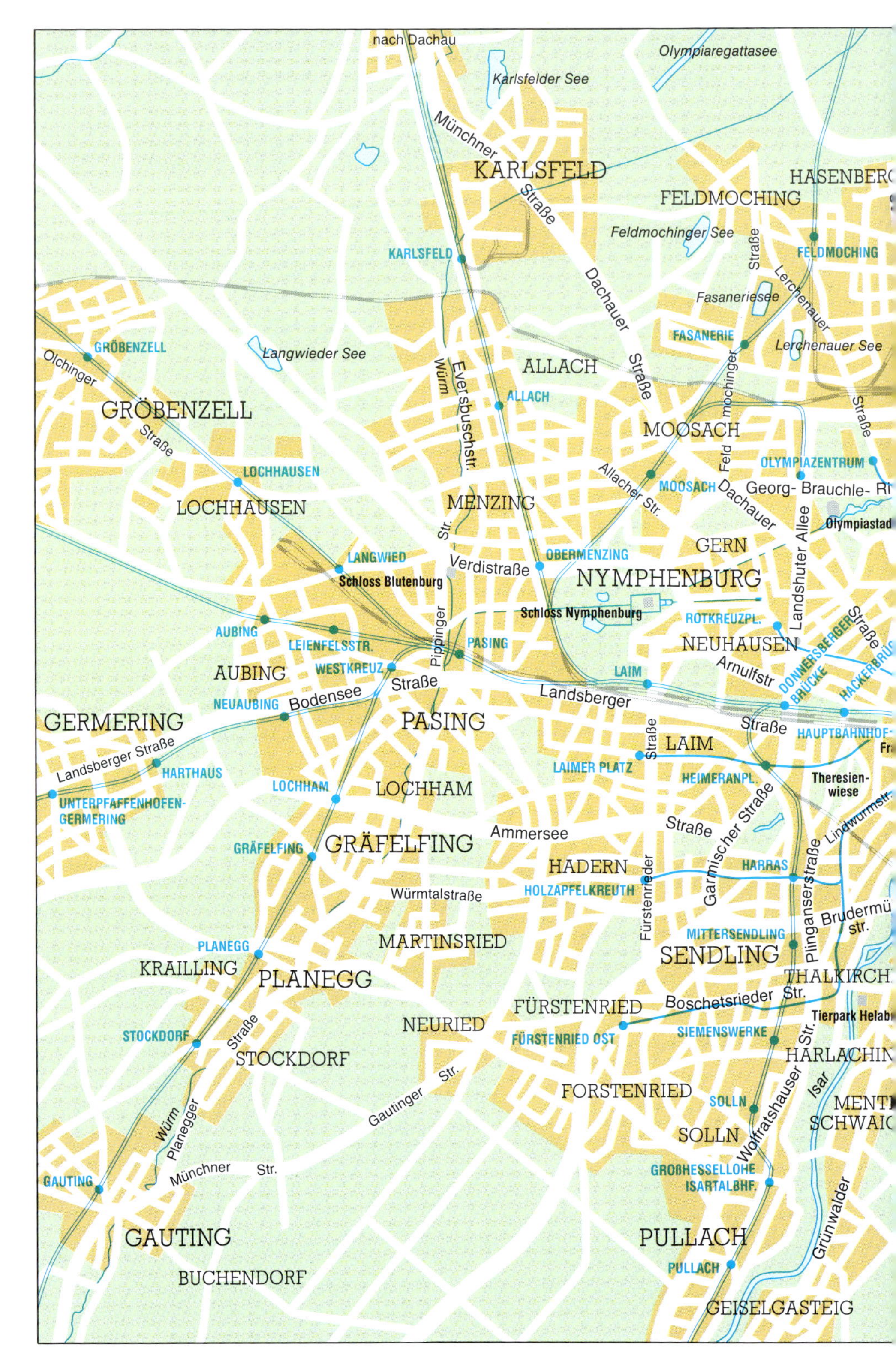
nach Dachau
Olympiaregattasee
Karlsfelder See
Münchner Straße
KARLSFELD
HASENBERG
FELDMOCHING
Feldmochinger See
KARLSFELD
FELDMOCHING
Dachauer Straße
Fasaneriesee
Lerchenauer Straße
FASANERIE
Lerchenauer See
GRÖBENZELL
Langwieder See
Würm
Eversbuschstr.
ALLACH
Olchinger Straße
ALLACH
Feldmochinger Str.
GRÖBENZELL
MOOSACH
LOCHHAUSEN
Allacher Str.
OLYMPIAZENTRUM
MOOSACH
Dachauer
Georg-Brauchle-Ring
LOCHHAUSEN
MENZING
Olympiastadion
GERN
Landshuter Allee
LANGWIED
Verdistraße
OBERMENZING
NYMPHENBURG
Schloss Blutenburg
Schloss Nymphenburg
ROTKREUZPL.
Donnersberger Straße
AUBING
LEIENFELSSTR.
Pippinger Str.
PASING
NEUHAUSEN
Arnulfstr.
DONNERSBERGERBRÜCKE
HACKERBRÜCKE
AUBING
WESTKREUZ
Straße
LAIM
Landsberger Straße
NEUAUBING
Bodensee
GERMERING
PASING
HAUPTBAHNHOF
LAIM
Landsberger Straße
HARTHAUS
LAIMER PLATZ
HEIMERANPL.
Theresienwiese
UNTERPFAFFENHOFEN-GERMERING
LOCHHAM
LOCHHAM
Garmischer Straße
Lindwurmstr.
GRÄFELFING
GRÄFELFING
Ammersee Straße
HADERN
HARRAS
Würmtalstraße
HOLZAPFELKREUTH
Fürstenrieder Str.
Plinganserstraße
Brudermühlstr.
MITTERSENDLING
PLANEGG
MARTINSRIED
KRAILLING
PLANEGG
SENDLING
THALKIRCHEN
Boschetsrieder Str.
FÜRSTENRIED
Tierpark Hellabrunn
NEURIED
FÜRSTENRIED OST
SIEMENSWERKE
STOCKDORF
Straße
STOCKDORF
HARLACHING
Gautinger Str.
FORSTENRIED
SOLLN
Wolfratshauser Str.
Isar
MENTERSCHWAIGE
Würm
Planegger
SOLLN
Münchner Str.
GROßHESSELOHE ISARTALBHF.
GAUTING
Grünwalder
GAUTING
PULLACH
BUCHENDORF
PULLACH
GEISELGASTEIG

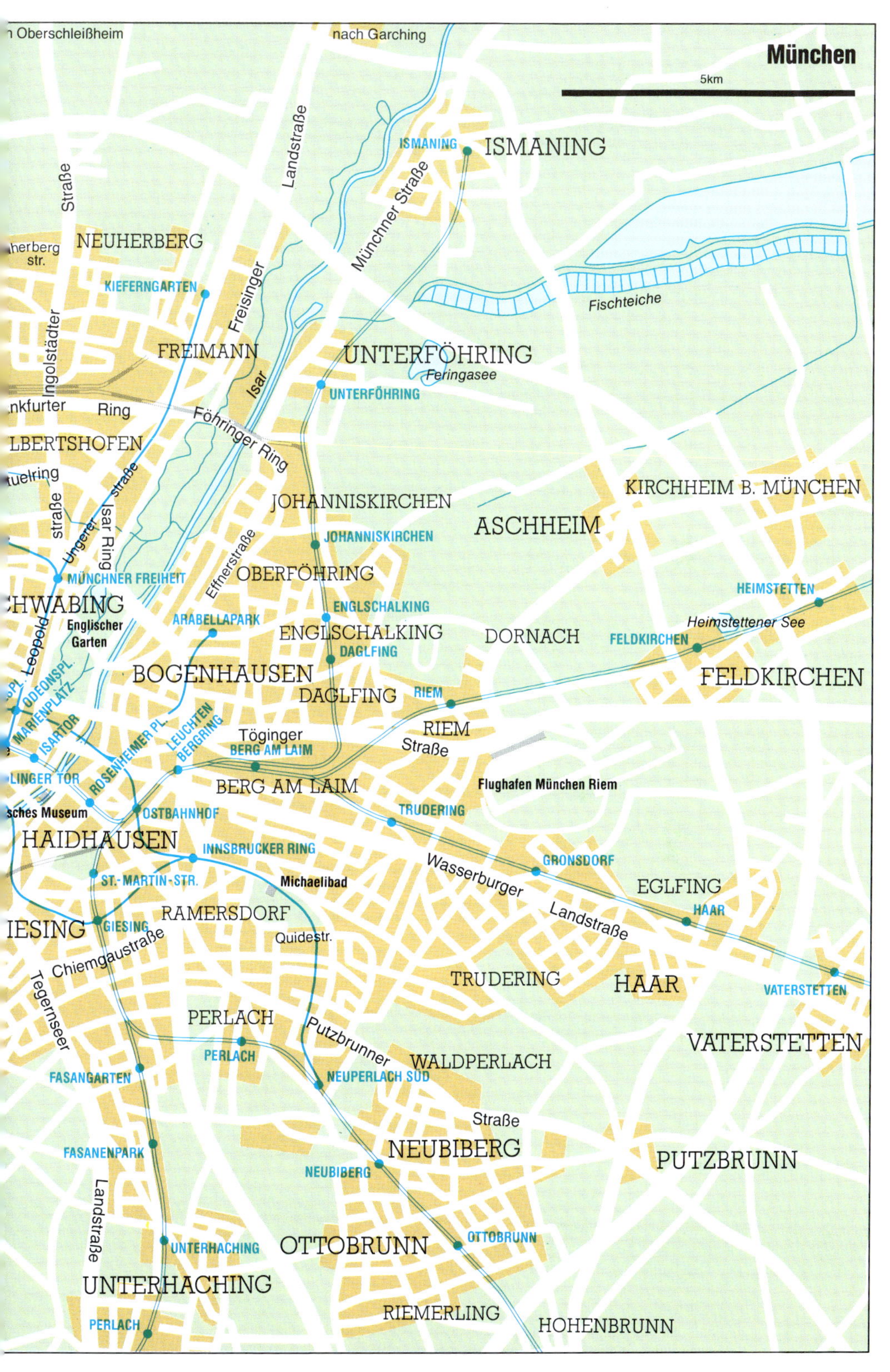
München
5km
nach Oberschleißheim
nach Garching
ISMANING
Landstraße
Münchner Straße
NEUHERBERG
Straße
KIEFERNGARTEN
Freisinger
Fischteiche
FREIMANN
UNTERFÖHRING
Feringasee
Ingolstädter
Isar
Ring
Föhringer Ring
JOHANNISKIRCHEN
KIRCHHEIM B. MÜNCHEN
ASCHHEIM
Isar Ring
Ungerer straße
MÜNCHNER FREIHEIT
Effnerstraße
OBERFÖHRING
ENGLSCHALKING
HEIMSTETTEN
Heimstettener See
Leopold
Englischer Garten
ARABELLAPARK
DORNACH
FELDKIRCHEN
DAGLFING
BOGENHAUSEN
ODEONSPL.
MARIENPLATZ
RIEM
ISARTOR
LEUCHTENBERGRING
Töginger Straße
BERG AM LAIM
ROSENHEIMER PL.
Flughafen München Riem
OSTBAHNHOF
TRUDERING
HAIDHAUSEN
INNSBRUCKER RING
GRONSDORF
ST.-MARTIN-STR.
Michaelibad
Wasserburger Landstraße
EGLFING
HAAR
RAMERSDORF
GIESING
Quidestr.
Chiemgaustraße
Tegernseer
Landstraße
VATERSTETTEN
PERLACH
Putzbrunner Straße
WALDPERLACH
FASANGARTEN
NEUPERLACH SÜD
FASANENPARK
NEUBIBERG
PUTZBRUNN
UNTERHACHING
OTTOBRUNN
RIEMERLING
HOHENBRUNN

Durch die Fussgängerzone

München hat viele Gesichter. Besonders deutlich zeigen sie sich im dichtgedrängten Straßenbild der Innenstadt, wo Vergangenheit und Gegenwart auf engstem Raum miteinander im Wettstreit liegen.

Feudale Prachtbauten von Anno dazumal konkurrieren mit den trostlosen Betonburgen des 20. Jh.s, und trotzig bietet hier die traditionelle Bodenständigkeit dem kommerziellen Fortschritt noch die Stirn. Doch nicht nur dies: Der Weg vom Hauptbahnhof über Lenbachplatz, Stachus und Marienplatz bis hin zu den klassischen Einkaufsstraßen rings um den Max-Joseph-Platz bietet zugleich auch einen Querschnitt durch die soziale Rangordnung innerhalb der Großstadt. Sie führt von den Spelunken des Bahnhofsviertels über die gutbürgerlichen Kaufhäuser der Fußgängerzone bis hin zu den eleganten Geschäften an der Maximilianstraße.

Der Münchner **Hauptbahnhof** in seiner heutigen Form ist vorwiegend in den fünfziger Jahren entstanden. Sein Vorgänger war, wie so viele andere Bauwerke, den Bomben des Zweiten Weltkrieges zum Opfer gefallen. Am Interieur des Bahnhofs hat man inzwischen viel herumrenoviert. Mit allerlei eleganten Marmorböden, spiegelndem Glas, Messing und blankpoliertem Aluminium wird hier der Besucher der Isarmetropole „blendend" in Empfang genommen. Vielleicht sollte aber damit auch das Image der etwas verrufenen Bahnhofsgegend aufgebessert werden. Denn südlich des Vorplatzes, wo unter den Dächern der Straßenbahnstation die Stadtstreicher ihren Schlaf- und Treffpunkt haben, da beginnt das Bahnhofsviertel.

Elektronik und Erotik: In der **Schiller-** und **Goethestraße** hat sich ein Geschäftsleben entwickelt, wie es für Bahnhofsgegenden typisch ist. Zwischen großen und kleinen Stadthotels füllen Restaurants mit italienischer und türkischer Küche die Lücken, preisen

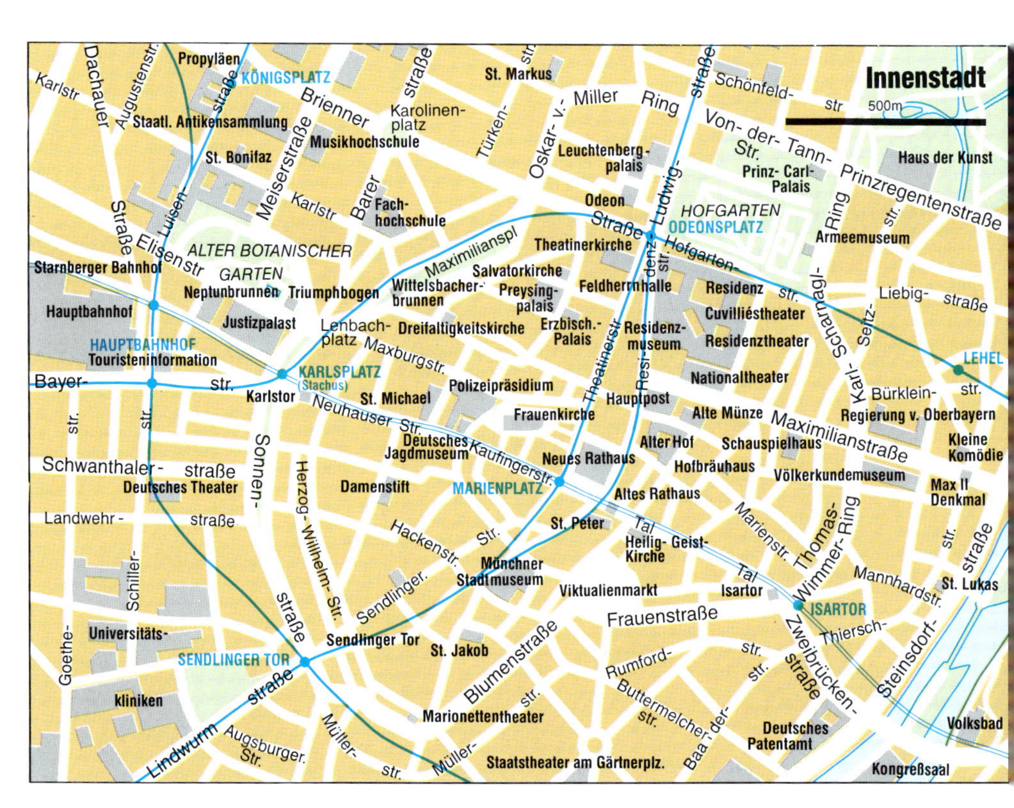

Elektrogeschäfte in überfüllten Schaufenstern Alltägliches und Exotisches an. Hier gibt es Elektroartikel, die hierzulande kaum die technische Zulassung erhalten würden. „Nur für den Export“ ist deshalb dezent auf dem Etikett vermerkt. Hinter den Schaufenstern der Imbißbuden bruzzeln fettige Bratwürste und fahle Brathendl vor sich hin. Erotikshops bieten alles feil, was die Phantasie erlaubt. Nepplokale und Spielhöllen, Büros exotisch klingender Export-Import-Firmen und Lohnsteuerhilfevereine, die ihre Dienstleistungen an unkundige Gastarbeiter verkaufen, runden das Bild ab.

Auf dem Gelände des legendären Mathäser-Bierkellers – wo sich früher passionierte Biertrinker schon frühmorgens ein Stelldichein gaben und sich Nachtschwärmer noch mit letzter Kraft an ihrem Glas festhielten – entsteht derzeit das neue Superkino von Filmproduzent Bernd Eichinger.

Östlich des Bahnhofsvorplatzes fällt das große **Kaufhaus Hertie** ins Auge. Der Gebäudekomplex zieht sich zwischen Prielmayer- und Schützenstraße fast bis zum Stachus hin. Sehenswert ist vor allem der vordere Teil hinter der alten Fassade. Im Inneren locken zunächst die süßen Düfte der Parfümerie und das stattliche Treppenhaus mit den herrschaftlichen Bogengängen und der mächtigen Glaskuppel. Ähnlich aufwendig gestaltet ist auch das Kellergeschoß mit den noblen **Käfer-Markthallen** des Delikatessenlieferanten der Münchner Schickeria.

Die Schützenstraße mit ihren Passagen gehört zu den belebten Fußgängerzonen der Innenstadt. Hier hat sich der Einzelhandel etabliert, wie er in jeder Großstadt zu finden ist. Nach vorne, in südlicher Richtung, öffnet sich der Blick auf den **Karlsplatz,** von den Münchnern aber schlicht und einfach **Stachus** genannt. Linker Hand das Hotel Königshof und dahinter der monumentale Neubarockbau des **Justizpalastes,** Ende des 19. Jh.s von Friedrich Thiersch erbaut.

Prunk und Pomp: Wer vor der Hektik des Karlsplatzes noch eine Ruhepause

Beobachtungs- und Treffpunkt: der Brunnen am Karlstor.

einlegen will, kann links zum **Lenbachplatz** ausweichen.

Gebäude aus dem 19. Jh. säumen den Platz, der sich nach Norden dem prächtigen **Wittelsbacher Brunnen** (1883 bis 1885) von Hildebrand öffnet. Im platzbeherrschenden Baublock der Hausnummer 2 residieren die Deutsche Bank und die Bayerische Börse. Das ehemalige Bernheimer Haus (Nr. 3, 1887 bis 1889 von F. Thiersch erbaut), heute das **Palais am Lenbachplatz,** war seinerzeit eines der ersten kombinierten Wohn- und Geschäftshäuser in München.

1994 geriet das Palais als eines der millionenschweren Umbauprojekte des pleite gegangenen Immobilienspekulanten Jürgen Schneider bundesweit in die Schlagzeilen. Unter anderer Federführung wurde der Palazzo 1997 als Büro- und Geschäftshaus wiedereröffnet. In dem Gebäude hat darüber hinaus mit dem schicken **Lenbach** ein weiterer Münchner „Freßtempel" eröffnet. In prächtigen historischen Hallen läßt es sich nobel tafeln.

Gabriel von Seidl erbaute bis 1900 das **Künstlerhaus,** und wer die „üppige Raumkunst der Prinzregentenzeit" genießen möchte, kann dies bei Mövenpick im Venezianischen Zimmer tun, das noch im ursprünglichen Zustand erhalten ist.

Am Stachus: Das Verkehrsgedränge auf der Sonnenstraße ist hier so hektisch, daß man den **Stachus** nur unterirdisch überqueren kann. Karlsplatz heißt der Platz in Erinnerung an den Kurfürsten Karl Theodor, der als wohl unbeliebtester Regent aus dem Hause Wittelsbach in die bayerische Geschichte eingegangen sein dürfte. Deshalb zogen es die Münchner vor, mit der volkstümlichen Bezeichnung „Stachus" des viel sympathischeren Eustachius Föderl, der hier einst seinen Biergarten betrieb, zu gedenken.

Nachdem Mitte des 19. Jh.s eine gewaltige Pulverexplosion im Haus des Eisenhändlers Rosenlehner das Karlstor schwer beschädigt hatte, wurde es in den folgenden Jahren renoviert. Dabei hat man im Gewölbe der Zwinger-

Links: Wittelsbacher Brunnen: bezaubernde Wasserspiele. Rechts: Kunststücke auf dem Marienplatz.

türme ebenfalls vier Münchner Originalen ein Denkmal gesetzt.

Trends und Traditionen: Hinter dem Karlstor beginnt die **Fußgängerzone** in der **Neuhauser Straße.** So sehr sich diese Zone etabliert hat, so sehr ist auch Etabliertes aus ihr verschwunden. Die Tatsache, daß alteingesessene Geschäfte mehr und mehr von großen Kaufhäusern und mächtigen Handelsketten verdrängt werden, ist ein trauriges Phänomen, das sich in den meisten Fußgängerzonen erkennen läßt.

Die Urheber dieser gesichtslosen Anonymität sind allerorts die gleichen: Kaufhauskonzerne, Fast-food-Betriebe und Einzelhandelsketten. An alte Münchner Tradition erinnert nur noch wenig. Der Name **Oberpollinger** zum Beispiel, der das Haus eines großen Kaufhauskonzerns schmückt. In einem Vorgängerbau an dieser Stelle ging Mitte des 16. Jh.s der erste nachgewiesene Bierbrauer in München seinem Tagewerk nach. Ein Jahrhundert später betrieb die Familie Pollinger dort eine Brauerei. Doch nur der Name in abgewandelter Form blieb über die Jahrhunderte erhalten. Auf der gleichen Seite folgt der **Bürgersaal,** Anfang des 18. Jh.s nach Plänen von Giovanni Viscardi erbaut. Im Untergeschoß befindet sich das Grab des Paters Rupert Mayer, der wegen seines Widerstandes gegen die Nazis ins Konzentrationslager deportiert wurde und im November 1945 an den Haftfolgen verstarb. Er wurde 1987 seliggesprochen.

Gegenüber, umrahmt von Geschäften für Betten, Schuhe und Unterwäsche, steht noch ein altmünchnerisches Relikt, der **Augustinerbräu.** Hinter der stolzen Neorenaissance-Fassade verbirgt sich eines der prachtvollsten und gemütlichsten Gasthäuser Münchens. Der linke Eingang führt zur Bierhalle mit ihren verwinkelten dunklen Räumen. Der rechte Eingang gehört zum Restaurant, dessen Attraktion der Muschelsaal mit kostbarem Stuck- und Grottenwerk ist.

Die Einrichtung des Augustinerbräus, der heute eine wahre Oase der Behaglichkeit inmitten der lärmen-

Links: Verirrt in der Innenstadt. Rechts: *Die* Attraktion für Kinder vor dem Jagdmuseum.

den Fußgängerzone ist, stammt noch original erhalten aus der Zeit um 1900.

Schräg gegenüber steht die Kirche **Sankt Michael,** die Ende des 16. Jh.s auf Geheiß Herzog Wilhelms V. für die in München ansässigen Jesuiten erbaut wurde. Dort hatte auch Pater Rupert Mayer während der Nazizeit seine Predigten gehalten. Daneben befindet sich das Gebäude der **Alten Akademie,** damals Kollegium für die Jesuiten, heute Sitz des Bayerischen Landesamtes für Statistik und Datenverarbeitung.

Gleich daran schließt sich die ehemalige **Augustinerkirche** an, in der das **Deutsche Jagd- und Fischereimuseum** untergebracht ist. Es gibt wohl kaum ein zweites Kuriositätenkabinett dieser Art auf der Welt, und schon gar keines, in dem ein ausgestopftes Prachtexemplar des sagenumwobenen „Wolpertingers" (bayerisches Urtier) besichtigt werden kann.

Alltag am Marienplatz: Die Fußgängerzone führt von hier an als **Kaufingerstraße** weiter in Richtung Marienplatz. Linker Hand eröffnet die Liebfrauenstraße den Blick auf die mächtigen Türme der **Frauenkirche.** Nach wenigen Metern am Marienplatz präsentiert sich die neugotische Fassade des **Neuen Rathauses,** das neben den Stadtvätern und -verwaltern auch zahlreiche kleine Geschäfte im Erdgeschoß beherbergt. Den modernen Zeiten trotzend, hält rings um den **Kaufhof** noch eine eher „zuagroaste Münchner Rass" ihre Ware feil: die „Krenweiberl", die neben dem Kren, wie der Meerrettich im Altbayerischen heißt, noch Tee und Gewürze anbieten. Man erkennt die freundlichen Frauen an ihren bäuerlich-bunten Trachten, die sich deutlich von der großstädtischen Aufmachung abheben.

Wenn nicht gerade das Glockenspiel des Neuen Rathauses die Blicke der Touristenströme auf sich zieht, dann scharen sich oft die Menschenmengen um die Straßenkünstler, die hier mitunter bis tief in die Nacht für angenehme Unterhaltung sorgen. Im Sommer laden die Tische des **Metropolitan** direkt auf dem Marienplatz zu einer mehr oder weniger kurzen Rast ein.

Links: Der „Wolpertinger", ein bayerisches Urvieh. **Rechts:** Rast beim Donisl.

Links vom Rathaus beginnt die **Weinstraße.** Die Hausnummer 1 ist eine alteingesessene, zwischendurch aber arg in Verruf gekommenene Adresse: das Wirtshaus **Donisl.** Einst ein umschwärmter Touristenmagnet, entpuppte sich die Lokalität im Jahr 1984 als Schauplatz übler Machenschaften. Kellner sorgten mittels betäubender Tropfen und anderer unsanfter Hilfsmittel für die Voraussetzungen, die Gäste um ihre Habseligkeiten zu erleichtern. Die Zeiten des brutalen Inkassos sind aber gottlob vorbei.

Von der Redlichkeit des derzeitigen Inhabers zeugt eine Urkunde links neben dem Eingang, aus der hervorgeht, daß der Verein Münchner Brauereien dem Gasthaus besondere Gastfreundlichkeit attestiert. Die Küche hat sich vor allem auf bodenständig Deftiges spezialisiert, macht aber vor den kulinarischen Grenzen Bayerns nicht halt.

Der weitere Weg durch die Innenstadt kreuzt die **Sporerstraße,** durch die sich wieder die unübersehbaren Türme der Frauenkirche zeigen, und führt vorbei am weitläufigen **Marienhof** bis hin zur **Maffeistraße.**

Hier ist die Weinstraße tagsüber dicht bevölkert von eiligen Geschäftsleuten und Angestellten, von gemächlich schlendernden Bummlern und Touristen. Gerade wegen der Hektik und des Gedränges sollte man hier sein Augenmerk ganz besonders auf die kreuzende Straßenbahn richten, die von der Maffeistraße in einer S-Kurve auf die **Perusastraße** wechselt und leicht übersehen werden kann.

Elegant und international: Die Weinstraße mündet nun ohne Richtungswechsel in die **Theatinerstraße,** die an warmen Sommertagen voller Tische und Stühle steht und sich so in ein einziges riesiges Straßencafé verwandelt. Im übrigen häufen sich ringsum die Etablissements der gehobenen Lebensart. Dabei sind es vorwiegend internationale Namen wie Burberry oder Etienne Aigner, die von den Schaufenstern glänzen.

Teuer und elegant gibt sich auch die **Hypo-Passage,** so benannt nach der

Blick auf das Neue Rathaus und die Frauentürme.

Bayerischen Hypotheken- und Wechsel-Bank, deren Zentrale in den Stockwerken darüber liegt.

Die Kunsthalle der **Hypo-Kulturstiftung** in derselben Häuserzeile wurde von der Bank eingerichtet und zeigt regelmäßig beachtenswerte Ausstellungen. Auf dieser Seite, kurz vor der Theatinerkirche, lohnt noch der Blick in den **Theatinerhof,** der nicht nur kleine, aber feine Geschäfte vereint, sondern auch über einen attraktiven Innenhof mit einem stattlichen Bogengang verfügt. An schönen Tagen läßt sich an den Tischen des Cafés **Arzmiller** die elegante Atmosphäre des Hofes genießen. Hierher zieht es vorwiegend ältere betuchte Herrschaften, die sich bei feinem Kuchen und Konfekt die Zeit vertreiben.

Aber nun zurück auf die Theatinerstraße. Gegenüber führen einige Passagen zur nahen **Residenzstraße** – die Theatinerpassage und die Residenzpassage zum Beispiel.

Das Kino **Theatiner-Film** in der gleichnamigen Passage ist eines der ältesten und schönsten Filmlichttheater Münchens und widmet sich ganz der gehobenen Filmkunst jenseits von Hollywood und Kommerz.

Wählen wir nun den Weg durch das **Preysing-Palais,** vorbei an den Schaufenstern der exklusiven Residenz-Boutique, und biegen rechts in die Residenzstraße ein. Zwischen den beiden Straßen haben sich Ladenpassagen, enge und verwinkelte Gassen und Innenhöfe etabliert, die einen Querschnitt der feinen Lebensart feilbieten. Der süße Duft teuren Parfums vermengt sich hier mit den Gerüchen teurer Confiserien und zieht durch die Gänge. Von all den noblen Geschäften und deren verschwenderischen Reizen sollte man sich aber nicht ablenken lassen und einen Blick in den Innenhof des Hauses Nr. 13 werfen.

Nach einigen Metern führt der schmale Durchgang in den **Eilles-Hof,** einen gotischen Hof mit herrlichen Arkaden, Bestandteil eines alten Bürgerhauses, das im 18. Jh. dem Bittrich-Kloster zugehörig war. Im Haus Nr. 11

Weiß-blaue Fahnen vor dem Franziskaner.

ist das Tee- und Kaffeegeschäft von Eilles eingerichtet, dessen antiquarisches Interieur, abgesehen von den edlen Waren, einen Blick wert ist.

Ebenso um Kulinarisches dreht es sich im Nachbargebäude, dem **Spatenhaus,** wo bayerische Küche der gehobenen Kategorie gepflegt wird. Daß Leberkäs und Weißwurst mit feiner Lebensart vereinbar sind, dafür ist der **Franziskaner** ein berühmtes Beispiel. Das kultivierte Gasthaus, eines der ältesten seiner Art in München, steht an der Ecke Perusa- und Residenzstraße und ist gewöhnlich den ganzen Tag über gut besucht.

Prachtstraße Nr. 1: Hier beginnt die **Maximilianstraße,** wohl die Prachtstraße schlechthin in ganz München. Sie führt über den Altstadtring hinweg zum Maxmonument und endet an der Isar direkt vor dem Maximilianeum. Wem das Teuerste gerade gut genug ist, der liegt hier goldrichtig. Liebhaber von Kunst und Antiquitäten können hier tagelang von einer Galerie zur nächsten wandern, und auch für das leibliche Wohl wird bestens gesorgt: edle Steine, teure Stoffe, extravagante Möbel, elegante Cafés und Restaurants, Lederwaren der exklusiven Art und dazwischen die erste und teuerste Herberge am Platze, das **Hotel Vier Jahreszeiten Kempinski.**

Von König Maximilian II. großzügig unterstützt, entstand es um die Mitte des 19. Jhs. Galt es damals schon als das Gästehaus der Regierung, so steigt auch heute noch die Prominenz hier ab; von ganz seltenen Ausnahmen abgesehen, die in der Residenz logieren dürfen. Bereits im Jahr 1862 gab es im Hotel Vier Jahreszeiten eine Art Lift, genauer gesagt, eine einfache Aufziehvorrichtung, die einen Sessel von Etage zu Etage hievte.

Die Geschichte des Hauses ist überreich an Anekdoten. Eine davon handelt vom König von Siam, der vermutlich den Rekord in Sachen Reisegepäck aufgestellt hat. 1320 Koffer zählte sein Reisegut, und es ist nicht bekannt, wieviele Zimmer und Personal allein dafür notwendig waren.

Jagdmesser und Gamsbart, für richtige Bayern unverzichtbar.

Deutsche Bank

HOCH-CAFE
HACKER-PSCHORR BRÄU
Bücher
Hugendubel
Bücher
PELZHAUS
benetton
swissair

Auf den Spuren des alten München

Für die Entdeckung des alten München bieten sich zwei Wege an. Sie könnten zunächst das Münchner Stadtmuseum am St.-Jakobs-Platz aufsuchen und die stadtgeschichtliche Abteilung besichtigen. Interessant ist das Holzmodell der Stadt von Jakob Sandtner aus dem Jahr 1570, eine vergrößerte Kopie des Originals, das im Bayerischen Nationalmuseum aufbewahrt wird.

Vor Ort und zu Fuß ist es etwas mühsamer. Übriggebliebenes und Wiederhergestelltes liegt verstreut und nimmt leider keine Rücksicht auf Ausdauer und Kondition der Besucher.

Als Viertel wie Schwabing und Au noch ländliche Vororte waren, zeigte sich der Stadtkern von einem breiten Mauerring umgeben. Genauer gesagt von zweien, denn der innere Mauerring aus dem 13. Jh. und der äußere aus dem 15. Jh. beschrieben ungefähr den heutigen Verlauf des Altstadtrings. Das umschlossene Areal gliederte sich in vier Stadtviertel – Kreuzviertel im Nordwesten, Hackenviertel im Westen, Angerviertel im Süden und Graggenauer Viertel im Nordosten. Die Trennlinien zwischen den Stadtteilen verliefen in Ost-West-Richtung vom Karlstor zum Isartor, in Süd-Nord-Richtung vom Sendlinger Tor bis zum Odeonsplatz.

Vom Marienplatz ins Hackenviertel: Beginnen wir unsere Erkundung am Marienplatz. Die **Rosenstraße** weist den Weg in südlicher Richtung zum Rindermarkt und öffnet den Blick auf die Seitenfassaden des **Ruffini-Hauses.** Davor biegen wir rechts ab in die Sendlinger Straße, überqueren die Fürstenfelder Straße und den Färbergraben.

Rechter Hand, kurz nach dem Gebäude des Süddeutschen Verlages, wo die *Süddeutsche Zeitung* und die *Abendzeitung* zu Hause sind, begegnen wir bei der Hausnummer 75 dem **Alten Hackerhaus,** einer der ältesten Braustätten der Stadt. Die Inschrift über dem Eingang lautet: „Die Preustatt zum Hacker vom Jahre 1570." Mehr noch erzählt das Interieur, wie etwa die Chronik des Hauses, die auf der Rückseite der Speisekarte aufgelistet ist. Demnach wurde das Anwesen 1738 vom Brauer Simon Hacker gekauft. 1794 heiratete dessen Tochter Therese Hacker den Josef Pschorr, woraus sich zwanglos der heute noch gebräuchliche Doppelname Hacker-Pschorr ergab. 1825 fiel das Gebäude den Flammen zum Opfer, wurde aber wenige Jahre später wiederaufgebaut.

Im Erdgeschoß ist ein gutbürgerlich-bayerisches Gasthaus mit schmuckem Biergarten im Innenhof. Von der Hakker-Pschorr-Geschichte zeugt auch der Stammbaum, der im Lokal als Wandgemälde zu bewundern ist. Auch das Nachbargebäude Nummer 76, bekannt als **Faberbräu,** diente früher der Bierherstellung. Heute ist es dem Süddeutschen Verlag angegliedert, der sich den Häuserkomplex einverleibt hat.

Kurz nach dem Hackerhaus zweigt rechts die **Hackenstraße** ab. *Nomen est omen.* Wo sich die Hackenstraße mit der **Hotterstraße** trifft, steht das älteste Gasthaus Münchens, die **Hundskugel.** Die gastronomische Geschichte des Hauses führt in das Jahr 1440 zurück.

Es ist im Besitz des Modeschöpfers Rudolph Moshammer, und die frühere Bodenständigkeit ist folkloristischem Glamour gewichen. Trotzdem lohnt sich ein Blick in das Gebäude, auch in den ersten Stock, wo die Zirbelstube und das Gotische Stüberl, zwei stilgerecht ausstaffierte Gasträume, kleine Gesellschaften beherbergen.

Wo die Hundskugel ihren Namen herhat, erzählt das Nachbarhaus Nummer 10 – ein außergewöhnlich prachtvoll restauriertes Bürgerhaus, das 1741 vom Hofbildhauer Johann Baptist Straub erworben und umgebaut wurde. Über dem Eingang ist ein Relief angebracht, das sechs tollende Hunde mit einer großen Kugel zeigt.

Wo die Hackenstraße in die Brunnstraße übergeht, steht im Eck der **Radlbrunnen,** dessen Wasserstrahl – der Name deutet es an – ein Rad antreibt. Auf der gegenüberliegenden Straßenseite steht das beeindruckende **Radspielerhaus.** Im 17. und 18. Jh. war dies das Palais der adligen Familie Rechberg, bevor es 1817 der Architekt Métivier übernahm. 1827/1828 wohnte hier Heinrich Heine, woran eine Tafel an der Hausmauer erinnert. 1848 kam es in den Besitz der Familie Radspieler, deren Nachfahren das Hauptgeschäft für edle Stoffe und Möbel besitzen.

Der Weg durch die Geschäftsräume führt zu einer besonderen Attraktion, dem prachtvollen und weitläufigen Garten, der mit Brunnen und Skulpturen angereichert ist und eine Oase im Zentrum der Stadt darstellt.

An der folgenden Kreuzung biegen wir rechts ab in die **Damenstiftstraße,** die ihren Namen vom Gebäude Hausnummer 3 bekommen hat. Das ehemalige **Damenstift,** 1784 bis 1785 vom Stadtmaurermeister Mathias Widmann erbaut, diente dem Orden der Salesianerinnen als Klostergebäude.

Heute beherbergt das Gebäude, von dem nur noch die Fassade original ist, die städtische Salvator-Realschule für Mädchen. Den Salesianerinnen zugehörig war einst auch die **St.-Anna-Damenstiftskirche,** von 1732 bis 1735 durch Johann Baptist Gunetzrhainer errichtet. Sie nahm den Platz der Annakirche aus dem 15. Jh. ein. Während des letzten Krieges wurde auch die St.-Anna-Damenstiftskirche schwer beschädigt und in den fünfziger Jahren aufwendig restauriert.

Schräg gegenüber steht das **Palais Lerchenfeld** mit seiner prächtigen Rokokofassade, ein Bau, der wiederum Gunetzrhainer zugeschrieben wird. Das Haus Nummer 4, ein gut erhaltenes Bürgerhaus im klassizistischen Stil, war von Ende des 18. bis Anfang des 19. Jh.s im Besitz der Stadtbaumeister Balthasar Trischberger und Mathias Widmann.

An der Kreuzung mit der **Herzogspitalstraße** lohnt sich ein kleiner Abstecher zum **Altheimer Eck,** einer traditionsreichen Münchner Adresse, die heute freilich von der aufgeregten Betriebsamkeit der benachbarten Fußgängerzone geprägt ist. Wahrlich anachronistisch wirkt da die Erinnerungstafel an der Kaufhausrückseite, die davon

Vorherige Seiten: Blick vom Glockenspiel auf den Marienplatz mit der Mariensäule. **Unten:** Italienisches Flair im Tal.

erzählt, daß an dieser Stelle das Geburtshaus des Komponisten Richard Strauss stand.

Die Mutter des Musikers war eine geborene Pschorr aus der berühmten Brauerfamilie. An der Linkskurve führt ein Torbogen in das Innere des Hauses Nummer 13. Hier, in den Räumen der J. G. Weiß'schen Druckerei, entstand Mitte des 19. Jh.s die erste deutsche Briefmarke, der berühmte „Schwarze Einser". Sehr versteckt im Rückgebäude auf Nummer 3 liegen die Räumlichkeiten der **Deutschen Journalistenschule,** der süddeutschen Kaderschmiede der schreibenden Zunft.

Wir machen nun kehrt und gehen in die Herzogspitalstraße. Zur Rechten sieht man das **Weinhaus Neuner,** das sich als ältestes Weinhaus Münchens bezeichnet. Seine Geschichte ist bis ins 15. Jh. zurückzuverfolgen. Im 17. und 18. Jh. war das Gebäude im Besitz des Gregorianischen Seminars und diente als Speisesaal für die Priesterschüler.

Wie damals die Tischsitten in München gesehen wurden, bekundet ein uns überlieferter Vierzeiler: „Yber Tisch vüll reuspern undt spugen, naßengrübeln, schneizen, kopfkrazen ist nit höflich, sondern bayerisch." Nach der Säkularisation etablierte sich im Jahr 1852 das Weinhaus Neuner, dessen spätere Kundschaft über derartige Gewohnheiten erhaben gewesen sein dürfte – Richard und Siegfried Wagner, Carl Spitzweg, Hans Moser, Karl Valentin und Liesl Karlstadt gehörten zu den Stammgästen. Heute ist es Treffpunkt für Feinschmecker mit Vorliebe für die feine bayerische Küche.

Im Haus gegenüber wurde 1595 vom Canonikus Unserer Lieben Frau das Barth'sche Seelhaus gegründet, wo unverheiratete Frauen und Witwen unentgeltlich bedürftige und kranke Menschen pflegten.

Auf dem Weg ins Kreuzviertel: Der weitere Weg führt uns in die unmittelbare Nähe der Fußgängerzone. Dazu biegen wir rechts ab in die **Herzog-Wilhelm-Straße,** die direkt in die Neuhauser Straße einmündet. Wir überqueren zielstrebig diese Kommerzmeile und stoßen am Ende der **Herzog-Max-Straße** auf den mit teuren Hochglanz-Limousinen ausstaffierten BMW-Pavillon. Kurz davor rechter Hand steht der **Gedenkstein,** der an die ehemalige Hauptsynagoge erinnert. 1882 erwarb die Israelitische Kultusgemeinde das Areal und ließ von 1883 bis 1887 ein mächtiges Kirchenhaus erbauen, das im Juni 1938 von den Nazis abgerissen wurde. „Gedenke dies, der Feind höhnte Dich" steht auf dem Gedenkstein, dessen Inschrift auch in hebräischer Schrift dargestellt ist.

Zur Rechten ließ Herzog Wilhelm V. Ende des 16. Jh.s hier die Herzog-Max-Burg errichten, von der nur noch der Turm übrig ist. Das gegenüberliegende Gebäude ist Sitz des Erzbischöflichen Ordinariats und war früher eine Karmeliterkirche, ein Werk des Hofbaumeisters Konrad Asper aus der Mitte des 17. Jh.s.

Wir wählen von hier den Durchgang Richtung Norden zur Pacellistraße und treffen auf die **Dreifaltigkeitskirche.** 1711 bis 1718 von Giovanni Antonio Viscardi entworfen und erbaut, ver-

Das älteste Gasthaus Münchens.

dankt sie ihr Entstehen einem Gelöbnis der Münchner Bürger zu Zeiten des Erbfolgekrieges. Sie wurde einer Weissagung der Mystikerin Anna Leidmayr zufolge zum Dank dafür gebaut, daß die Stadt von den herannahenden Österreichern verschont geblieben war. Im Inneren der barocken Kirche sind Kuppel und Deckenfresken von Cosmas Damian Asam, die Stuckarbeiten von Johann Georg Bader. Als eine von wenigen Kirchen blieb die Dreifaltigkeitskirche im Zweiten Weltkrieg von den Bomben der Alliierten verschont.

Links von der Dreifaltigkeitskirche führt uns der Weg weiter in die schmale **Rochusstraße.** Wo die Straße eine Rechtskurve beschreibt, ist an der linken Seite an einem alten Bürgerhaus eine Gedenktafel angebracht, die an das alte Pilgerspital erinnert. Spital und Kirche waren von Herzog Wilhelm V. im Jahre 1589 errichtet und dem Pestheiligen Rochus gewidmet worden. Beide wurden, wie die Tafel erzählt, genau 300 Jahre alt, bevor sie abgebrochen wurden. Die Rochusstraße mündet bald darauf in die geschichtsträchtige **Prannerstraße.**

Hochaltar der Dreifaltigkeitskirche.

Um Geschichtliches geht es im **Siemens-Museum** im gegenüberliegenden Eckhaus. Dort werden alte Schaustücke wie etwa telegraphische Erfindungen von Werner von Siemens, der zusammen mit Georg Halske 1847 das Unternehmen gegründet hat, gezeigt. Von der ersten elektrischen Lokomotive über Transistoren bis hin zum Mikrochip sehen Sie Marksteine der Entwicklung der Technik. Daß diese Häuserzeile einst Dreh- und Angelpunkt der bayerischen Politik war, dürfte wohl nur wenigen Münchnern noch bekannt sein.

1808 erwarb der bayerische Staat das ehemalige Redoutenhaus und baute es nach Plänen von Klenzes zum Ständehaus um. 1819 fand in seinen Mauern die erste Ständeversammlung statt. Nach der Abdankung Ludwigs I. und infolge des neuen Landeswahlgesetzes tagte hier ab 1849 der Landtag, die bayerische Volksvertretung – bis er im Jahr 1933 von den Nationalsozialisten aufgelöst wurde. Im Zweiten Weltkrieg wurde das Gebäude völlig zerstört.

Die Südseite der Straße ist geprägt durch die klassischen Fassaden zweier Palais. Auf Hausnummer 9 steht das **Palais Gise,** das im 18. Jh. im Besitz der Gräfin Arco und des Grafen von Taufkirchen war und 1837 schließlich von August Freiherr von Gise erworben wurde. Der Entwurf wird dem Architekten Karl Albert Lespilliez zugeschrieben. Aus derselben Zeit stammt das benachbarte **Palais Seinsheim,** das 1900 neubarock umgestaltet wurde und schließlich 1983 eine weitere Renovierung erfuhr. Finanziert wurde dies von den Mitgliedern des Bayerischen Städtetages, der hier auch seinen Sitz hat.

Vor dem Nachbargebäude drängen sich in den Vormittagsstunden die LKWs und Lieferwagen, denn hier an der Rückseite des Hotels Bayerischer Hof wird angeliefert, was für die Versorgung der illustren Gäste der Nobelherberge notwendig ist.

Gegenüber steht das **Palais Preysing,** nicht zu verwechseln mit dem Preysing-Palais in der Residenzstraße.

Es ist, wie die Wandtafel verkündet, vermutlich von François Cuvilliés dem Älteren erbaut worden und gehört der Bayerischen Vereinsbank, die im Parterre Ausstellungen veranstaltet.

Wir kommen nun zur **Kardinal-Faulhaber-Straße.** Hier lohnt sich ein kleiner Abstecher nach links zum **Literaturhaus am Salvatorplatz.** Der prächtige, aufwendig renovierte Bau vom Ende des 19. Jh.s war einst Mädchenschule und Markthalle. Wechselnde Ausstellungen und Lesungen, zum Teil auch in dem hellen Café-Restaurant im Erdgeschoß, sollen der Literatur nach einer langen Durststrecke wieder zu einem festen Platz im Münchner Kulturleben verhelfen. Im Vorfeld der Planung zum Literaturhaus gab es – ganz münchnerisch – viele Querelen und Mißverständnisse, und fast wäre im letzten Moment die Eröffnung des Hauses wegen Geldmangels und Fehlplanung geplatzt.

„Hauspatron" ist der große bayerische Schriftsteller Oskar Maria Graf, dem die New Yorker Künstlerin Jenny Holzer mit prägnanten Graf-Zitaten auf Tellern, Tassen und Tischen im Café ein „Gebrauchsdenkmal" gesetzt hat.

Wieder zurück zum Ausgangspunkt, fällt linker Hand das zierliche **Palais Holnstein** auf. Das Rokoko-Bauwerk wurde von 1733 bis 1737 von François Cuvilliés d. Ä. auf Geheiß des Kurfürsten Karl Albrecht für dessen Sohn, Graf Holnstein, erbaut. Der gebürtige Belgier Cuvilliés kam übrigens 1706 als 21jähriger an den Hof des Kurfürsten Max Emanuel, wo er wegen seiner geringen Körpergröße zunächst als Hofzwerg fungierte, bevor er vom Kurfürsten zum Architekturstudium nach Paris geschickt wurde. Nach seiner Rückkehr wurde Cuvilliés 1725 zum Hofbaumeister ernannt, bis er unter Kurfürst Max III. Joseph schließlich zum Oberhofbaumeister und Nachfolger von J. B. Gunetzrhainer avancierte.

Rechts vom Palais Holnstein schließt sich die **Bayerische Hypotheken- und Wechsel-Bank** an. In Bankbesitz ist auch das benachbarte **Palais Portia,** ein Entwurf von Enrico Zuccalli aus

Das berühmteste Wirtshaus der Welt.

dem Jahr 1693 für den Grafen Fugger. Später folgte ein Umbau durch Cuvilliés dem Älteren.

Rund um den Promenadeplatz: In der Nähe des Promenadeplatzes reiht sich eine Bank an die andere. Der Platz ist zu einem kleinen Finanzzentrum geworden. Bis Mitte des 18. Jh.s war hier das Zentrum des Salzhandels. Damals hieß die Anlage Kreuzgasse, und es wird angenommen, daß von daher die Bezeichnung **Kreuzviertel** stammt. Als sich Mitte des 18. Jh.s der Adel im Kreuzviertel ansiedelte, wurde das laute Treiben der Händler bald zum Ärgernis und der Salzmarkt in die heutige Arnulfstraße verlegt. Um 1800 erhielt der Platz seinen heutigen Namen, weil er seitdem auch als Schauplatz von Militärparaden benutzt wurde.

Auch heute ist die Bezeichnung nicht ganz unpassend. Promeniert wird freilich in erster Linie vor dem Eingang des Hotels Bayerischer Hof, wo teure Limousinen ungeniert in zweiter Reihe parken. Die Mitte des Platzes wird durch eine Grünanlage gestaltet, in der Denkmäler für den bayerischen Geschichtsschreiber Lorenz Westenrieder, den Komponisten Willibald Gluck, den Kurfürsten Max Emanuel und den Komponisten Orlando di Lasso errichtet wurden. Ganz unscheinbar wirkt dagegen am östlichen Ende der Anlage die Gedenktafel für den ehemaligen Ministerpräsidenten von Bayern, Kurt Eisner. Am 21. Februar 1919 wurde Eisner am Promenadeplatz von Anton Graf Arco-Valley hinterrücks erschossen. Eisner, der auf dem Weg in den Landtag in der Prannerstraße war, hatte just an diesem Tag die Absicht gehabt, dort seinen Rücktritt anzubieten.

Doch sehen wir uns nun den Promenadeplatz aus der Nähe an und beginnen, der Chronologie der Hausnummern folgend, an der Ecke zur Kardinal-Faulhaber-Straße mit der Nummer 2. Hier ließ sich zwischen 1811 und 1813 der bedeutende bayerische Politiker Graf Montgelas ein Palais errichten, das ihm als Amtssitz diente. Heute ist das Palais eine Dependance des Bayerischen Hofs. Im Nachbarhaus

In der „Schwemme“.

Nummer 4 wurde 1807 eine weitere bayerische Berühmtheit geboren, Franz Graf von Pocci, besser bekannt als Kasperl-Graf. Der Kinderbuchautor, Zeichner und Komponist ist vor allem als Erfinder der Kasperlfigur bekannt. Wer sich eingehender damit befassen will, findet allerlei Sehenswertes im Puppentheatermuseum des Stadtmuseums.

Dominiert wird die Häuserzeile des Promenadeplatzes vom **Hotel Bayerischer Hof,** das als einziges der zahlreichen Hotels, die im 18. und 19. Jh. im Kreuzviertel errichtet wurden, übriggeblieben ist. Auf Wunsch König Ludwigs I. und auf Initiative des Industriellen Maffei errichtete der Architekt Friedrich von Gärtner das für damalige Verhältnisse immens aufwendige und luxuriöse Hotel.

Der Einweihung am 15. Oktober 1841 sollten noch zahlreiche weitere Feste folgen. Schließlich erfreute sich die Nobelherberge größter Beliebtheit bei der Münchner Gesellschaft. Im Zweiten Weltkrieg völlig zerstört, entwickelte sich das Hotel schnell wieder zu einer gesellschaftlichen Institution. Auch heute zählen die Feste und Bälle des Hauses zu den hochrangigen Gesellschaftsereignissen der Stadt. Die Konzerte im **Nightclub** des Hotels mit hochkarätigen internationalen Musikern und Orchestern sind darüber hinaus ein Garant für den Verbleib des Jazz in München.

Wie bei solchen Häusern üblich, paßt sich das Umfeld mit edlen und teuren Geschäften – in der Hauptsache Mode, Kunst, Schmuck und Antiquitäten – der finanzkräftigen internationalen Kundschaft des Luxushotels an. Der Rest des Promenadeplatzes hat denn auch wenig Traditionelles zu bieten und interessiert uns deshalb auch nicht weiter.

Erwähnenswert ist vielleicht, daß 1891 im Haus Nr. 17 der Schriftsteller Ludwig Thoma kurzzeitig wohnte und eine Anwaltskanzlei betrieb. Bemerkenswert ist das Haus Nr. 13, das ehemalige Wohnhaus des Oberhofbaumeisters Johann Baptist Gunetzrhainer, der hier 1730 einzog.

Die Weißwurst darf das Mittagsläuten nicht erleben – sagt man.

An der Ecke zur Hartmannstraße stand früher das renommierte Hotel Max Emanuel. Heute säumen diese Seite des Platzes die Niederlassungen mehrerer großer Kreditinstitute.

Auf dem Weg zum Marienplatz: Wir Folgen der Hartmannstraße in Richtung Süden und biegen links in die **Löwengrube** ein. In Anlehnung an den Knödelbäcker hieß die Straße im 19. Jh. Knödelgasse. Linker Hand befindet sich der Gebäudekomplex der Münchner Polizeizentrale.

Dahinter öffnet sich der Frauenplatz mit der mächtigen **Frauenkirche,** die einst im Mittelalter als zweite Pfarrei nach der Peterskirche für den nördlichen Stadtbereich zuständig war. Bis ins 18. Jh. hinein war die Kirche von einem Friedhof umgeben, der seinerseits durch eine Mauer mit fünf Öffnungen abgegrenzt war.

Wurde damals ein Kind zur Taufe gebracht, so hieß es für die Angehörigen, dem Mesner ein „Schrankengeld" für den Einlaß zu bezahlen. An der Nordseite befand sich früher ein Schulhaus, wo heute in den Häusern Nr. 12 bis 15 Geschäfte etabliert sind.

Im selben Gebäude befand sich im 16. Jh. die „Poetenschul", die der Meistersinger Hans Sachs für mehrere Monate besuchte. Dort blühte der *Holde Liebesfrühling* für den jungen Dichter in Form einer Münchner Jungfrau, deren Wirkung auf sein Gefühlsleben er in einem Vierzeiler verewigte. Einige Jahre zuvor, genauer 1487, erwarb die angesehene Familie Ridler das Haus Nr. 10 am **Frauenplatz.** Daraus wurde dann das „Reiche Almosenhaus", in dem jeden Samstag arme Bürger mit Lebensmitteln versorgt wurden. Dieser Brauch hielt sich bis zur Aufhebung der Stiftung im Jahr 1806.

Daß das benachbarte **Nürnberger Bratwurst-Glöckl** eine Attraktion der Münchner Gastronomie ist, gilt als geographischer Sonderfall. Uns soll der links daneben liegende Torbogen in die **Thiereckstraße** bringen, wo wir auf das bunte Treiben der Kaufinger Straße stoßen. Und von hier sind es nur wenige Schritte zum Marienplatz.

Die Frauenkirche.

München leuchtet – auch nachts. Seit Anfang der neunziger Jahre der Stadtrat die Liberalisierung der Sperrzeiten beschloß, boomen die Amüsierbetriebe wieder. Vorbei die Zeiten, als Nachts um eins, wenn man die Welt vor lauter Euphorie auf den Kopf hätte stellen können, die letzten Gäste die Lokale verlassen mußten und die Stadt bis zum Morgen stillgelegt wurde. Als Anlaufstelle für Unermüdliche blieben dann nur noch die Diskotheken und ein paar mehr oder weniger schäbige Nachtlokale.

und er sich nun in den verdienten Schlaf stürzen kann.

Mögliche erste Station für den Freund des Abseitigen der Nacht ist das **Adria** (Leopoldstr. 19 – geöffnet bis 3 Uhr), wo es zwischen der skurrilen Ansammlung nächtlicher Tischgesellschaften nicht nur etwas zu sehen, sondern nach 1 Uhr auch noch etwas zu essen gibt. So gestärkt mit fester Grundlage, kann man losziehen.

Wer nobleres Ambiente bevorzugt, kann den Abend mit einem Drink an der Theke

Einen Fluchtpunkt indes gab es bereits in jener dunklen Zeit. Schon um 5 Uhr in der Früh öffnet am Münchner Viktualienmarkt das **Café Frischhut,** allgemein nach dem dort köstlich und auf Bestellung frisch zubereiteten Gebäck „Schmalznudel“ genannt. Im Anschluß an diese befreiende Reinigung vom Rausch der Nacht verbleibt nur noch der obligate Bummel über den Viktualienmarkt, wo die Standlfrauen unter dem noch unentschiedenen Licht des neuen Tages arbeitsam ihre Stände herrichten. Für den, der die Nacht hinter sich hat, das beruhigende Zeichen, daß auch das normale Leben im verborgenen weitergegangen ist,

des **Lenbach** am Lenbachplatz beginnen und sich anschließend über den Laufsteg in die Speisehalle bequemen.

Etwas legerer läßt es sich unter der gläsernen Kuppel des **Skyline** (Leopoldstr. 82 – geöffnet bis 4 Uhr) angehen. Das Lokal bietet außer einem atemberaubenden Blick über die Dächer der Stadt eine umfangreiche Cocktailkarte und internationale Küche. Ab 24 Uhr verwandelt sich das Lokal in einen Tanzpalast.

In München sind so gut wie alle Diskotheken – wie die Türsteher sagen – „leider nur für Stammkunden“. Stammkunde jedoch ist nicht derjenige, der das Lokal immer besucht, sondern der, der aussieht wie einer. Überredungsversuche sind zwecklos. Das **P1** im Haus der Kunst, berüchtigt als „die härteste Tür Münchens“, empfiehlt sich denen, die gerne in der Zeitung lesen, in welcher Diskothek sie letzte Nacht waren. Ebenfalls von schicken Menschen heimgesucht ist das **Parkcafé** am Alten Botanischen Garten (Sophienstr.7). Leichter zu betreten, ein Stündchen länger geöffnet, dafür aber mit dem Prädikat „durchschnittlichst“ zu versehen, ist das **Far out** (Am Kosttor 2). Im **Maximilian's** (Maximiliansplatz 31) sind gern Krawatten gesehen.

Durch die neue Hallenkultur hat das Münchner Nachtleben mehr Farbe bekommen. Im **Nachtwerk** (Laim, Landsbergerstraße 185) treffen sich die Freunde des Techno-Sounds (Fr/Sa 22.30–4 Uhr).

Mit ihrem anspruchsvollen Programm von Techno bis Theater ist die **Muffathalle** (Zellstr. 4) am Müller'schen Volksbad aus der Münchner Nachtszene nicht mehr wegzudenken. Ein Zentrum der Jugendkultur weit über die Stadtgrenzen hinaus ist der **Kunstpark Ost** (Grafinger Str. 6). Hinter dem Ostbahnhof hat sich auf einem ehemaligen Fabrikgelände eine riesige Party-Szene etabliert. Das Unterhaltungsangebot reicht von Tanz bis Kabarett, von Bar bis Nachtlokal, von Film bis Flohmarkt.

Freunde klassisch großstädtischer Lustbarkeiten mögen in München sehnsüchtig an ihre Partner zu Hause denken: Von Striptease-Shows oder ähnlichem kann kaum die Rede sein. Das Bahnhofsviertel ist für eine Großstadt eher bescheiden. Zwar gibt es ein paar Etablissements, doch die Sperrbezirksregelung läßt dies schon die ganze käufliche Herrlichkeit sein, sieht man von den Straßenstrichzügen am Stadtrand ab.

Eher gepflegt ist die Unterhaltung in den Nachtbars wie dem **Iwan** (Josephspitalstr. 18) oder – besonders für erstklassige Drinks – dem **Schumann's** (Maximilianstr. 36); beide ohne Türsteher, wobei das Schumann's seine Exklusivität dadurch zu wahren versucht, daß es am Samstag gar nicht erst öffnet. Wer jetzt noch nicht genug hat, findet den Weg ins **Nachtcafé** (Maximiliansplatz 5, geöffnet 21–6 Uhr), das seit langem für seine gute Küche und die exquisite Live-Musik bekannt ist.

Die **Nachtkantine** im besagten Kunstpark Ost erinnert im Morgengrauen an einen riesigen Wartesaal, wo sich szeneübergreifend die erschöpften Nachtschwärmer zu einem Glas Energydrink treffen. Denn der Tag hat bereits begonnen ...

Links: Sex-Reklame im nächtlichen München.
Oben: Ringsgwandl: Arzt und Komiker.

Vom Sendlinger Tor zum Odeonsplatz

Das zuweilen sehr kontrastreiche Nebeneinander von Alt und Modern ist ein Charakteristikum des Münchner Stadtkerns. Lücken, die die Zerstörung im Zweiten Weltkrieg geschlagen hat, wurden durch funktional wirkende Neubauten geschlossen. Übriggebliebenes und sehr aufwendig Restauriertes wirkt dazwischen teilweise wie ein Anachronismus.

Relikte aus der Vergangenheit: Das **Sendlinger Tor,** das einst hinaus auf die Handelsstraße nach Italien führte, mündet heute in einen stets überlasteten Knotenpunkt des öffentlichen Verkehrsnetzes. Im Jahr 1318 erstmals erwähnt, war es Bestandteil der durch die rasche Expansion der aufblühenden Stadt München notwendig gewordenen äußeren Stadtmauer. Was heute an dieser Stelle noch übrig ist, sind zwei achteckige Seitentürme aus dem 14. Jh. und ein großer Torbogen, mit dem 1906 die drei ursprünglichen Tordurchfahrten ersetzt wurden.

Jenseits des Tores beginnt die **Sendlinger Straße.** In erster Linie ist sie eine belebte Einkaufsstraße, jedoch mit einigen bemerkenswerten kunsthistorischen Überbleibseln. Allen voran die Bauwerke der Gebrüder Asam, und zwar zunächst zur Linken des Hauses Nr. 62 das **Asam-Haus.** 1733 erwarb Egid Quirin Asam das Renaissance-Gebäude und verlieh ihm eine prachtvolle Stuckfassade. Apoll, Athene und Pegasus mit den Künsten und Wissenschaften zieren das Portal.

Daneben die Sankt-Johann-Nepomuk-Kirche, besser bekannt als **Asam-Kirche.** Schließlich war Egid Quirin Asam Stifter des Bauwerks und zusammen mit seinem Bruder Cosmas Damian auch als Baumeister tätig. Dazu Egid Quirin als Stukkateur und Cosmas Damian als Kunstmaler. Fertiggestellt wurde dieses Rokoko-Juwel im Jahr 1746. Nur wenige Jahre zuvor war der Namenspatron, der böhmische Märtyrer Johannes von Nepomuk, heiligge-

Vorherige Seiten: Steinerne Wache an der Feldherrnhalle. **Unten:** Am Sendlinger Tor.

sprochen worden. Der Kircheninnenraum ist von einer verschwenderischen Pracht. Zahlreiche Motive erzählen aus dem Leben des Heiligen: als Schnitzereien auf dem Tor, in Deckenfresken und Gemälden zu beiden Seiten des reich verzierten Innenraumes. Am Ende desselben steht der herrliche zweistöckige Hochaltar mit dem Schaugrab des hl. Nepomuk. Rechts und links neben den Sakristeidurchgängen befinden sich Portraits der beiden Asam-Brüder.

Schräg gegenüber an der Sendlinger Straße steht das **Singlspieler-Haus,** ein ehemaliges Brauereianwesen. Die gleichnamige Straße führt über den stark befahrenen Oberanger zum **St.-Jakobs-Platz.** Einst geschäftige Marktstatt, steht hier nun ein wenig attraktives Parkhaus.

Zur Linken fällt die Seitenfassade des **Ignaz-Günther-Hauses** auf, in dem der bekannte Rokoko-Bildhauer von 1761 bis zu seinem Tod im Jahr 1775 gelebt hat. Heute bietet das restaurierte Anwesen Platz für Ausstellungen und für die Verwaltung des Stadtmuseums. Das Gebäude ziert ein für München typisches Bauelement: Halbgiebel, im Volksmund „Ohrwaschl" genannt.

Rokoko-Pracht in der Asam-Kirche.

Museen im Museum: Nur wenige Meter sind es von hier zur weitläufigen Anlage des **Stadtmuseums.** Das Anfang des 15. Jh.s als Stadtzeughaus errichtete Gebäude war früher Lagerstätte für Geschütze und Getreide. Heute zeigt das Museum bemerkenswerte Ausstellungen in seinen Räumlichkeiten. Im Erdgeschoß, wo sich früher die Geschützhalle der städtischen Artillerie befand, können in der Waffenhalle Rüstungen, Helme und Harnische besichtigt werden. Daneben sind hier 10 der ursprünglich 16 Moriskentänzer von Erasmus Grasser ausgestellt, die einst den Saal des Alten Rathauses zierten.

Ebenfalls im Erdgeschoß zeigt das renommierte **Filmmuseum,** das durch seine außergewöhnlichen Retrospektiven ein wichtiger Bestandteil des Münchner Kulturlebens ist, täglich seine Schätze. Als Besonderheit bietet es die Vorführung von Stummfilmen mit Orchesterbegleitung „live". (Veranstaltungsort für solche Vorführungen ist meist die Philharmonie am Gasteig.)

Artverwandt ist das **Fotomuseum** im ersten Stock, eine Sammlung alter Technik von der Camera Obscura Laterna Magica über verstaubt-gemütliche Ateliers aus der Gründerzeit bis hin zu den ersten Dunkelkammern. Dazu sind Fotografien als zeitgenössische Dokumente zu sehen. Eine ständige Ausstellung ist der bürgerlichen Wohnkultur von 1650 bis zur Gegenwart gewidmet. Wer sich für das alte München interessiert, findet in der stadtgeschichtlichen Abteilung u. a. Stadtpläne aus einer Zeit, in der Schwabing und Giesing noch Vororte waren, und ein Modell des alten „Donisl", des berühmten Münchner Gasthauses.

Ein „Schmankerl" ist zweifelsohne das **Puppentheatermuseum** im dritten Stock: ein Sammelsurium von Marionetten, Puppen und Kuriositäten aus aller Welt. Dazu gehört auch Jahrmarktsinventar wie zum Beispiel der

Watschenmann, eine Blechpuppe mit einem überdimensionalen Gummikopf, an dem früher prahlerische Heißsporne ihre vermeintliche Kraft messen konnten. Nicht fehlen darf auch der Kasperl und eine Büste, die an seinen Erfinder Franz Graf Pocci, den Jugendschriftsteller, erinnert.

Das **Musikinstrumentenmuseum** zeigt Instrumente aus aller Welt, seine Exponate umfassen afrikanische Elefantenhörner ebenso wie europäische Orchesterinstrumente.

Die rückwärtige Seite des Stadtmuseums grenzt an den **Rindermarkt,** dessen baulicher Kontrast zwischen alt und neu so typisch ist für die Innenstadt. Zwischen den kahlen Fassaden einer Versicherung und den bunten Vitrinen von Geschäften steht vereinsamt der alte **Löwenturm** aus dem 16. Jh. Gegenüber sprudelt das Wasser des **Rindermarktbrunnens,** eines stufenförmig angelegten Wasserlaufs mit der modernen Darstellung eines Hirten und seiner Herde von Josef Henselmann aus dem Jahr 1964.

Alt und traditionsreich ist dagegen wieder das **Ruffini-Haus,** das sich hinter dem Brunnen anschließt. Der Anfang des 20. Jh.s von Gabriel von Seidl geschaffene Gebäudekomplex zeigt eine prachtvolle Fassade mit filigranen Fresken; darunter am rechten Ende des Blocks eine Darstellung des alten, 1175 errichteten und 1808 abgebrochenen Ruffini-Turms.

Der Rindermarkt bringt uns im weiteren Verlauf zu einem der interessantesten und auch wichtigsten Gebäude der Stadt – zur **St.-Peter-Kirche.** Es handelt sich hier um die älteste Pfarrkirche und eines der Wahrzeichen der Stadt. Der früheste Bauteil wird auf das 12. Jh. datiert.

In der Folgezeit machten einige Zerstörungen immer wieder Um- und Neubauten erforderlich, der Stadtbrand von 1327 etwa oder ein Blitzschlag im Jahr 1607, worauf ein neuer Turm – der mächtige **Alte Peter** – entstand. Vom Ausmaß der Zerstörung im Zweiten Weltkrieg zeugen Fotodokumente am Nordeingang der Kirche.

Im Stadtmuseum trifft sich Vergangenheit und Moderne.

Zu den kunsthistorischen Höhepunkten gehören der gotische Seitenaltar der Stifter-Familie Schrenk aus dem 14. Jh., der Hochaltar mit dem hl. Petrus von Erasmus Grasser und den vier Kirchenvätern von Egid Quirin Asam. Von Ignaz Günther stammen das rechte Chorgestühl und zwei Seitenaltäre. Wer die Mühe der gut 300 Stufen nicht scheut, wird vom Alten Peter aus mit einem herrlichen Blick über München belohnt, der an klaren Tagen bis zu den Alpen reicht. Von oben sieht man freilich nicht nur die zahlreichen alten und modernen Sehenswürdigkeiten, sondern auch einige versteckte Innenhöfe und Dachterrassen, auf denen es sich die wenigen noch verbliebenen Bewohner des Altstadtviertels bequem gemacht haben. Begleitet wird dies alles von den Klängen der Straßenmusikanten in der Fußgängerzone.

Am Marienplatz: Jetzt sind es nur noch wenige Meter zum **Marienplatz,** der seit jeher lebendiger Mittelpunkt der Stadt ist. Die zentrale Figur des Platzes, der zu den Zeiten des Salz- und Getreidehandels noch Schrannenplatz hieß, ist die **Mariensäule.** 1638 ließ Kurfürst Maximilian I. sie zum Dank für die Verschonung der Stadt während der Besetzung durch schwedische Truppen errichten. Die Figur auf der Säule stellt eine gekrönte Madonna mit segnendem Christuskind auf dem Arm dar, Zepter und Reichsapfel in der Hand. Am Sockel erkennen Sie vier Putti, die symbolisch gegen die vier Leiden des Dreißigjährigen Krieges kämpfen: Löwe, Drache, Schlange und Basilisk, stellvertretend für Krieg, Hunger, Unglaube und Pest.

Die Schaulustigen drängen sich vormittags um 11 und 12 Uhr auf dem Marienplatz, um vor der mächtigen Fassade des **Neuen Rathauses** das Glockenspiel mitzuerleben. Dann drehen sich die Schäfflerfiguren zum „Schäfflertanz", der anläßlich der überwundenen Pest 1517 auf dem Marienplatz stattfand. Darüber ist das Turnier dargestellt, das die Hochzeit von Wilhelm II. mit Renata von Lothringen 1568 begleitete.

…er Blick vom …lten Peter …st bei schö…em Wetter …chier gren…enlos weit.

Die Schäffler waren früher die Faßmacher. Ihre Tradition des Tanzes wird in München weiterhin gepflegt. Alle sieben Jahre während des Faschings führen sie ihren Tanz bei zahlreichen Veranstaltungen vor. Weniger bekannt ist das jeden Abend im Sommer um 21 Uhr, im Winter um 19.30 Uhr), stattfindende **Glockenspiel,** das einen Nachtwächter zeigt, der das Münchner Kindl zu Bett bringt.

Das Neue Rathaus selbst ist zwischen 1867 und 1908 von Georg Joseph Hauberrisser im Stil der flandrischen Gotik erbaut worden. Damit wurden die Raumprobleme im **Alten Rathaus** gelöst, das nur wenige Schritte entfernt steht. Das gotische Bauwerk, zwischen 1470 und 1480 von Baumeister Jörg von Halsbach alias Ganghofer errichtet, war wiederum Nachfolger eines während des Stadtbrandes von 1460 zerstörten Rathauses. Im Zweiten Weltkrieg wurde das Bauwerk fast vollkommen zerstört. Es sollte Jahrzehnte bis zu seiner kompletten Wiederherstellung dauern.

Zentrale Räumlichkeit ist der große historische Festsaal im oberen Stockwerk, einst geziert von Erasmus Grassers 16 Moriskentänzern, von denen heute zehn im Stadtmuseum stehen.

Im Turm des Alten Rathauses ist das **Spielzeugmuseum** des Karikaturisten Ivan Steiger untergebracht. Unter dem Turmbogen führt eine schmale Wendeltreppe in den ersten Stock, von dem aus ein Lift in den fünften führt. Hier kann man nun treppab durch die Geschichte des Spielzeugs wandeln. Der Streifzug beginnt mit Holzspielsachen aus dem 19. Jh., zeigt fauchende Dampfmaschinen, Karusselle, filigrane Puppenstuben, die unverwüstlichen Cowboys und Indianer, dazu wilde Tiere jeglichen Ursprungs. Je tiefer man gelangt, desto mehr dominiert die Technik Eisenbahnen, Flugzeuge und schließlich Taucher und Kriegsschiffe.

Wahrzeichen der Stadt: Jener Baumeister Halsbach, der für das Alte Rathaus verantwortlich war, schuf auch das berühmteste Wahrzeichen der Stadt, die **Frauenkirche.** Mit ihren kugelförmi-

Glockenspiel am Neuen Rathaus.

gen Türmen ist die Domkirche zu Unserer Lieben Frau zweifellos das markanteste Bauwerk Münchens und ziert so manchen Postkartengruß aus der bayerischen Metropole. Im Jahr 1468 legte Herzog Sigismund den Grundstein, und in der Folgezeit entstand ein monumentales Kirchenwerk im spätgotischen Stil, das von einer feierlichen Strenge geprägt ist. Sämtliche fünf Portale sind Werke von Ignaz Günther.

Zu den kunsthistorischen Kostbarkeiten gehören auch die Apostel und Propheten von Erasmus Grasser, die Gemälde von Jan Polack und Reliefs von Ignaz Günther. In der Fürstengruft der Wittelsbacher sind die Gebeine zahlreicher bayerischer Herzöge aufbewahrt, und nicht zu übersehen ist vor allem das prunkvolle Grabdenkmal, das Kurfürst Maximilian I. 1622 für Kaiser Ludwig den Bayern und natürlich zum Ruhme seines eigenen edlen Geschlechts errichten ließ.

Für den weiteren Spaziergang wählen wir den Weg zurück über den Marienplatz und biegen vor dem Alten Rathaus links in die **Burgstraße** ein. Im Geschäft **Dichtung und Wahrheit** (Nr. 2) gibt es ausgesuchte italienische Weine sowie Bücher, für die sonst kaum noch Platz in Buchhandlungen ist: signierte Exemplare und kunstvoll gestaltete Titel, in denen man in aller Ruhe schmöckern kann.

Blick auf das Alte Rathaus, im Hintergrund der Alte Peter.

Das spätgotische Haus auf Nr. 5 ist ein beliebtes Weinlokal (bayerische Küche) mit idyllischem Laubenhof. Mitte des 16. Jhs. war hier der Sitz der Stadtschreiberei. Eine steile Treppe, „Himmelsleiter“ genannt, führte zu Wohnung und Amtszimmer des Stadtschreibers. Wir befinden uns in einer ausgesprochen geschichtsträchtigen Umgebung. Eine Tafel an der Wand des Nachbarhauses Nummer 7 weist darauf hin, daß hier einst in den Jahren 1780 und 1781 Mozart gewohnt und seinen *Idomeneo* vollendet hat.

Gegenüber, auf Nummer 8, lebte und starb am 14.4.1768 François Cuvilliés d. A., der berühmte Architekt des Rokoko. Im Nachbarhaus Nummer 6 war der Freiherr von Kreittmayr zu Hause, einer der bedeutenden Rechtsgelehrten des 18. Jhs.

Die erste Stadtburg: Die Burgstraße mündet schließlich in den **Alten Hof.** Von Herzog Ludwig II. im 13. Jh. erbaut, war der Alte Hof die erste Residenz der Wittelsbacher und einstmals auch Kaiserresidenz.

Heute dient die ehemalige Stadtburg hin und wieder als Schauplatz kultureller Veranstaltungen. Müde Spaziergänger nutzen den Hof als Platz zur Muße und Erholung unter den schattenspendenden Bäumen am Brunnen. Von hier aus sieht man auch den erhaltenen Torturm mit prachtvollem gotischem Erker. Kaum eine zweite Stelle der Stadt vermittelt einen so plastischen Eindruck davon, wie das mittelalterliche München ausgesehen haben mag.

Den musealen Genüssen folgt ein Ausflug ins Bodenständige. Zurück in der Burgstraße, zweigt auf der Höhe von Haus Nr. 7 links ein schmaler Bogendurchgang ab. Hier öffnet sich linker Hand die Tür zum **Zerwirkgewölbe,** wo sich das älteste Wildgeschäft Bayerns regelrecht eingenistet hat. Das Gebäude hat eine lange Tradition. Es stammt aus der Mitte des 13. Jh.s und gehörte im späten Mittelalter zum ersten Hofbräuhaus. Ab 1733 wurde dort Wild verarbeitet.

Heute ist es ein (teures) Feinkostgeschäft, man kann hier Hirsch, Reh oder Geflügel als Mittagstisch stehenderweise genießen. Im selben Gebäude hat auch die Studiobühne des Gärtnerplatztheaters einen Platz gefunden. Gezeigt werden Kammerstücke von vornehmlich bayerischen Künstlern wie dem Arzt und Sänger Ringsgwandl.

Über die Sparkassenstraße gelangen wir in die **Ledererstraße,** wo altes Münchner Inventar mehr und mehr von Souvenirläden, Bars und Kabaretts der offenherzigen Art abgelöst wird. Die unmittelbare Nähe des Hofbräuhauses sorgt für touristische Regsamkeit – Kommerz statt Kultur.

Links ab durch die Orlandostraße sind es nur einige Meter zum wohl berühmtesten Wirtshaus der Welt. Im Jahr 1644 wurde das **Hofbräuhaus** an das Platzl verlegt. Ab 1830 erst war es für das Volk zugänglich. Heute strömen die Touristen in Massen in das geschichtträchtige Lokal, und so mancher findet den Weg hinaus nur noch mit tatkräftiger Unterstützung durch das Bedienungspersonal.

Die nahe gelegene Volksbühne **Platzl** war einst ein renommiertes Theater, in dem lokale Größen wie der Weiß Ferdl, Blädel Schorsch und Michl Lang auftraten. In die Räumlichkeiten ist nun aber eine Zweigstelle der weltweiten Fast-food-Kette Planet Hollywood eingezogen.

Vom Platzl biegen wir links in die Pfisterstraße ein und kommen zur **Münze.** Zwischen 1563 und 1567 wurde dieser Renaissancebau mit Arkadenhof im Auftrag von Herzog Albrecht V. erbaut. Bis ins 19. Jh. beherbergte der trapezförmige Vierflügelbau im Erdgeschoß den Hofmarstall.

Ab 1809 wurde er als staatliche Münze genutzt. Heute ist er Sitz des **Bayerischen Landesamtes für Denkmalpflege.** Der Arkadenhof kann Mo bis Do 8–16 und Fr 8–14 Uhr besichtigt werden.

Über den **Hofgraben** gelangen wir zu einer der feinsten Adressen der Stadt, zur **Maximilianstraße.** Zur Linken öffnet sich das majestätische Rund des **Max-Joseph-Platzes,** in dessen Mitte das Denkmal König Max I. steht. Der Platz umfaßt eine selbst für München einmalige Ansammlung von Prachtbauten und Kostbarkeiten.

Da ist zunächst das **Nationaltheater** mit seiner eindrucksvollen klassizistischen Säulenfront, ein Entwurf des Architekten Karl von Fischer. Nur fünf Jahre nach der Eröffnung 1818 wurde es durch einen Brand zerstört und von Leo von Klenze wiederaufgebaut. Das über 2000 Zuschauer fassende Theater ist eines der bedeutendsten Opernhäuser der Welt. Höhepunkt der Saison sind die Opernfestspiele im Sommer.

Die ,,Schatzkammer" Münchens: Der Königsbau der **Residenz** unmittelbar angrenzend wurde 1826 bis 1835 von Leo von Klenze nach dem Vorbild des Palazzo Pitti in Florenz erbaut. Einstmals wohnte hier Ludwig I. mit seiner Gemahlin. Die Residenz ist ein weit-

Die Ahnengalerie in der Residenz.

läufiger Gebäudekomplex mit zahlreichen Innenhöfen, Sälen und Kammern. Heute führt ein gemeinsamer Eingang zum Residenzmuseum und zur **Schatzkammer** der Residenz.

Letztere ist eine der bedeutendsten Sammlungen weltlicher und kirchlicher Pretiosen. Die Ausstellung umfaßt Goldschmiede-, Email-, Kristall- und Elfenbeinarbeiten. Dazu gehören Kronen, Pokale, Medaillons, Ketten, Kruzifixe, Altäre, Schwerter und natürlich die Kroninsignien des Königreiches Bayern – Königskrone, Königinkrone, Reichsapfel, Zepter, Reichsschwert und Siegelkasten.

Prachtvoll ist der Kristallschrein von Herzog Albrecht V., filigran und kostbar das üppige Reiseservice der Kaiserin Marie Louise, ein Geschenk der Stadt München an die zweite Gemahlin von Napoleon I. Die zahllosen Messer, Gabeln, Scheren, Döschen und Flakons sind von den Handwerkern mit höchster Genauigkeit in die vielen Schubläden und Fächer des Reiseetuis eingearbeitet worden.

Das **Residenzmuseum** bietet eine Fülle an Exponaten und Beispielen der Münchner Hofkunst. Alle aufzuzählen würde ein eigenes Buch füllen, wir beschränken uns daher auf einige Höhepunkte. Nicht nur in quantitativer Hinsicht Höhepunkt ist das **Antiquarium,** der größte profane Renaissanceraum nördlich der Alpen, heute Schauplatz von Staatsempfängen. Nicht minder sehenswert ist die **Ahnengalerie** der Wittelsbacher von Joseph Effner mit einem sehr umfangreichen Stammbaum.

Das **Porzellankabinett** wurde von Cuvilliés gestaltet und zeigt Meißener und Nymphenburger Kreationen. Die **Reichen Zimmer** schließlich, ebenfalls eine Schöpfung von Cuvilliés, erstrahlen in verschwenderischem Rokoko. Es ließe sich eine schier unendliche Reihe von Kostbarkeiten aufzählen.

Nicht auslassen solte man den **Brunnenhof** mit dem Wittelsbacher Brunnen und das angrenzende Alte Residenztheater, besser bekannt als **Cuvilliés-Theater,** ein kleines, verschwenderisch gestaltetes Rokoko-Bauwerk.

Eingang zur Residenz mit dem Denkmal des ersten bayerischen Königs, Maximilian I. Joseph.

Als kulturelle Einrichtung dient ebenfalls der wunderschöne **Neue Herkulessaal,** ehedem Thronsaal, heute Schauplatz von zahlreichen Konzerten mit klassischer Musik.

„Profane" Bauten: An der Südseite des Max-Joseph-Platzes steht ein weiteres mächtiges Bauwerk, das aber hinsichtlich der kulturellen Bedeutung mit den Nachbarbauten kaum konkurrieren kann. Die **Hauptpost** war nach ihrer Errichtung zwischen 1747 und 1758 Palais des Grafen von Toerring-Jettenbach. Von 1838 an wurde es nach einer Umgestaltung durch Leo von Klenze als Hauptpostamt genutzt. An seinem Eingang führt die **Residenzstraße** vorbei; das Spalier der eleganten und teuren Geschäfte an der linken Straßenseite bietet einen auffallenden Kontrast zur ehrwürdigen Fassade der Residenz. An der Ecke der Viscardigasse steht das **Preysing-Palais,** nicht zu verwechseln mit dem gleichnamigen Gebäude in der Prannerstraße. Baumeister Joseph Effner hat es zwischen 1723 und 1728 für den Grafen Maximilian von Preysing-Hohenaschau erbaut. An der Rückseite fügt sich der klassizistische Bau der **Feldherrnhalle** an, die nach dem Vorbild der Loggia dei Lanzi in Florenz gestaltet wurde. Dem Namen gerecht werden die beiden Statuen des Grafen Tilly und des Fürsten Wrede in den äußeren Torbogen. Tilly war Feldherr im Dreißigjährigen Krieg, während Wrede 1814 gegen die Franzosen siegreich war. Militärisches auch im Innenbereich, wo ein Denkmal an das bayerische Heer im Krieg 1870/71 erinnert.

1923 zog Adolf Hitler mit seinen zahlreichen Anhängern durch die Innenstadt hierher: Der Marsch auf die Feldherrnhalle endete mit einer Schießerei und zahlreichen Toten. Jahre später ließ Hitler vor einer Gedenktafel eine Ehrenwache postieren, für die eine Grußpflicht galt. Weil aber viele deswegen den Umweg durch die Viscardigasse vorzogen, erhielt diese den Beinamen „Drückebergergasse".

Vor der Feldherrnhalle tut sich der **Odeonsplatz** auf, die Endstation unseres Spazierganges. Überragendes Bauwerk ist die **Theatinerkirche,** die Kurfürst Ferdinand Maria zum Dank für die lang ersehnte Geburt des Thronfolgers Max Emanuel im Jahr 1662 errichten ließ. Die Einweihung fand zwar 1675 statt, doch der von Barelli und Zuccalli begonnene Bau mußte noch fast ein ganzes Jahrhundert warten, bis er durch François Cuvilliés d. Ä. und seinen Sohn die prachtvolle Rokoko-Fassade erhielt. Zu den wertvollen Kunstwerken im Inneren zählen die aus dunklem Holz geschnitzte Kanzel von Andreas Faistenberger, die Maria mit Jesuskind am Hochaltar und ein Gemälde des Rubens-Schülers Caspar de Crayer. In der Fürstengruft sind zahlreiche Wittelsbacher Herrscher begraben, darunter Kurfürst Max Emanuel und seine Eltern Ferdinand Maria und Henriette, aber auch der erste König von Bayern, Max I. Joseph, sowie Kronprinz Rupprecht von Bayern.

Zurück in die Gegenwart, öffnet sich vom Odeonsplatz aus der Blick durch die breite, repräsentative Ludwigstraße zum Siegestor in Richtung Schwabing. Doch das ist ein ganz anderes Kapitel.

Links: Im Brunnenhof der Residenz. **Rechts:** Die Theatinerkirche.

MERCEDES
U

DEM BAY

N HEERE
P

Schwabing
1km
Moosacher
Straße
Frankfurter
Ring
Frankfurter
Funkkaser
Lerchenauer
Riesenfeld-
Straße
Pommernstraße
Milbertshofener
Knorr
straße
Abt- Silcher- Straße
Straße
Ingolstädter
Domagk-
Keferloher-
straße
Bayerische
Motoren
Werke
OLYMPIAZENTRUM
BMW Museum
straße
Petuelring
Petuelring
Alte
Schenkendorfstr.
Georg- Brauchle- Ring
PETUELRING
Belgrad-
Rümannstraße
Olympiahalle
Eissportstadion
Schwabinger
Krankenhaus
Str.
NORDFRIEDHOF
Olympia-
stadion
Olympiaturm
Schwimmhalle
Martin- Luther- King- Weg
Straße
Schleißheimer
SCHEIDPLATZ
Berliner
Ungerer Bad
Straße
OLYMPIA PARK
LUITPOLD
PARK
Brunnerstr
Parzivalstraße
Hörwarthstraße
Straße
Ungerer
straße
Karl- Theodor- Straße
Rheinstraße
DIETLINDENSTR.
Dietlindenstraße
Ackermann-
Straße
straße
BONNER
PLATZ
Erlöserkirche
Clemens-
Herzogstraße
straße
straße
Occa
mstr.
HOHENZOLLERNPLATZ
Herzogstaße
MÜNCHNER FREIHEIT
Schwere-
Reiter-
Straße
Hohenzollern-
straße
straße
Kaiserstraße
Feilitzschstr.
Keferstr.
Dachauer
Infanteriestraße
Nordbad
Kur
fürsten
pl.
SCHWABING
Wernecksstr.
Kleinhessel
See
Elisabeth-
Agnes-
straße
Elisa-
bethpl.
str.
Mandlstr.
straße
Ge-
orgen-
Schleißheimer
Hiltensberger
Adelheidstraße
straße
Franz- Joseph-
Str.
straße
GISELASTR.
Friedrich
JOSEPHSPLATZ
straße
Schelling-
straße
Neureutherstr.
straße
Leopold
bach-
straße
ENGLISCHER
Lazarettstraße
Loth-
Fachhochschule
Ziebland-
Adalbert-
Georgenstr.
Ohmstr.
Fachhochschule
Straße
str.
Schelling
straße
Akademie der
bildenden Künste
Chinesischer T
NEUHAUSEN
THERESIENSTR.
straße
straße
str.
str.
Siegestor
Universitäts
Tierklinik
MAILLINGERSTR.
Linprunstr.
Theresien-
Neue Pinakothek
straße
Ludwig-
Maximilians-
Universität
Kaul-
Nymphenburger Straße
Dachauer
ten
Technische Universität
str.
UNIVERSITÄT
Monopteros
Karlstraße
gus
Alte Pinakothek
St. Ludwig
GARTEN
STIGLMAIERPL.
Lenbachhaus
Luisen
Gabelsberger
Türken-
Amalien-
str
straße
Staatsbibliothek
straße
straße
Mars-
Au
Glyptothek
Musikhochschule
Zirkus Krone
KÖNIGSPLATZ
Brienner-
Straße
Ludwig
Königin-
Staatl. Antikensammlung
Arcis
Staatsgemäldesammlung
Haus der Kunst
Augustiner-
keller
Arnulf-
straße
Straße
Karlstraße
Barer-
straße
Karl-
Prinzregentenstraße
Nationalmuseum
ODEONSPLATZ
HOF
GARTEN
Theatinerkirche
Armeemuseum
Friedens
straße
HAUPTBAHNHOF
Prielmayer-
str.
Maximiliansplz.
Feldherrnhalle
Residenz
Scharnagel-
Ring
Liebigstr.
LEHEL
Oettingen-
Widenmayer-
Villa
Bayer
straße
KARLSPLATZ
Ett- str.
Frauenkirche
Maximilian-
straße
Schwanthalerstraße
Sonnenstr.
Herzogspitalstr.
Neues Rathaus
Hofbräuhaus
Maximilianeum
MARIENPLATZ
Rindermarkt
Tal
Isar
THERESIENWIESE
MAX- WEBER- P

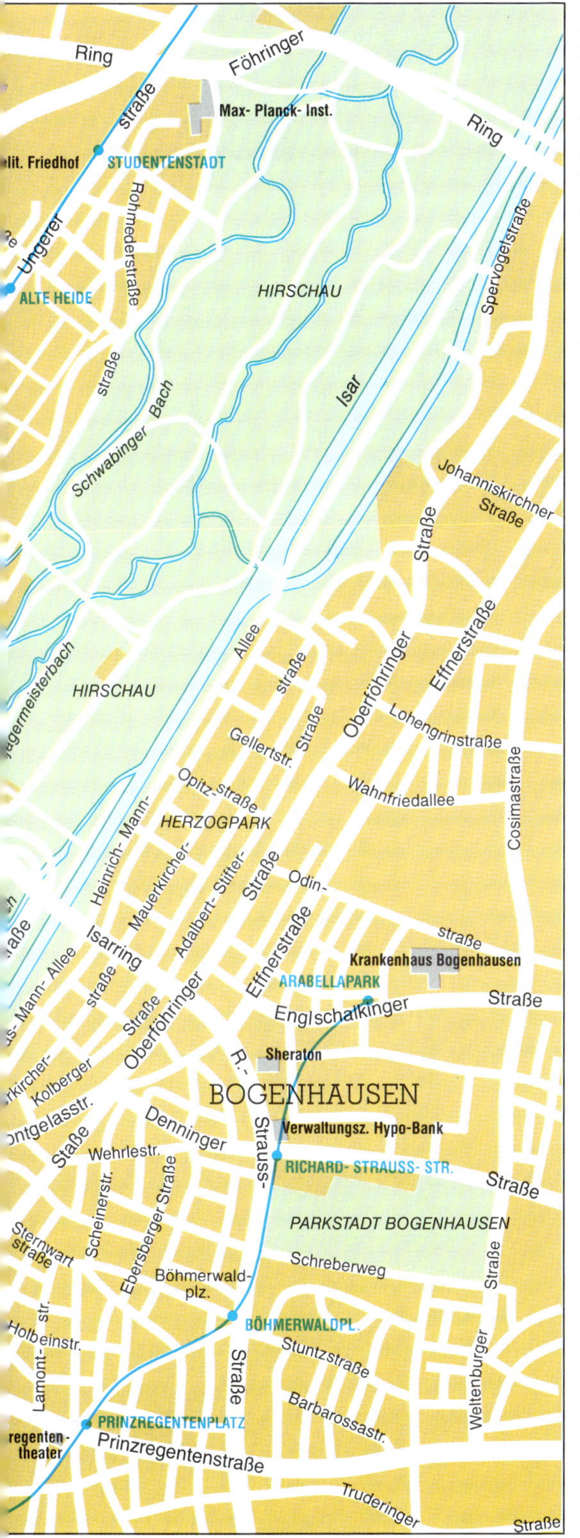

Legende Schwabing

Über keinen anderen Stadtteil wurde je so viel geschrieben wie über Schwabing. Ganz gleich, wer hier gelebt, geschrieben, gemalt oder agiert hat, ob Thomas Mann oder Lenin, Paul Klee oder Trotzki, ihre Urteile stimmen in einem Punkt überein: daß Schwabing mehr ist als nur ein Stadtteil. Schwabing sei ein *Zustand,* meinte Gräfin zu Reventlow vor dem Ersten Weltkrieg.

Dieses Schwabing existiert natürlich längst nicht mehr. „Schwabing ist nicht länger das Herz Münchens, sondern sein Unterleib", klagte der Kolumnist Siegfried Sommer, und der Dichter P. P. Althaus verließ zuletzt seine Wohnung an der Leopoldstraße nicht mehr – aus Protest gegen das, was sich vor seiner Haustür abspielte.

Offiziell erstreckt sich Schwabing vom Englischen Garten im Osten bis zur Schleißheimer Straße im Westen, vom Ungerer Bad im Norden bis zum Siegestor im Süden. Und dieser Größe entsprechend hat das Viertel auch viele unterschiedliche Gesichter.

Die beiden extremsten zeigen sich am Übergang von der Ludwig- zur Leopoldstraße, wo zwei Welten aufeinander prallen. Wenn die Ludwigstraße das königliche München des 19. Jh.s repräsentiert, so verkörpert die Leopoldstraße die moderne Großstadt des ausgehenden 20. Jh.s Schwabing fängt eigentlich erst hinter dem Siegestor an, aber selbiges eignet sich kaum als Grenze, denn: „Es ist bei Tag und Nacht *geöffnet.*" (Karl Valentin)

Das Zentrum des legendären Schwabing der Künstler, Revolutionäre und des Kabaretts lag einst in der Gegend der Maxvorstadt nahe der Universität. Das eigentliche Schwabing jedoch hatte seinen Ursprung in den Gassen hinter der Münchner Freiheit. Ebenso zu Schwabing gehören die Wohn- und Gewerbegebiete im Norden, der Englische Garten sowie das Areal um den Königsplatz mit seinen vielen Museen.

Vorherige Seiten: Das Siegestor.

Die Ludwigstrasse

Mit der Feldherrnhalle, der Theatinerkirche und der gesamten Münchner Altstadt im Rücken blickt man vom Odeonsplatz die **Ludwigstraße** hinauf bis zum Siegestor, das zum Greifen nahe scheint. Doch der Eindruck täuscht, denn die Ludwigstraße ist über einen Kilometer lang. Im 19. Jh. galt sie mit ihren breitgelagerten Häuserfronten und ihren einheitlichen Fassaden als städtebauliches Novum, und bei schönem Wetter glaubt man sich auf einem italienischen Corso.

„Rom der Zukunft“: Bis zu seinem Regierungsantritt 1825 war dieser Straßenzug eine private Unternehmung Ludwigs I., der damit die Münchner Stadterweiterung fortführte, die sein Vater Max I. Joseph begonnen hatte. Der damals noch unbebaute Maximiliansplatz, im Volksmund „Sahara“ geheißen, war Ausgangspunkt der systematischen Errichtung eines neuen Stadtviertels, das man späterhin „Maxvorstadt“ nannte.

1816 beauftragte Ludwig I. den Architekten Leo von Klenze mit Planung und Durchführung aller wichtigen Bauvorhaben. Was Schinkel für Berlin, wurde Klenze für München. Er und Friedrich von Gärtner schufen hier zwischen 1816 und 1852 einen Straßenzug, der in seiner Geschlossenheit zu den wohl bedeutendsten architektonischen Ensembles in Europa gehört.

Fasziniert von den planmäßig erbauten Riesenstädten der römischen Antike und der Renaissance, gab Klenze harten geometrischen Formen den Vorzug, und mit der herben Strenge seiner Architektur entsprach er der Vorstellung Ludwigs I. von einer „Tempelstraße“. Denn der König wollte München zum Rom oder Athen eines neuen Zeitalters machen.

Tatsächlich lädt dieses städtebauliche Monument, aller Geschlossenheit zum Trotz und selbst wenn man sich den Autoverkehr wegdenkt, kaum zum Verweilen ein. Geschäfte oder Gast-

Die Feldherrnhalle.

stätten waren für diese Straße nicht vorgesehen. Lediglich am Odeonsplatz haben das **Hofgartencafé,** das Film-Casino und einige edle Geschäfte den herben Charme der Straße aufgelockert; zwischen Ludwigskirche und dem Gebäudekomplex der Universität hat sich das kleine **Café an der Uni** eingenistet, ansonsten dominieren Ministerien, Verwaltungs- und Universitätsgebäude, deren bombastische Wucht in den Seitenstraßen keine Fortsetzung finden konnte. Als man 1816 mit dem Bau begann, standen diese Palais noch auf freiem Feld.

Wegweisend für die Gestaltung des südlichen Teils der Ludwigstraße war das **Leuchtenberg-Palais** (Odeonsplatz 4), eines der frühesten Werke von Klenze, das heute das bayerische Finanzministerium beherbergt.

Der damalige Bauherr Eugène Beauharnais war klug genug, sich sein Palais so bauen zu lassen, daß es sich im Falle politischer Umwälzungen schnell und problemlos als Hotel in zentraler Lage verkaufen ließ. Davor steht das **Reiterdenkmal** für Ludwig I. aus dem Jahre 1862. Dem Modell des Leuchtenberg-Palais folgend, entstanden nach und nach alle Gebäude der unteren Ludwigstraße, so auch das **Odeon** (Odeonsplatz 3) gleich daneben, in dessen Räumen bis zum Zweiten Weltkrieg Konzerte und Bälle stattfanden. Heute beherbergt es das Innenministerium. Beide Gebäude werden von Bereitschaftspolizisten streng bewacht.

Eingang zur Bayerischen Staatsbibliothek.

Der Hofgarten: Die Parkanlage hinter der Fassade des Hofgartencafés direkt gegenüber erstreckt sich bis zum Glaskasten der Bayerischen Staatskanzlei. Die markante Kuppel ist der renovierte Rumpfbau des einstigen Armeemuseums (1900/1905), an den sich die zwei (überaus umstrittenen) modernen Seitentrakte der Staatskanzlei anschließen. Die freigelegte überdachte Arkadenreihe gehört zu einer früheren Renaissance-Gartenanlage. Ein Mahnmal erinnert dort an den Widerstand im Dritten Reich.

Der riesige Kuppelbau des Armeemuseums liegt auf einer Achse mit dem kleinen **Hofgarten-Tempel,** dem Zentrum der symmetrisch konzipierten Parkanlage, die Maximilian I. nach dem Vorbild italienischer Gärten 1613 bis 1617 anlegen ließ. Im 18. Jh. mußte der Hofgarten eine Weile das Gemüse für die Hofküche liefern, bevor er dann 1780 als einer der ersten Parks überhaupt der Öffentlichkeit zugänglich gemacht wurde. Auf der von Grünspan überzogenen Kuppel des zwölfeckigen Pavillons thront eine Kopie der berühmten **Bronze-Bavaria** von Hubert Gerhard (das Original befindet sich im Residenzmuseum).

Der Hofgarten wird von Bogengängen umsäumt, die einiges zu bieten haben. Beiderseits des Hofgartentors liegen Klenzes Arkaden mit Fresken zur Geschichte Bayerns und der Wittelsbacher, die Peter von Cornelius entworfen hat. Früher befanden sich hier auch die Fresken von Karl Rottmann, heute ebenfalls im Residenzmuseum.

Folgt man den Arkaden linker Hand, so gelangt man vorbei an Auslagen einiger teurer Geschäfte auf der Nordseite zum **Theatermuseum** (Galeriestr. 4), das über eine sehenswerte Sammlung von Dokumenten zur Theatergeschichte verfügt, so z. B. Bühnenmanuskripte, Libretti, historische Schallplatten, Entwürfe für Bühnenbilder und Kostüme sowie die nach Bayreuth größte Wagner-Sammlung. Ein paar Schritte weiter steht man dann vor den pathetischen Ideallandschaften Richard Seewalds, die in wetterfesten Farben 1961 entstanden sind. Darunter sind Verse von Homer, Pindar, Sappho und Hölderlin gesetzt, mit denen der Hofgarten stilvoll endet.

Schneise des Faschismus: Über die **Galeriestraße** – für viele parkplatzsuchende Autofahrer in dieser Gegend die letzte, meist vergebliche Hoffnung – findet man wieder zurück auf die Ludwigstraße. Auch ihr war es nicht beschieden, die Zeit des Nationalsozialismus unbeschadet zu überstehen: In den dreißiger Jahren hat man, um eine repräsentative Zufahrt zum neu erbauten Haus der Kunst zu erhalten, eine Schneise, die **Von-der-Tann-Straße,** durch das Ensemble geschlagen. Die beiden Mietshäuser, die Klenze 1820 bis 1825 hier erbaut hatte, mußten dem „Zentralministerium“ weichen. Heute hat das **Landwirtschaftsministerium** hier seinen Sitz. Im Hof des Gebäudes wurden noch am 29. Mai 1945 zwei Mitglieder der „Freiheitsaktion Bayern“, Leutnant Roth und Major Caracciola-Delbrück, von der SS erschossen.

Hat man die Von-der-Tann-Straße überquert, kommt man am **Geschwister-Scholl-Institut** vorbei (Eingang durch den Innenhof), dem Institut für Politische Wissenschaft der Universität. Im nächsten Bau kann man durch das Fenster einen Blick auf die kleine, aber feine Bibliothek des **Instituts für Bayerische Geschichte** (Ludwigstr. 14) werfen, das im ehemaligen Kriegsministerium (1827–1830 von Klenze erbaut) untergebracht ist.

Die Stätten der Gelehrsamkeit künden von der Nähe der Universität, auch die vielen Radfahrer und jungen Leute mit Büchertaschen weisen darauf hin. Auf der Höhe der Staatsbibliothek wird

Blick vom Hofgarten-Tempel auf die Theatinerkirche.

das überbreite Trottoir förmlich zur Zielgeraden einer „Intellektuellen-Rennbahn", und das ganze Jahr über herrscht hier ein betriebsames Auf und Ab wie auf einer Ameisenstraße.

Aber nicht nur dadurch ändert sich ab hier der Charakter der Ludwigstraße. 1832 mußte Klenze nach Querelen mit seinem Auftraggeber Ludwig I. den Hut nehmen, und Friedrich von Gärtner vollendete die monumentale Straße. Von ihm stammen Staatsbibliothek, Ludwigskirche, Universität und Siegestor. Seine Vorliebe galt augenscheinlich der Architektur des Mittelalters. Die Ludwigstraße zwischen Von-der-Tann-Straße und Siegestor ist denn auch architektonisch durchlässiger, atmosphärisch offener und urbaner gehalten.

Bücher, Bücher, Bücher: Von weitem bereits kenntlich ist die **Staatsbibliothek** (Ludwigstr. 16) durch die vier Statuen der antiken Denker Thukydides, Homer, Aristoteles und Hippokrates, die hier, dem brausenden Verkehr zum Trotz, in denkender Pose verharren. Der Bau, entstanden von 1832 bis 1842, hat die Fassade des Palazzo Strozzi in Florenz zum Vorbild, und wer Zeit findet, kann im Inneren das monumentale Treppenhaus bewundern, das der Scala dei Giganti des venezianischen Dogenpalastes nachgebildet ist. Der Aufgang führt zum Allgemeinen Lesesaal, den man bei Vorlage des Ausweises betreten kann; im Foyer finden häufig schöne Ausstellungen zum Thema „Bücher" statt.

Wem der Sinn nicht nach Beschriebenem steht, kann sich ins Souterrain begeben und bei schönem Wetter seinen Kaffee im Freien zu sich nehmen. Die Bayerische Staatsbibliothek geht zurück auf die Büchersammlungen Wilhelms IV.; der eigentliche Anlaß für den Bau war aber die Aufhebung der Klöster des Landes im Jahre 1806. Um die Bestände der Klosterbibliotheken zentral zu sammeln, entstand das Gebäude, das heute mit fast sieben Millionen Bänden eine der größten Bibliotheken der Welt beherbergt. Es ist jedoch nicht einfach, aus der Staatsbibliothek

Friedrich von Gärtners Schalenbrunnen vor der Universität.

etwas auszuleihen. Ob die geplante Einbindung ins Internet etwas ändert?

Neben der Staatsbibliothek steht die 1844 eingeweihte **Ludwigskirche.** Mit ihrer hellen Doppelturmfassade, der breiten Giebelfront sowie den Figurennischen und Rundbogenfenstern ist sie ein Sammelsurium von neoromanischen und neogotischen Stilelementen. Ihre beiden schlanken Türme setzen einen deutlichen Gegenakzent zum behäbigen Barock der Theatinerkirche.

In ihrem Innern ist das zweitgrößte Fresko der Welt zu sehen, an Ausdehnung nur übertroffen von Michelangelos Meisterwerk in der Sixtinischen Kapelle. Gemalt wurde es von Peter von Cornelius, von dem Ludwig I. stolz behauptet hatte, daß es nach den italienischen Renaissancemeistern „keinen Maler wie meinen Cornelius" mehr gegeben habe.

Der Vergleich mit Michelangelo dürfte Cornelius bei seiner vier Jahre dauernden Arbeit (1836-40) am *Jüngsten Gericht* zwar angespornt haben, trifft aber lediglich auf das Flächenmaß und weniger auf die künstlerische Qualität seiner Arbeit zu.

Die Universität: 1826 verlegte Ludwig I. die Bayerische Universität von Landshut nach München, und während sie im Alten Jesuitenkolleg in der Neuhauser Straße ihren Lehrbetrieb aufnahm, gestaltete Gärtner das von der Ludwigstraße durchschnittene Forum der Universität. Auf der Seite zum Englischen Garten hin befindet sich das **Georgianum,** das ursprünglich als Priesterseminar diente, heute aber die juristische Fakultät beherbergt; gegenüber, am Geschwister-Scholl-Platz, erstreckt sich massig das Hauptgebäude. Auf dem Platz mit den beiden Schalenbrunnen versammelten sich in den späten sechziger Jahren die Studenten zu ihren Demonstrationen.

Durch den Haupteingang kommt man in den sehenswerten **Lichthof** der Universität. Eine Bodenplatte vor dem Eingang und eine Gedenktafel erinnern an die Geschwister Scholl und die Widerstandsgruppe *Weiße Rose,* der neben Hans und Sophie Scholl die Stu-

Im Lichthof der Universität.

denten Christoph Probst, Alexander Schmorell, Willi Graf sowie der Musikwissenschaftler Professor Kurt Huber angehörten. Der Hausmeister der Universität beobachtete am 18.2.1943 Mitglieder der Gruppe, wie sie Flugblätter von der obersten Galerie in den Lichthof warfen. Dafür wurden sie vom „Volksgerichtshof" der Nazis zum Tode verurteilt und hingerichtet.

Heute zählt die Universität zu den größten der Bundesrepublik Deutschland, rund 65 000 Studenten besuchen hier ihre Vorlesungen mit all den Nachteilen, die eine Massenuniversität aufweist. Obgleich die Kultusbehörden versuchen, den Studentenstrom auf die übrigen bayerischen Universitäten zu verteilen, steigen die Zahlen jährlich.

Für den Stadtteil war die Universität, so sehr sie belebend wirkte, nicht unbedingt ein Segen. Die Wohnraumsituation der Studenten ist zum Teil katastrophal. Im „Heißen Herbst" werden Jahr für Jahr mit einem Schlag die Wohnungen in München insgesamt knapp. Scheinbar unaufhörlich breiteten sich die Institute in der Umgebung aus, wurden Häuser und Stockwerke angemietet, um Platz zu gewinnen, und Wohnraum wurde knapp. Auch verschiedene Neubauten, wie die in der Schellingstr. 3 oder an der Theresienstraße, verschafften keine dauerhafte Lösung; erst allmählich läßt der Zustrom der Studenten nach.

Abgeschlossen wird die Ludwigstraße durch das **Siegestor,** 1843–1850 errichtet, ohne daß Anlaß zur Feier eines Sieges bestanden hätte. Ludwig I. war kein Freund des Militärs; das Mahnmal für das bayerische Heer sollte aber eine Versöhnungsgeste sein, nachdem schon so viel Geld für Bauwerke, nicht jedoch für Kanonen ausgegeben worden war.

Das frisch restaurierte Bauwerk, eine Kopie des römischen Konstantinbogens, wurde im Zweiten Weltkrieg stark zerstört und nach Kriegsende nur notdürftig instandgesetzt, um in seiner Versehrtheit an die Zeit der Trümmer zu erinnern, aus denen das moderne München entstand.

Herbstlicher Familienausflug.

Als Kronprinz Ludwig 1803 Franz Schwanthaler den Auftrag zu einer Jünglingsstatue für den Englischen Garten gab, sollte die Inschrift dazu offenbar so etwas wie eine Parkordnung darstellen: „Harmlos wandelt hier! Dann kehret neugestärkt zu jeder Pflicht zurück."

Man darf berechtigten Zweifel hegen, ob den Vorstellungen derer, die diesen „Volksgarten" planten und ausführten, ein durchschlagender Erfolg beschieden war. Jedenfalls finden es einige Zeitgenossen nicht mehr ganz so „harmlos", wie manche „Wandler" glauben, sich für ihre Pflichten stärken zu müssen: nämlich mit einem Ganzkörper-Sonnenbad ohne jegliche hinderliche Bekleidung. Die „Nackerten" im Englischen Garten gehörten eine Zeitlang unweigerlich zum allsommerlichen Boulevardblätter-Hick-Hack. Inzwischen hat man sich mit der Freikörperkultur in der Form arrangiert, daß mit der Schönfeldwiese im südwestlichen Teil des Parks ganz offiziell ein FKK-Gelände ausgewiesen wurde. Ansonsten treibt auf einer Fläche von 366 Hektar jeder unbekümmert das, was ihm gerade am meisten Spaß macht.

Das Volk nimmt sich halt, wie so oft, das Seinige, ganz entgegen den Intentionen derer, die es nur gut mit ihm meinen. Es war ausgerechnet der aus Amerika stammende Generalleutnant Sir Benjamin Thompson, später zum Grafen von Rumford ernannt, der die Idee zu einem Englischen Garten in München, seiner zweiten Heimat, hatte. Ursprünglich war er gedacht als eine Art Schrebergartenanlage für Soldaten, die „in Friedenszeiten nicht beschäftigungslos herumlungern" sollten, „jeder Mann [sollte] ein angemessenes Beet [mit] seinem eigenen Kohl [be-]bauen". Angesichts der rebellischen Soldaten, die über die Rackerei bei der Anlage des Gartens ganz anders dachten, erweiterten die Planer ihr Konzept: zu einem allgemein zugänglichen „Volksgarten", der „zum traulichen geselligen Umgange und Annäherung aller Stände dienen [sollte], die sich hier im Schoße der schönen Natur begegnen".

Diese „schöne Natur" mußte allerdings erst angelegt werden. Das sich 5 km weit die Isar entlang erstreckende Gebiet war Ende des 18. Jh.s noch im Urzustand, nachdem es zuvor den Wittelsbachern als

Hirschgehege und Jagdrevier gedient hatte (die heutige „Hirschau“ erinnert noch daran). Der Hofgärtner Friedrich Ludwig Sckell wollte daraus eine großangelegte Naturkomposition mit aufgebauten Staffagen, verschiedenartigen Brücken, „gestellten“ Landschaftsbildern machen. Verschiedene Bauwerke, die teilweise noch auf Thompsons Plan landwirtschaftlicher Musterbetriebe zurückgingen (eine Schäferei, eine Baumschule und eine „Vieharzneischule“) wurden mit einbezogen.

Wandelt man heute durch den Englischen Garten, begegnet man also nicht nur einem pflanzlich überwucherten, sondern auch vielfach zweckentfremdeten „Volkserziehungs-Gedanken“ der späten Aufklärung. Wo man nämlich der„Bewegung und Geschäftserholung“ nachgehen sollte, wurde in der Folgezeit ganz liederlich herumgegammelt. So etwa am Monopteros, dem Wahrzeichen des Englischen Gartens, einem von Leo von Klenze entworfenen Rundtempel im römischen Stil, wo sich vor allem in den siebziger Jahren die Hippies und „Flower-Power“-Generation aller Herren Länder trafen. Ob nun im Sinne des Erfinders oder nicht: Der Englische Garten ist wirklich zu einem Volkspark geworden, den jeder so nutzt, wie es ihm gefällt.

Und weitläufig genug ist er ja, um allen Platz zu bieten – dem Hobby-Angler am Kleinhesseloher See genauso wie dem Freizeitreiter; dem Jogger und Fußballer ebenso wie dem nach Motiven suchenden Amateurmaler oder dem einen aristotelischen Rundgang machenden Philosophieprofessor aus der nahe gelegenen Universität und dem obdachlosen Stadtstreicher.

Was die vorromantisch-sentimentalen Gründerväter des Englischen Gartens durch die Hereinnahme pittoresker Bauwerke wie etwa dem ganz aus Holz erbauten Chinesischen Turm erreichen wollten, nämlich das Bekanntmachen mit fremden Kulturen, geschieht heute durch die spontane Begegnung der verschiedenen Nationalitäten im dortigen Biergarten.

Von daher ist es auch verzeihlich, daß der Münchner weniger das Angebot des Japanischen Teehauses und der dort vorgeführten Tee-Zeremonie in Anspruch nimmt und lieber seine eigenen Bier- und Brotzeitriten „am Turm“ pflegt. Daß so unterm bairisch-chinesisch-englischen Himmel schon einmal die eine oder andere Maß mehr getrunken wird – sei es in der Büropause oder zwischen den Vorlesungen –, ist weiß Gott nicht zu vermeiden …

Links: Biergarten am Chinesischen Turm. Oben: Ruderpartie auf dem Kleinhesseloher See.

ALMA=
NACH
DER
BLAUE
REITER
R. PIPER & C° MÜNCHEN VERLAG

Dies Blatt gehört dem Staatsanwalt!

Jahrgang

Preis 20 Pfg.

Nummer

SIMPLICISSIMUS

Abonnement vierteljährlich 2 Mk. 25 Pfg.
Billige Ausgabe

Illustrierte Wochenschrift

Billige Ausgabe

Dies ist das Hundevieh,

(Zeichnung von Th. Th. Heine)

welches so unsägliches Elend über unser Vaterland gebracht hat und von allen anständigen deutschen Wappentieren verabscheut wird.

Kunst, Kabaretts, Revolutionäre

Wer vom Siegestor aus nicht gleich die Leopoldstraße entlangbummeln oder sich im Englischen Garten ins Gras legen will, kann versuchen, im weitläufigen Viertel hinter der Universität einen ersten Hauch des alten Schwabing zu erspüren, obgleich vom einstigen Ruf nur noch ein Klischee geblieben ist.
Wo früher die Provokateure wohnten, beleben heute vor allem Studenten die Gegend um Amalien-, Türken-, Schelling- und Barerstraße, so daß nur noch die historischen Schauplätze an die Vergangenheit erinnern. Während der Woche herrscht hier ständig ein lebhaftes Treiben auf den Straßen, in denen sich Buchhandlungen und Antiquariate, Gaststätten, Cafés und Musiklokale schier endlos aneinanderreihen.

Zu einer der lebendigsten gehört die **Schellingstraße.** Am modernen Betonkomplex in der Schellingstr. 3 vorbei, den sich, quer durch alle Weltsprachen, die Philologen der Universität mit fremdsprachigen Buchhandlungen (englisch, französisch) teilen, kommt man zum **Atzinger** (Nr. 9), einer typischen Studentenkneipe noch ganz im Stil der siebziger Jahre. **Kitsch & Kunst** sowie englische und amerikanische Literatur von **Words' Worth** gibt es gleich ein paar Meter weiter in einem schön renovierten Hinterhofhaus von 1888, und wer an Kunstbänden, alten Büchern und Stichen interessiert ist, kann sich in den Antiquariaten **Boox** (Nr. 15), **Hauser** (Nr. 17) und **Kitzinger** (Nr. 25) umsehen.

So richtig urig geht es noch zu im **Schelling-Salon** (Ecke Barer-/Schellingstr.), der mit seinen Billardtischen und hausgemachtem Schweinsbraten so manch alleinstehendem Studenten des Sonntags das elterliche Wohnzimmer ersetzt. Und wie es wohl um das Jahr 1900 in den Schwabinger Künstlerkreisen zugegangen sein mag, davon kann das **Kaffeehaus Alt-Schwabing** (Nr. 56) im Wiener Stil und Stuck eine überzeugende Vorstellung geben. Auf

Vorherige Seiten: Almanach der Künstlergruppe *Blauer Reiter.* Titelbild der Zeitschrift *Simplicissimus.* Unten: Beim Billard im Schelling-Salon.

der anderen Straßenseite steht das **Münchner Buchgewerbehaus** (Nr. 39 bis 43): Wo früher der *Völkische Beobachter* gedruckt wurde, geht heute die *Bildzeitung* in Satz. Bei den Anti-Springer-Demonstrationen Ende der sechziger Jahre kamen hier zwei Menschen ums Leben.

Ein paar Häuser weiter (Nr. 49) wurde Franz Josef Strauß geboren, dessen Vater im selben Haus seine Metzgerei betrieb. „Osteria Bavaria" hieß unweit davon früher Hitlers Stammlokal, das (gottlob) die Nationalität gewechselt hat und heute als **Osteria Italiana** (Nr. 62) zu den besten italienischen Restaurants in München gehört.

Von hier zur Schleißheimerstraße erstreckt sich eines der großen Wohngebiete von Schwabing, in dessen Häusermeer der inzwischen aufgelassene **Alte Nordfriedhof** (zwischen Ziebland- und Adalbertstr.) als eine Art Naherholungsgebiet fungiert. Im Sommer räkeln sich hier Sonnenhungrige wenig pietätvoll zwischen verfallenen Grabsteinen.

Nationalsozialistische Bauten: Biegt man von der Schellingstraße in die Arcisstraße Richtung Süden ein, so passiert man die **Technische Hochschule** (Arcisstr. 21), die 1868 erstmals ihre Pforten öffnete und zwischen den beiden Weltkriegen erweitert wurde.

Neben dem Haupteingang der Universität steht noch immer der nackte **Roßbändiger** von Bernhard Bleeker, ein Überbleibsel nationalsozialistischen Kunstverständnisses. In den dreißiger Jahren rief seine Blöße die katholische Kirche auf den Plan, heute jedoch stört er samt seinem Pendant auf der anderen Straßenseite und trotz aller Häßlichkeit niemanden mehr.

Nationalsozialistischen Ursprungs sind auch die beiden durch die Briennerstraße getrennten Gebäude weiter südlich in der Arcisstraße. Die **Staatliche Hochschule für Musik** (Arcisstr. 12) wurde in den dreißiger Jahren als „Führergebäude" für Hitler gebaut. Hier fand 1938 die Unterzeichnung des „Münchner Abkommens" statt. Und wo heute die **Staatliche Graphische**

Die Buchhandlung *Basis* in der Adalbertstraße.

Sammlung (Meiserstr. 10) untergebracht ist, hatte in unseligen Tagen die Reichsleitung der NSDAP ihren Sitz.

Alter Simpl und Max-Emanuel: Kehren wir aber zurück zum lebhaften Treiben in der **Türkenstraße.** Mehrere kleine Straßencafés laden hier im Sommer zu einer Verschnaufpause ein zwischen Vorlesung, Kinobesuch oder Einkaufsbummel durch die zahlreichen Boutiquen, die zum Teil immer noch indische Folklore aus den fernen Woodstock-Zeiten feilbieten.

Wem der Verkehrslärm der Türkenstraße zu viel wird, der kann sich in die drei Innenhöfe der **Amalienpassage** zurückziehen, einer der seltenen gelungenen Versuche moderner Innenstadtbebauung. Das traditionsreiche **ARRI,** eines der schönsten Kinos der Stadt, das nach dem bekannten Filmkamerahersteller benannt ist, der ganz in der Nähe seinen Hauptsitz hat, ist fast schon Wahrzeichen der Türkenstraße.

Wem das Wetter jedoch zu schade ist für einen Kinobesuch, der kann den Abend jederzeit im schattigen Biergarten der traditionsreichen **Max Emanuel-Brauerei** verbringen.

Die Akademiestraße wird vom palastartigen Bau der **Akademie der bildenden Künste** beherrscht, die 1886 ihre Pforten öffnete und Studenten aus aller Welt nach Schwabing zog. Gegenüber im Haus Nr. 15 logierte in den zwanziger Jahren Bertolt Brecht bei seinem Freund Arnolt Bronnen, dem damaligen Dramaturgen der Kammerspiele (damals noch in der Augustenstraße). In diesem Theater wurde im Jahre 1922 Brechts *Trommeln in der Nacht* uraufgeführt.

Noch immer einen Besuch wert ist die einstige Kathi-Kobus-Kneipe **Zum Alten Simpl** aus dem Jahre 1903, die früher als Künstlertreff den Mittelpunkt der legendären Schwabinger Boheme bildete. Hausdichter bei Kathi Kobus war lange Zeit Joachim Ringelnatz. Eines Tages jedoch eröffnete er in der Schellingstraße 23 sein „Tabackhaus zum Hausdichter". Als Attraktion ließ er ein Skelett ins Schaufenster legen, das die Kundschaft aber wohl eher

Der „Alte Simpl" zu Großvaters Zeiten.

abgeschreckt haben muß. Jedenfalls blieben die Käufer aus, und Ringelnatz, alles andere als gramgebeugt, ließ sein Geschäft, die Regale noch vollbepackt und die Tür für jedermann offen, einfach im Stich.

Schwabinger Boheme: Ihren Namen jedoch verdankte Kathi Kobus' Künstlertreff den Mitarbeitern der Satirezeitschrift *Simplicissimus,* die ebenfalls dort verkehrten. 1896 von Albert Langen und Th. Th. Heine gegründet, machte der *Simplicissimus* mit bissigen Karikaturen und messerscharfer Satire gegen Prüderie und Intoleranz im wilhelminischen Zeitalter Front.

Fast alle in Schwabing lebenden Autoren, die sich nicht mit der Borniertheit ihrer Zeitgenossen abfinden wollten, schrieben für das Satireblatt: späterhin berühmte wie Thomas Mann, Rainer Maria Rilke, Frank Wedekind und der zum „bayerischen Homer" avancierte Ludwig Thoma, ebenso aber weniger berühmte wie Otto Julius Bierbaum, von dem der Ausspruch überliefert ist: *Humor ist, wenn man trotzdem lacht* – ein Satz, der das geistige Klima in dem intellektuellen Schwabing um das Jahr 1900 charakterisiert. Wilhelm Schulz, Eduard Thöny, Olaf Gulbransson und Karl Arnold haben für den *Simplicissimus* Karikaturen geschaffen, die heute jeder kennt.

Ein Spottgedicht auf den Kaiser löste 1898 einen Skandal aus, der schließlich zum Prozeß führte. Der Verleger Albert Langen floh für drei Jahre in die Schweiz, Wedekind und Heine mußten für mehrere Monate hinter Gitter. Von Heine stammt im übrigen das Titelblatt des *Simplicissimus,* eine gedrungene, zähnefletschende rote Dogge – Symbol dafür, daß Schwabing nicht nur Musenhain, sondern auch ein politischer Ort war, an dem geschichtsträchtige Ereignisse nicht spurlos vorübergingen.

Die Erben der Elf Scharfrichter: Daß der „deutsche Michel" um einen Kopf kürzer gemacht wurde, dafür sorgten damals die *Elf Scharfrichter,* die sich im Nebenraum der Wirtschaft „Zum goldenen Hirschen" in der Türkenstraße zu einem Kabarett zusammen-

Auf dem Alten Nordfriedhof.

fanden. Vorbild war das „Chat Noir" von Aristide Bruant in Paris: eine bunte Mischung aus Satiren, Parodien, Lyrik und Chansons. Dem Zugriff der Zensur entzog man sich dadurch, daß man sich zum Verein erklärte und keinen Eintritt verlangte, sich aber dafür durch eine kräftige Garderobengebühr schadlos hielt. Mit von der Partie waren außer Frank Wedekind die Schwabinger „Brettl-Diva" Marya Delvard, einer der ersten Vamps des 20. Jh.s. Zur gleichen Zeit gründete Otto Falckenberg in einem halb verfallenen Haus in der **Augustenstraße** die Kammerspiele und leitete damit eine Reform des Theaters in München ein.

Die *Elf Scharfrichter* existieren nicht mehr, doch gibt es heute zahlreiche Kleinkunstbühnen in Schwabing, die an deren Tradition und an das Off-off-Theater anknüpfen. So z. B. das **Lustspielhaus** (Occamstr. 8); die **Münchner Lach- und Schießgesellschaft** (Ursulastr. 9), ein Kabarett, dessen wechselnde Mitglieder durch das Fernsehen in ganz Deutschland bekannt sind, allen voran Dieter Hildebrandt; das **TamS-Theater am Sozialamt** (Haimhauserstr. 13a), das **Theater bei Heppel & Ettlich** (Kaiserstr. 67) mit Gastspielen des beliebten Improvisationstheaters *Fast Food Theater;* und Münchens ältestes Kellertheater, das **Theater 44** (Hohenzollernstr. 20).

Doch nicht nur auf der Kabarettbühne wurde im Schwabing der Zeit um 1900 Politik gemacht. Im Herbst 1900 kamen vier Russen nach München – Sozialrevolutionäre, die, von der russischen Geheimpolizei verfolgt, im heiteren Chaos „Schwabylons" Unterschlupf fanden. Unter dem Decknamen Meyer mietete sich Wladimir Iljitsch Uljanov in der Kaiserstraße 46 ein. Mit seinen Landsleuten brachte er zwei Zeitschriften heraus: *Der Funke* und *Die Morgenröte,* worin er zum ersten Mal mit Lenin zeichnete. In Schwabing entstand auch seine revolutionäre Schrift *Was tun?* – die theoretische Vorwegnahme der Oktoberrevolution.

Gründerzeit und Jugendstil: Lenins damaliger Unterschlupf liegt in einer Ge-

Die Akademie der bildenden Künste.

gend von Schwabing, die auch heute noch reizvoll und sehenswert ist. Etliche prächtige Häuser aus den Jahren der Gründerzeit, vergleichbar jenen, die den Beginn der **Kaiserstraße** flankieren, finden sich im ganzen westlichen Teil von Schwabing, dessen unbestrittenes Zentrum der **Elisabethplatz** mit seinen kleinen Marktstandln bildet. Zwischen Theodor Fischers prächtigem Bau der **Volks- und Gewerbeschule** aus den Jahren 1901/02 und der **Schauburg-Theater der Jugend** bietet dort ein kleiner Biergarten inmitten von Schwabings „Viktualienmarkt" Gelegenheit zur Rast.

Im übrigen gibt es von diesem Punkt aus zwei grundverschiedene Möglichkeiten zur Fortsetzung des Spazierganges durch Schwabing: Über den **Kurfürstenplatz** geht es in die **Hohenzollernstraße,** die eine der größten und abwechslungsreichsten Einkaufsstraßen in ganz München ist. Neben den üblichen Mode- und Schuhgeschäften sollte man dabei den Charme diverser Hinterhoftrödels oder Experimentell-Exotisches nicht außer acht lassen: **Africa & House** (Nr. 50) etwa vermittelt in diversen Veranstaltungen Kunst, Kultur und Kulinarisches aus Schwarzafrika und stellt afrikanischen Künstlern Werkstätten zur Verfügung. Oder aber man macht sich auf die Suche nach den wenigen noch erhaltenen Jugendstilfassaden, die ein letztes Zeugnis dafür ablegen, daß diese Stilrichtung im Schwabing der Zeit um 1900 ihr Zentrum hatte.

Jugendstil-Fassade in der Ainmillerstraße.

Zur gleichen Zeit wie der *Simplicissimus* erschien 1896 die Zeitschrift *Jugend,* deren Erfolg so groß war, daß man in Deutschland eine internationale Stilrichtung in Kunst und Architektur nach ihr benannte. Georg Hirth, Gründer und Herausgeber der Zeitschrift, wollte nach eigener Aussage keine morbide Dekadenz, sondern *Frühling, Liebe, Brautzeit, Mutterglück, Spiel, Mummenschanz, Sport, Schönheit, Poesie, Musik.* Aber die Gründung der Zeitschrift war noch in anderer Hinsicht von Bedeutung: Sie zeugte von einer Aufbruchstimmung. Obwohl beträchtlich älter als München, fühlte sich Schwabing damals durch die Kunst verjüngt und verstand sich als „schönste Tochter Münchens".

Sieht man sich die Fassaden der **Ainmillerstr. 22** (1898), der **Römerstr. 11** und der **Franz-Joseph-Str. 19** an, so hat man das Gefühl, daß es zumindest jenem Teil von Schwabing auch gelungen ist. In der Ainmillerstraße wohnten die Begründer des *Blauen Reiter* – Gabriele Münter, Wassily Kandinsky (Nr. 36) und Paul Klee (Nr. 32), aber auch der Dichter Rainer Maria Rilke (Nr. 34). Und in der **Römerstr. 16** scharte der Schöngeist Stefan George die Jünger seines elitären Dichterkreises um sich.

Die Häuser am Beginn der Georgenstraße (Nr. 4 und 10), unter ihnen das **Pacelli-Palais** aus den Jahren 1880/81 (Nr. 8) und Münchens erstes Mietshaus im Jugendstil, **Friedrichstraße 3,** sind Hinweis genug, daß hier nicht nur brotlose Bohemiens, Künstler und Revolutionäre zu Hause waren, die sich gerade noch die Untermiete in den Rückgebäuden leisten konnten.

Auch Zwerge haben klein angefangen heißt ein früher Film von Werner Herzog, der zugleich programmatisch für den Ruf der Isar-Metropole als Filmstadt sein könnte.

Wieviele Münchner wissen wohl, daß ihr bekanntester Komiker, Karl Valentin – in jeder Beziehung wahrlich kein Zwerg –, der erste war, der innerhalb der Stadtmauern ein Filmatelier eingerichtet hat? Seiner eigenen Aussage zufolge entstand das erste Filmstudio mit künstlichem Licht bereits 1912 im Käselager des Kaufmanns Bernbichler in der Pfisterstraße, direkt am Platzl neben dem Hofbräuhaus.

Sein ganzes sauer verdientes Geld hatte Valentin damals in fünf gerade neu entwickelte Jupiter-Scheinwerfer investiert. Als er sie zum ersten Mal in Reih und Glied aufstellte, fielen sie jedoch durch seine Ungeschicklichkeit im Domino-Effekt zu Boden und zerschmetterten. Trotz dieses wahrhaft filmreifen Anfängerpechs hat Valentin mehr als 50 Filme gedreht, von denen über die Hälfte zu besonderen Anlässen im Filmmuseum am St.-Jakobs-Platz zu sehen sind.

Heute spielt München dank zahlreicher Produktionsgesellschaften, vor allem aber dank der Bavaria-Filmstudios bei der Film- und Fernsehproduktion in Deutschland eine führende Rolle. Die Geschichte der Bavaria-Filmstudios begann im Jahre 1919. Damals drehte Filmpionier Peter Ostermeyer vor den Toren der Stadt in Geiselgasteig den Film *Der Ochsenkrieg* nach einem Roman von Ludwig Ganghofer. Daß schon zu jenen Zeiten Heimatschnulzen gefragter waren als Valentins skurrile Slapsticks, zeigte sich daran, daß Ostermeyer, der 1913 Valentins Sketch *Der neue Schreibtisch* produziert hatte, es dem großen Komiker später nie mehr ermöglicht hat, in Geiselgasteig zu drehen.

Erst in den siebziger und achtziger Jahren entstanden vor den Toren des Villenviertels Grünwald so namhafte Filme wie der Oscar-preisgekrönte *Cabaret* mit Liza Minelli, Ingmar Bergmanns *Schlangenei* und das *As der Asse* mit Jean-Paul Belmondo. Der eigentliche Durchbruch zum internationalen Erfolg gelang der Bavaria Filmgesellschaft jedoch mit der Eigenproduktion *Das Boot.* Nicht nur, daß dem preisgekrönten Film weitere erfolgreiche Produktionen wie *Die unendliche Geschichte* und *Enemy Mine – Geliebter Feind* folgten; die erhaltenen Kulissen dieser Filme sind heute die Hauptanziehungspunkte für die zahlreichen Besucher der Bavaria-Filmstadt. Auf einer 1 1/2stündigen Tour kann man durch die legendäre „Berliner Straße" spazieren, sich durch das originalgetreu nachgebaute U-Boot zwängen und atemberaubende

Stuntszenen bewundern. Der Ausflug zur Filmstadt Geiselgasteig (mit der U1/U2 zur Silberhornstraße und weiter mit der Tram 25 bis zum Bavariafilmplatz) lohnt sich vor allem mit Kindern (Öffnungszeiten: 1. März–30. April 9–16 Uhr; 1. Mai–31. Oktober 8.30–17 Uhr; 1. November–28. Februar 10–15 Uhr; Tel. 64 99 23 04).

Wo in München in den siebziger Jahren durch Rainer Werner Fassbinder, Wim Wenders, Werner Herzog, Volker Schlöndorff und andere der „Neue Deutsche Film" seinen Höhepunkt erreichte, arbeitet längst eine neue Generation von Filmemachern in München. Namen wie Doris Dörrie, Helmut Dietl *(Schtonk, Rossini)* oder Caroline Link *(Jenseits der Stille)* stehen zwar für viele Erfolge, dennoch hat Alexander Kluge vielleicht recht, wenn er meint, daß hier zwar alle wichtigen Leute für einen Filmemacher sitzen, daß aber „die Realität der Bundesrepublik hier nicht vorkommt".

Das „Ereignis des Jahres" in puncto Film ist das Münchner Filmfest, das seit 1983 jedes Jahr in der letzten Juniwoche stattfindet. Unter der Leitung von Eberhard Hauff hat es sich ausgesprochen publikumsfreundlich entwickelt und ist weit davon entfernt, eine elitäre Star-Angelegenheit à la Cannes zu sein. Das Programm ist auf jeden Fall die anfängliche Hektik beim Run auf die Tickets wert: Bemerkenswert sind die Genrefilmreihen unterschiedlichster Prägung; die Regisseure, Schauspieler und Autoren stellen sich in Workshops oder im Anschluß an die meist sehenswerten Filmvorführungen dem Publikum vor.

Last but not least: Ohne das Filmmuseum am St.-Jakobs-Platz 1 wären viele Filmhochschulstudenten und andere Cineasten wohl heimatlos. Diese reputable Kinemathek zeigt u. a. Filmreihen, Retrospektiven sowie Sondervorstellungen zur Geschichte und Gegenwart des Films. Höhepunkte wie die Rekonstruktion alter Stummfilmklassiker, z. B. Fritz Langs *Metropolis*, werden zwar ganz im Sinne der Münchner Kultur-Schickeria als ein gesellschaftliches Spektakel samt Orchesterbegleitung in der Philharmonie am Gasteig welturaufgeführt, dafür kann man aber auch nach einem Film von Herbert Achternbusch im Foyer des Filmmuseums ganz normal ein Bier trinken und an diesem eher unkonventionellen Ort in cineastischer Manier über Gott und die Welt philosophieren.

Es gibt über 50 Kinos in München, vom kleinen Filmkunsttheater bis zum Multiplex-Kino, fremdsprachiges Kino, Kinderkino, ein modernes IMAX-Theater, das Film-Restaurant *Planet Hollywood,* Filmklubs und andere Initiativen, die sich für den Film engagieren. Ein Blick in die Münchner Tageszeitungen genügt. Für jeden Geschmack ist etwas dabei.

Ein letzter Tip sei hier noch preisgegeben: Schon seit 1980 findet jedes Jahr im November der Wettbewerb europäischer Filmhochschulen im ARRI-Kino in der Türkenstraße statt. Für viele ist dies längst eine Alternative zum Filmfest und schon lange den Kinderschuhen entwachsen.

Auch Zwerge haben klein angefangen.

Links: Karl Valentin und Liesl Karlstadt in ihrer Filmstube. Oben: Besichtigung des Bootes aus dem Film gleichen Namens.

Hanns Klug
Gehrke
BÖHM
VON SCHIRACH
K.SCHÜRRLE
U

U

DAS MODERNE SCHWABING

Wer in einem der Außenbezirke Münchens wohnt und irgendwann einmal das Vogelgezwitscher und Bachgeplätscher dermaßen satt hat, daß ihn die Sehnsucht nach hartem Asphalt, stinkenden Autolawinen und wogenden Menschenmassen überkommt – der wird sich zur **Leopoldstraße** aufmachen. Denn nirgendwo sonst in München erlebt man die Großstadt so direkt und impulsiv wie hier, wo an warmen Sommerabenden ein beängstigendes Geschiebe und Gedränge herrscht, vorbei an zahllosen Kinos, Cafés und den Verkaufsständen junger Künstler und abgebrannter Studenten, die ihre alten Bücher zum Verkauf anbieten. Mit der alten Schwabinger Boheme jedoch hat das herzlich wenig zu tun.

Vor hundert Jahren war die Leopoldstraße noch eine fast ländliche Straße in einer angenehm ruhigen Vorstadtgegend, in der sich sittsame Bürger in Würde und Anstand lustvoll dem Vergnügen eines sonntäglichen Spaziergangs hingeben konnten. Die im Zweiten Weltkrieg zerstörten schönen Villen und Vorgärten wurden nicht wiederaufgebaut. Statt dessen entstanden die monotonen Zweckbauten der fünfziger und sechziger Jahre. Die schlimmste aller Bausünden, die jedoch inzwischen durch einen Neubau ersetzt wurde, war schon von weitem sichtbar: das schwarze Ungetüm des Kaufhauses **Hertie,** von den Münchnern „Schneewittchensarg" genannt. Wo Heinrich Mann 14 Jahre lang zu Hause war (Nr. 59), wo Franziska Gräfin zu Reventlow (Nr. 14) um 1900 ihre Skandalgeschichten ersann, da hat heute eine erbarmungslose Profitschlacht Einzug gehalten, und allenfalls die **Buchhandlung Lehmkuhl** (Nr. 45) ist sich seit ihrer Eröffnung im Jahre 1903 noch treu geblieben.

Anfang der sechziger Jahre wurde die Leopoldstraße zum Schauplatz der sogenannten Schwabinger Krawalle: Begonnen hatte alles mit drei Straßen-

Vorherige Seiten: Was wäre München ohne seine Straßencafés. **Unten:** An der Leopoldstraße sehen...

musikanten, die vor der Gaststätte Leopold auf dem Schwabinger Renommier-Boulevard zu mitternächtlicher Stunde ein Ständchen gaben. Als eine Polizeistreife aufkreuzte und die drei nächtlichen Ruhestörer inmitten des Autolärms mitnehmen wollte, verhinderten Passanten deren Festnahme.

Drei Tage und drei Nächte hielten die Schwabinger Krawalle an, die die Leopoldstraße zu einem Schauplatz von bürgerkriegsähnlichen Straßenschlachten machten. Daß sie schließlich ebenso abrupt beendet wurden, wie sie begonnen hatten, lag schlicht und ergreifend am einsetzenden Regen.

Die Münchner Polizei erhielt nach den Krawallen Nachhilfeunterricht in Psychologie, und es wurde die sogenannte Münchner Linie, eine Polizeitaktik der sanften Konfliktlösung, entwickelt. Diese „Münchner Linie“ war vermutlich auch dafür verantwortlich, daß die 68er-Bewegung hier im Vergleich zu anderen Großstädten weniger drastische Ausmaße annahm; doch auch in München kamen im Zuge einer Anti-Springer-Demonstration zwei junge Leute ums Leben.

Nach der 68er-Bewegung – die ersten Kommunen im Umkreis der Leopoldstraße hatten sich bereits wieder aufgelöst – räumten die studentischen Beatniks das Feld, der Kommerz hielt seinen Einzug, und die Preise schnellten in die Höhe. Alteingesessene Cafés und Kneipen konnten dem wachsenden Druck der übermächtigen Konkurrenz von Würschtl-Kaisern, Bierbonzen und Fast-food-Ketten nicht lange standhalten. Sie mußten sich entweder dem herrschenden Trend anpassen oder verkaufen. So zehrt auch die traditionelle Schwabinger **Gaststätte Leopold** (Nr. 50), in der Karl Valentin zum ersten Mal 1908 auftrat und die später zum Stammlokal von Erich Kästner wurde, längst nur noch vom Glanz vergangener Zeiten. Aber die Küche ist noch immer gut bayerisch.

Nach wie vor säumen hohe Pappeln den Beginn der Leopoldstraße gleich nach dem Siegestor, wo ansonsten nur noch wenig an vergangene Zeiten erin-

.. und
esehen
erden.

nert. Lediglich das ehemalige **Wohnhaus** (Nr. 4), 1895 von Martin Dülfer in der Form eines barocken Stadtpalastes erbaut, ist aus dem 19. Jh. erhalten geblieben; und aus den zwanziger Jahren stammt das **Verwaltungsgebäude der Rhein-Main-Donau-AG** (Nr. 28).

Ein buntes Treiben herrscht an warmen Sommertagen auf den breiten Trottoirs, wo Künstler und fliegende Händler allerhand Nippes, liebenswerten Schnickschnack, kunstgewerbliche Dutzendware sowie Edelkitsch in Öl und Aquarell anbieten.

Sehen und gesehen werden: So lautet im übrigen die Devise auf der Leopoldstraße – und dazu bietet sie auch reichlich Gelegenheit: Das Eiscafé **Venezia** (Nr. 31) und das italienische Restaurant **Adria** (Nr. 19) sind ihres halbseidenen Charmes wegen vor allem bei einer Demimonde aus tagträumenden Literaten, Filmemachern und einer nachtschwärmenden Black-is-beautiful-Boheme sehr beliebt, während sich im **Café Extrablatt** (Nr. 7) die Münchner Prominenz die Ehre gibt.

Münchner Freiheit: „Schwabing hat kein Gesicht mehr, sondern eine Visage“, schrieb Peter Paul Althaus verbittert. Und der Architekt Alexander von Branca, Erbauer der neuen Pinakothek, warnte Anfang der siebziger Jahre: „In diesem Viertel genügt schon der Abbruch eines einzigen Hauses, und die ganze Struktur geht kaputt.“ Damit bezog er sich auf einschneidende Veränderungen des Stadtbildes, wie sie damals z. B. an der **Münchner Freiheit** zu beobachten waren.

Früher gab es dort einen sehr beliebten Biergarten, umgeben von schattigen Bäumen. Er fiel den Münchner Straßen- und U-Bahnbauern zum Opfer. An seiner Stelle entstand ein steinernes Forum in Form einer Betongrube, in der sich verständlicherweise niemand wohlfühlte, bis sich eines Tages die Schwabinger selbst eine grüne Oase schufen. Damit war der erste Schritt zur Urbarmachung der Wüste getan, und die Münchner Freiheit wurde allmählich dem Stadtteil wieder zurückgewonnen. Bei schönem Wetter

Schachspieler an de[r] Münchner Freiheit.

trifft man sich hier zum Schachspiel oder Tischtennis, trinkt und plaudert bis spät in die Nacht. In der Weihnachtszeit stehen hier die Buden eines Christkindlmarktes, dem viele sogar den Vorzug geben vor dem „offiziellen“ auf dem Marienplatz, weil er kleiner und anheimelnder ist.

Zu Füßen des Hertie-Hochhauses scharen sich über hundert Lokale – Pinten, Discos, Kneipen, Imbißstuben, Musikhallen usw. –, von denen nur wenige einen eigenen Wirt haben, der selbst hinter dem Tresen steht wie z. B. im **Weinbauer** (Fendstr. 5).

Dörflichkeit und Amüsement: Keine zwei Minuten vom tosenden Lärm der Leopoldstraße entfernt liegt die friedliche Idylle jenes Dorfes Schwabing, mit dem das legendäre Viertel seinen Anfang nahm. Noch heute kann man rund um den **Nikolaiplatz** allenthalben dörfliche Atmosphäre schnuppern, die sich hier eigentümlich mit exklusivem Villenleben hinter geheimnisvollen Mauern vermischt. Anders die **Seidlvilla** direkt am Nikolaiplatz, die allen Bürgern zugänglich ist. Seit 1991 ist sie Stadtteilzentrum und lockt das Publikum mit einem reichhaltigen Kulturangebor von Jazzabend bis Kinderfrühstück im Grünen.

Kleine Häuser in großen Gärten säumen die **Werneckstraße,** und in der Seestraße 3 steht heute noch das ehemalige **Bäckerhäusl** aus dem Jahre 1800. Ebenfalls aus malerischen Wohnidyllen besteht die **Mandlstraße** direkt am Englischen Garten. In der Nr. 26 war Alfred Kubin zwei Jahre lang zu Hause, in der Nr. 28 wurde der Widerstandskämpfer Willi Graf verhaftet. Der Schriftsteller und Revolutionär Ernst Toller, der nach dem Zusammenbruch der Räterepublik 1919 in Schwabing Zuflucht fand, wurde im **Schloß Suresnes** (Werneckstraße 24) entdeckt und verhaftet. Das kleine Palais stammt aus dem 18. Jh. und ist als einziges von früher zahlreichen und vor den Toren der Stadt gelegenen Lustschlößchen erhalten geblieben. Von 1919 bis 1921 malte Paul Klee hier seine poetischen Bilder.

inks: lltag in der ccamstraße. **echts:** chreibvarenandlung on anno azumal.

An der Ecke Feilitzsch/Gunezrainerstraße steht noch der **Viereckhof,** Schwabings letzter Bauernhof. Benannt nach seinem Besitzer um 1635, wurde das Anwesen bereits im 13. Jh. erwähnt und vermittelt mit seinem Walmdach und dem Maibaum im Garten einen nostalgischen Eindruck von der einstigen Idylle Schwabings.

Marktplatz des ehemaligen Dorfes war der **Wedekindplatz.** Dort laufen mehrere kleine Straßen zusammen, die in den fünfziger Jahren zum Zentrum des „neuen" Schwabing wurden und heute jenes Amüsierviertel bilden, das vor allem jugendliche Touristenströme anzieht. Verwelkter Charme kennzeichnet eine ganze Reihe von Kneipen, Lokalen und Hotels in der **Feilitzschstraße;** wo einst Thomas Mann zu Hause war (Nr. 5) und seine *Buddenbrooks* vollendete, bieten heute Kebab- und Würschtlbuden ihre Ware feil.

Nostalgikern, die den fünfziger bis siebziger Jahren nachtrauern, sind die **Schwabinger 7** (Nr. 7) und das **Drugstore** (Nr. 12) zu empfehlen. Die Lokale in der **Occamstraße** dagegen repräsentieren die Auswüchse der moderner Unterhaltungsindustrie. In dieser Gegend haben sich aber auch einige Kleinkunstbühnen niedergelassen, die sich wohltuend vom übrigen Münchner Kulturbetrieb unterscheiden.

Schwabing ganz modern: Nördlich der Münchner Freiheit beginnen große Wohn- und Industriegebiete, die nur noch wenig Interessantes aufzuweisen haben. Es empfiehlt sich daher an dieser Stelle ein kleiner Sprung westwärts in die **Belgradstraße.**

Auf der Höhe der Kaiserstraße führt sie zunächst am **Kurfürstenhof** vorbei. Der Name ist etwas irreführend, denn es handelt sich hier um ein modernes Wohnviertel, das sich um mehrere Innenhöfe gruppiert und den Bewohnern mitten in der Stadt luxuriöse Appartements bietet – allerdings zu Preisen, die sich nicht jeder leisten kann.

Folgt man der Belgradstraße in nördlicher Richtung, so gelangt man zum **Luitpoldpark.** An seinem Nordausgang liegt das **Bamberger Haus:** 1912 als Gartenrestaurant errichtet, bietet die schöne Villa auch heute wieder neben Kunstausstellungen eine gute, wenn auch etwas überteuerte Küche an. Vom **Schwabinger Schuttberg** aus, der höchsten Erhebung des Luitpoldparks, hat man einen guten Überblick über das Olympiagelände und das sich im Norden anschließende Industriegebiet jenseits des Petuelrings.

Markantester Blickfang ist das **BMW-Verwaltungsgebäude** (Petuelring 130), dessen Form an einen Vierzylinder erinnert. Rechtzeitig zur Olympiade 1972 wurde dieses architektonische Meisterstück vollendet, das nun schon fast zu den Wahrzeichen Münchens gehört.

Direkt daneben liegt die sogenannte Suppenschüssel, in der das interessante **BMW-Museum** und eines der technisch perfektesten Kinos von München untergebracht sind. Das Kino ist allerdings in erster Linie zur Vorführung von BMW-Image-Filmen da; nur bei besonderen Anlässen, wie etwa dem Münchner Filmfest, werden hier auch Spielfilme gezeigt.

Links: Tante-Emma-Läden haben es auch in München schwer. **Rechts:** Motorrad-Begeisterte.

Fast jedes Münchner Kind kennt Väterchen Timofei. Allen Bebauungsplänen trotzend, lebt er bei seinem russischen Kirchlein am Fuße des Olympiabergs in einer Enklave mystischer Einsiedelei, deren es auf diesem Erdball nur noch wenige gibt. Dabei liegt diese letzte Idylle gleichsam als traumverlorener Kontrapunkt in einem der jüngsten und modernsten Viertel dieser Stadt: dem Olympiazentrum.

Der Entscheidung des Olympischen Komitees in Rom verdankte München seine Ernennung zum Austragungsort der XX. Olympischen Sommerspiele 1972. Längst gehört das Olympiazentrum zu den Wahrzeichen Münchens und stellt eine der größten touristischen Attraktionen der Stadt dar. Und das mit gutem Recht. Denn hier gelang es in der Tat, den riesigen Aufwand, den das einmalige Sportereignis erforderte, mit den längerfristigen Bedürfnissen einer Großstadt auf nahezu geniale Art und Weise zu verbinden.

Und so bescherten die Spiele von 1972 den Münchnern neben einer Hochschulsportanlage eines der schönsten öffentlichen Hallenbäder, ein weiteres Studentenwohnheim sowie eine hochmoderne, autofreie Wohnanlage. Und nicht zu vergessen den Olympiapark, ein nicht mehr wegzudenkendes Naherholungsgebiet.

Als einziges stadtnahes und freies Gelände für die Errichtung der Sportanlagen bot sich damals das im Norden gelegene Oberwiesenfeld an. Das Ödland diente lange Zeit einem bayerisch-königlichen Kavallerieregiment als Exerzierplatz, bevor es 1929 zum ersten Münchner Verkehrsflughafen wurde. 1945 wurde der Trümmerschutt des Zweiten Weltkrieges hier abgeladen und bildet heute das Fundament der Hügellandschaft des Olympiageländes.

Zweifellos die größte Attraktion ist jedoch die 1997 restaurierte kühne Zeltdachkonstruktion, die Stadiontribüne, Olympiahalle und Olympiaschwimmhalle überspannt. Verantwortlich für die zunächst heftig umstrittene architektonische Meisterleistung zeichnet das engagierte Architekturbüro von Prof. Behnisch und Partner.

München, das bis dahin über keinerlei attraktive Sportstätten verfügte, erhielt durch die Olympiade mit Olympiastadion, Olympiahalle und Olympiaschwimmhalle eine der wichtigsten Sportstätten Europas. Neu hinzugekommen ist die Action Area im Eislaufzelt für Inlineskater, Snake- und Skateboarder sowie Streetball-Fans (Verleih von Sportausrüstungen unter Tel. 30 77 94 52).

Im Olympiastadion tragen die traditionsreichen Münchner Bundesligavereine FC Bayern München und 1860 München ihre Fußballspiele aus. Der Veranstaltungskalender der Olympiahalle reicht vom Sechs-Tage-Rennen bis zum Rockkonzert.

Die Sportstätten liegen inmitten einer Landschaft, die aus einem künstlich angelegten See und den bereits erwähnten Hügeln aus Trümmerschutt besteht. Überragt wird sie vom 290 m hohen Olympiaturm mit Aussichtsplattform und Drehrestaurant. Derzeit laufen die Planungen für die Errichtung des Multi-Media-Sportmuseums „Olympic Spirit".

Direkt am Olympiasee liegt das Theatron, ein modernes Amphitheater, in dem im Sommer an jedem Sonntag kostenlose Rockkonzerte stattfinden. Ein weißblaues Bähnchen bietet die Möglichkeit, das Sportgelände ohne langen Fußmarsch zu erkunden. Doch wer auch das Olympische Dorf besichtigen möchte, kommt um einen kleinen Spaziergang nicht herum.

Getrennt zwar durch den Mittleren Ring, aber verbunden durch Fußgängerbrücken, liegt es auf der nördlichen Seite des Geländes und hat mit 12 000 Einwohnern die Größe einer Kleinstadt. Das ehemalige Frauendorf mit seinem Hochhaustrakt und den Bungalows sowie dem Mensagebäude wurde zum Studentenwohnheim. Die Bungalows werden von ihren wechselnden Bewohnern immer wieder auf vielfältige Weise bunt bemalt.

Architektonisch interessant ist das ehemalige Männerdorf durch seine hufeisenförmig nach Süden ausgerichtete Terrassenbauweise, die den Bewohnern große, grün bepflanzte Balkone beschert. In einer dieser Wohnungen fand jener Überfall auf die israelische Olympiamannschaft statt, der die als „heitere Spiele" propagierte Olympiade überschattete.

Links: Heimspiel des FC Bayern im Olympiastadion. Oben: Begeisterung beim Rockkonzert im Olympiapark.

In jüngerer Zeit war in der Presse immer wieder von einem „Ruinendorf" die Rede, denn ein Teil der Bausubstanz ist marode. Es bleibt zu hoffen, daß die umfangreichen Renovierungen hier Abhilfe schaffen.

Führungen durch die Olympischen Sportstätten finden von März bis Oktober täglich um 11 und 14 Uhr statt. Auskünfte dazu unter Tel. 30 67 24 14.

IM HERZEN DER KUNST

Mitten im legendären Amüsierviertel Schwabing liegen zugleich einige der wichtigsten Museen der Stadt. In unmittelbarer Nachbarschaft zueinander prägen sie das Areal nördlich des Alten Botanischen Gartens bis hin zur Theresien- und Heßstraße.

Ein schöner Spaziergang führt vom Odeonsplatz durch die Briennerstraße, vorbei an den von Karl von Fischer entworfenen Palais, zum **Karolinenplatz.** Schon von weitem ist der **Obelisk** zu sehen, ein Denkmal für die 1812 im Rußlandfeldzug gefallenen 30 000 bayerischen Soldaten.

„Isar-Athen“: Von drei Kolossalbauten wird der großflächige **Königsplatz** eingefaßt, dessen karge Steinpflasterung von 1935 mittlerweile wieder in seine ursprünglichen Rasenflächen verwandelt wurde. Als Ludwig I. mit seinem Architekten Klenze 1808 den Königsplatz entwarf, wollte er einen *Platz der Kulturen* und keinen Kasernenhof. Auch die geparkten Autos, die den öden Platz verunzierten, sind verschwunden. So kann man sich heute wieder ganz beschaulich auf einer der Stufen niederlassen, die zur Antikensammlung und zur Glyptothek führen, und von dort aus die imposante Weiträumigkeit des Platzes genießen. Im Sommer wird der Königsplatz abwechselnd zu einem riesigen Open-air-Kino und einer Konzertarena.

Seine vollendete Gestalt erhält der Königsplatz durch die **Propyläen,** einen Torbau von erhabener Zwecklosigkeit, der mitten in München noch einmal die griechische Antike heraufbeschwört. Dabei war die von Klenze erbaute Säulenfront eigentlich ganz profan als Abschluß der Stadtausfahrt gen Nymphenburg gedacht.

Die heutige **Antikensammlung** – im Gegensatz zu Glyptothek und Propyläen nicht von Klenze, sondern von Ziebland 1838–1848 erbaut – diente im 19. Jh. als „Kunst- und Industrieausstellungsgebäude“, bevor sie um die Wende zum 20. Jh. zeitgenössische Malerei aufnahm. Im Zweiten Weltkrieg stark zerstört, wurde sie erst in den sechziger Jahren wieder aufgebaut und als Museum für die Antikensammlung König Ludwigs I. eingerichtet. Selbiger hatte in seiner großen Liebe zu den alten Griechen und ihrer Kunst Agenten nach Paris und Rom gesandt und ganze Berge von griechischen und etruskischen Vasen, Schmuckstücken und Kleinbronzen einkaufen lassen.

Unter den Neuerwerbungen Ludwigs I. waren auch Großskulpturen wie die berühmten Ägineten, die Giebelfiguren des Aphaia-Tempels auf Ägina, die von deutschen und englischen Forschern Anfang des 19. Jh.s ausgegraben worden waren.

Die muskulösen Krieger wurden stückweise nach München transportiert, wo Restauratoren das verwirrende Puzzle aus Armen und Beinen in mühsamer Kleinarbeit zusammenfügten. Fehlende Köpfe ließ man von Bertel Thorvaldsen, einem dänischen Bildhauer mit ausgeprägtem Sinn für das Heroische, nachbilden.

Vorherige Seiten: Graffiti – auch im Millionendorf München. **Links:** Im Banne des *Großen Jüngsten Gerichts* von Rubens. **Rechts:** Wald aus Büsten in der Glyptothek.

Die „Ägineten" wurden auch zum Grundstock der **Glyptothek,** deren Bestände zusammen mit der Antikensammlung heute das reichste Museum antiker Skulptur und Vasenkunst in der Bundesrepublik Deutschland bilden.

Der Künstlerfürst: Rechter Hand, an den Propyläen vorbei, gelangt man zum **Lenbachhaus,** einem der schönsten Häuser der Stadt. Franz von Lenbach war einer der berühmtesten Porträtisten Deutschlands, dies zu einer Zeit, als insbesondere in München Künstler abgöttisch verehrt wurden. Aus ärmlichen Verhältnissen stammend, machte er innerhalb weniger Jahre eine beispiellose Karriere. Ein Porträt von Lenbach war der sicherste Beweis dafür, daß man in der Welt etwas galt – und um sich die eigene Berühmtheit bestätigen zu lassen, dafür war den VIPs und Vamps auch schon vor 100 Jahren kein Preis zu hoch.

Wie sein Malerkollege Franz von Stuck mit der Villa Stuck, so ließ sich der Künstlerfürst um 1900 eine Villa als Wohnhaus und Atelier errichten, deren verschwenderischer Luxus seinem Ruhm als Künstler ebenso wie seinem ausgeprägten Geschäftssinn repräsentativen Ausdruck verlieh.

Nach seinem Tod ging das Lenbachhaus in den Besitz der Stadt über und wurde zum Museum umgebaut. Einige Räume sind in ihrer ursprünglichen Gestaltung durch den Künstler belassen worden und geben einen Eindruck von der ehemals überaus prachtvollen Innenausstattung. Die beiden langgestreckten Seitenflügel umschließen einen nach italienischem Vorbild angelegten Garten mit Kieswegen, Heckennischen, Brunnen und Skulpturen.

Das Museum des Lenbachhauses hat mehrere Abteilungen. Der erste Stock ist Münchner Malern gewidmet. Der Bogen spannt sich von Jan Polack, einem berühmten Maler der Spätgotik, bis hin zur Künstlergruppe *Der Blaue Reiter,* die Anfang des 20. Jh.s von Kandinsky, Marc, Münter und Klee in München gegründet wurde. Die meisten Bilder, die in der kurzen, aber fruchtbaren Zeitspanne vom Tage der

Das Schlaraffenland **von Pieter Breughel d. Ä. in der Alten Pinakothek.**

Gründung des *Blauen Reiter* bis zum Ausbruch des Ersten Weltkriegs entstanden, sind hier ausgestellt und haben das Lenbachhaus zur eigentlichen Heimstatt der Gruppe gemacht.

Über seine klassischen Bestände hinaus engagiert sich das Haus für die Gegenwartskunst, indem es seine Sammlung konsequent erweitert. Seinerzeit heftig umstritten, inzwischen selbst zum Klassiker geworden, ist die Rauminstallation *Zeige deine Wunde* von Joseph Beuys. Als dieses avantgardistische Werk von der Stadt erworben wurde, gab es einigen Aufruhr unter den „kunstsinnigen“ Münchnern.

Mit dem **Kunstbau** unter dem Königsplatz hat das Lenbachhaus 1994 eine Ausstellungshalle für die jüngsten Entwicklungen in der internationalen Kunstszene erhalten. Das hierfür umfunktionierte U-Bahn-Zwischengeschoß ist über den Eingang des U-Bahnhofs Königsplatz zu erreichen.

Kunst aus 900 Jahren: In der Nähe des Lenbachhauses befinden sich auch die Alte sowie die Neue Pinakothek – Münchens berühmteste Museen. Die beiden Gebäude liegen sich in einer Grünanlage direkt gegenüber. Dadurch wird schon rein äußerlich ein Bezug hergestellt, der sich aus dem Verhältnis der einzelnen Sammlungen zueinander ergibt: Sie ergänzen sich in dem Sinne, daß ihre reichen Bestände zusammengenommen einen Zeitraum von mehr als 900 Jahren umfassen und einen unvergleichlichen Querschnitt durch die Geschichte abendländischer Malerei vom Mittelalter bis zu den Anfängen des 20. Jh.s darstellen.

Schon im frühen 16. Jh. begannen die Wittelsbacher nach dem Vorbild italienischer Renaissancefürsten, Gemälde selbst in Auftrag zu geben oder durch Kunstagenten erwerben zu lassen. So kaufte z. B. Max Emanuel 1698 in Antwerpen für eine Riesensumme, die erst hundert Jahre später abgezahlt war, Bilder von so berühmten flämischen Malern wie Van Dyck, Breughel, Brouwer, Wouwerman und Rubens, dessen üppige Frauen und apokalyptisch verschlungene Leiber das eigent-

***Die Geburt* von Paul Gauguin in der Neuen Pinakothek.**

liche Kernstück der Sammlung bilden. Man könnte fast sagen: Die **Alte Pinakothek** (wegen Renovierung voraussichtlich bis Sommer 1998 geschlossen) wurde um seine großformatigen Gemälde herumgebaut.

In der Folge kamen noch einige Holländer, Rembrandt und Frans Hals, hinzu, aber auch zahlreiche Italiener: Raffael, Tizian, Tintoretto, Veronese, um nur die wichtigsten zu nennen.

So entstanden nach und nach kleinere Gemäldegalerien, die freilich der Öffentlichkeit noch nicht zugänglich waren. Erst Ende des 18. Jh.s ging man dazu über, die bis dahin verstreut in diversen Schlössern hängenden Bilder zusammenzutragen und einem breiten Publikum vorzustellen. Die Sammlung der Wittelsbacher wurde zunächst im Galeriegebäude des Hofgartens untergebracht, das sich indessen bald als zu klein erwies. Daher gab Ludwig I. seinem Architekten Klenze den Auftrag zum Bau der Alten Pinakothek.

Der Grundstein wurde 1826 gelegt, doch der Bau des Bildertempels nahm zehn Jahre in Anspruch. Die Alte Pinakothek war der größte Galeriebau seiner Zeit. Rasch füllten sich Riesensäle mit Sammlungen aus kirchlichem oder Privatbesitz. Aus eigener Tasche erwarb Ludwig Hauptwerke der altdeutschen Malerei, vor allem Dürer und Altdorfer, aber auch zahlreiche Gemälde der italienischen Proto-, Früh- und Hochrenaissance von Giotto über Botticelli bis Leonardo da Vinci.

Stolz verkündete Ludwig: „Welche Sammlung habe ich, meine Herren! Nur wünsche ich, daß nichts davon in die Zeitungen komme. Wenn man das Geld im Spiel verliert oder für Pferde ausgibt, meinen die Leute, es wäre recht, es müsse so sein; wenn man es aber für die Kunst verwendet, dann sprechen sie von Verschwendung."

Die **Neue Pinakothek** (1975–81) gegenüber erfüllt alle Ansprüche an einen modernen Museumsbau. Die großen Oberlichter schaffen eine helle Atmosphäre, in der die Landschaften der französischen Impressionisten voll zur Geltung kommen. Die Räume der Neuen Pinakothek sind schleifenförmig um zwei Innenhöfe angeordnet.

Man biegt ständig um Ecken, Treppchen hoch, Treppchen runter, verschwindet in einem schmalen Gang, aus dessen verschatteter Beiläufigkeit man unversehens ans Licht eines hohen Saales auftaucht, in dem die Bilder der Historienmaler Kaulbach und Piloty in leuchtenden Farben prangen; oder man schlüpft in eine Nische, wo eine grazile Amazone des Bildhauers Maillol einsam, aber stolz auf ihrem Pferd reitet.

Mit der Sammlung bestens vertraut, konnte der Architekt Alexander von Branca den Gemälden ein maßgeschneidertes Gehäuse schaffen, das auch von außen beeindruckt: Die verspielten Architekturformen und das terrassierte Wasserbecken verleihen ihm einen Hauch von Postmoderne. Im Erdgeschoß befindet sich ein Restaurant mit nicht minder postmodernen Preisen. An warmen Tagen werden am Beckenrand Tische und Stühle aufgestellt. Bei Kaffee kann man dann die *Große Liegende* des englischen Bildhauers Henry Moore bewundern.

Links und rechts: Die Neue Pinakothek widmet sich der europäischen Malerei des 19. Jh.s.

Wie Frankfurt seine Oper und Wiesbaden seine Spielbank, so hat die Kunststadt München ihre Galerien. Irgendwann hat jeder einmal Gelegenheit, eine Vernissage mitzuerleben.

Fast jede Woche wird eine Ausstellung eröffnet: Man trifft sich auf ein Glas Sekt und langweilt sich stilvoll. Vorbei sind die Zeiten, als bei solchen Anlässen Champagner, mit Cassis versetzt als „Kir Royal", gereicht wurde, denn seit der Fernsehserie dieses Namens getraute sich das niemand mehr. „Kir Royal" ist seither das Pseudonym für jene selbsternannte Boheme, die zwar keinen ausgeprägten Kunstverstand, dafür aber Geld und Lust zum Festefeiern – also auch das Sagen in der Münchner Künstlerszene – hat.

Wer sich als Neuling der Kunstszene darüber wundert, daß alle behaupten, unter dieser distinguierten Langeweile zu leiden, aber keiner darauf verzichten will; daß viele vom aufregenden Leben in New York schwärmen, aber keiner ernsthaft daran denkt, München je zu verlassen – der sollte einen Blick in die Vergangenheit werfen. Vielleicht wird ihm dann diese widerspenstige Treue vieler Münchner Künstler zu ihrer Stadt verständlicher.

In der Neuen Pinakothek hängt ein Bild, das Kronprinz Ludwig und seine Künstlerfreunde zeigt. Man sitzt in einer römischen Schenke, die Stimmung ist ausgelassen, Ludwig bestellt gerade neuen Wein. Kunst verbindet und läßt Standesunterschiede vergessen. Mehr noch: Sie gibt Anlaß zum Feiern. Was sich als italienische Wirtshausidylle auf der Leinwand noch bescheiden ausnimmt, verwandelte sich in der Wirklichkeit zum Riesenspektakel. 1840 fand in München das berühmte Dürerfest statt: Alle Künstler in der Stadt waren dazu aufgerufen, die Zeit Dürers in einem bunten Maskenzug auferstehen zu lassen. Es folgten weitere Feste, die das Venedig der Dogen oder das Florenz der Medici feierten und die ganze Stadt zur Bühne machten.

Weniger individuelle Begabung war gefragt als vielmehr die Bereitschaft, das Leben selbst zum Kunstwerk zu stilisieren. So waren es auch nicht herausragende Genies, die das Kunstleben der Stadt prägten, sondern die vielen, heute längst in Vergessenheit geratenen kleinen Künstler, die um die Mitte des 19. Jh.s scharenweise nach München strömten.

Den Sommer verbrachte man gerne auf dem Land. Man zog in eine der zahlreichen Malerkolonien, um sich tagsüber in freier Natur der Malerei zu widmen und abends gesellschaftliches Beisammensein zu pflegen. Im Winter kehrte man in die Stadt zurück, wo die Künstlerfürsten Lenbach und

Stuck den Ton angaben. Wer regieren will, muß bekanntlich auch repräsentieren können, und so ließen sich Lenbach und Stuck kleine Paläste errichten, um die Verehrerscharen glanzvoll zu empfangen.

Lenbach galt seinerzeit als der berühmteste Porträtist Deutschlands. Vom Kaiser über den Papst bis hin zu Eleonora Duse malte er alles, was Rang und Namen hatte.

Franz von Stuck ließ sich die Rolle des Malerpatriarchen förmlich auf den Leib schneidern: Gästen trat er mit Vorliebe im Kostüm eines römischen Imperators entgegen. In seinem Atelier, das eher einem herrschaftlichen Salon glich, errichtete er aus eigenen Werken der Kunst einen Hausaltar, dem seine Gäste huldigen mußten.

Im München um 1900 gab es zwei Möglichkeiten, sich zum Maler ausbilden zu lassen: Paul Klee stand in der „Stadt der fünftausend Maler“ vor der Wahl, entweder Privatstunden zu nehmen oder die berühmte Kunstakademie zu besuchen, deren Ateliers heillos überfüllt waren. Klee nahm vorübergehend Privatstunden und bezog dann die Akademie, wo er Stuck als Lehrer begegnete, ihn allerdings nicht besonders schätzte. In seinem Tagebuch äußerte er sich entsprechend abfällig über die selbstherrlichen Künstlerfürsten. Im übrigen interessierte er sich zunächst mehr für das Leben als für die Kunst. Mit Kollegen durchzechte er die Nächte in Biergärten und lud so manches hübsche Modell zur Spazierfahrt ins nahe Isartal ein.

Künstlergesellschaften schossen überall aus dem Boden, verschwanden aber oft ebenso schnell, wie sie entstanden waren – mit einer Ausnahme: 1911 gründeten Kandinsky und Marc die Künstlergruppe *Der Blaue Reiter,* der sich in der Folge u. a. Klee, Münter und Macke anschlossen. Durch zahlreiche Ausstellungen schufen sie der modernen Malerei in Deutschland erstmals eine Öffentlichkeit. Ihre Werke gehören zu den Höhepunkten des Expressionismus und waren wegweisend für die abstrakte Malerei. Allerdings setzte der Ausbruch des Ersten Weltkriegs dem Künstlerkreis ein jähes Ende. Heute sind die Werke des *Blauen Reiter* in der städtischen Galerie im Lenbachhaus zu sehen.

München erholte sich vom Schock des Ersten Weltkriegs und vom Kahlschlag durch den Faschismus nie wieder ganz. Deshalb brechen viele Kunstgeschichten an dieser Stelle ab. Kunststadt München – eine Legende also, die leider endgültig der Vergangenheit angehört?

Wenn Sie Glück haben, kann Ihnen folgende Geschichte passieren: Auf einem Streifzug durch verwinkelte Straßen und Hinterhöfe in Haidhausen oder Schwabing fängt es plötzlich an zu regnen. Sie stellen sich in eine Toreinfahrt, schütteln wie ein nasser Pudel die Tropfen ab und blicken dann um sich. Sie entdecken eine Tür mit dem Schild „Künstlerwerkstatt“. Neugierig betreten Sie einen großen hellen Raum, eine Mischung aus Atelier, Galerie und Wohnküche. Begrüßt werden Sie von einem jener Künstler höchstpersönlich, denen es zu verdanken ist, daß München wieder als Kunststadt gelten darf.

Links: ***Der Tiger*** **von Franz Marc. Oben:** ***Panflötenspieler*** **von Franz von Stuck.**

Das Lehel

Das Lehel gehört neben der Maxvorstadt und Haidhausen zu den Stadtvierteln Münchens, die sich trotz ihrer großstädtischen Lage eine gewisse Abgeschiedenheit und einen eigentümlichen Charme bewahrt haben. Ein Spaziergang durch dieses Viertel, das sich zwischen Fraunhofer- und Prinzregentenstraße am linken Isarufer entlangzieht, lohnt sich: Ganze Straßenzüge sind geprägt von gut erhaltenen Gebäuden aus der Gründerzeit; daneben finden sich aber auch noch einzelne bescheidene Häuschen, die daran erinnern, daß das Lehel ursprünglich von armen Flößern, Handwerkern und Kleinbürgern bewohnt war.

Es ist vor allem diese widerspruchsvolle Mischung von beinahe idyllisch anmutender Kleinstadtatmosphäre und einem großherrschaftlichen Zug, die dem Lehel seinen unverwechselbaren Charakter verleiht. Auch im heutigen Geschäfts- und Alltagsleben macht sich ein solches Nebeneinander breit: So finden sich auffällig viele Tante-Emma-Läden neben exklusiven Galerien, kleine Familienbetriebe neben Großfirmen und Versicherungshäusern, alteingesessene Eckkneipen neben vornehmen Feinschmeckerrestaurants, Dorflinden neben Video-Geschäften. Das noch intakt anmutende Stadtbild wird allerdings zunehmend durch moderne Großstadtarchitektur zerstört (z. B. durch den Komplex der *Bayerischen Versicherungskammer*).

Die **Prinzregentenstraße,** die südliche Begrenzung des Englischen Gartens, wurde als Prachtstraße zwischen 1891 und 1901 angelegt; heute stellt sie eine verkehrsreiche Verbindung zwischen Schwabing und dem Münchner Osten her. Sie beginnt dort, wo der Straßentunnel unter dem **Prinz-Carl-Palais** wieder ans Tageslicht dringt.

Das nahe gelegene **Haus der Kunst** gleich am Anfang der Prinzregentenstraße – 1933–1937 als faschistischer Repräsentationsbau in reichlich über-

Vorherige Seiten: Das Maximilianeum, Sitz des Bayerischen Landtags. **Unten:** Am Prinz-Carl-Palais beginnt die Prinzregentenstraße.

zogener neoklassizistischer Manier errichtet – hat sich unter der Leitung von Christoph Vitali als erstklassiger Ausstellungsort etabliert und widmet sich der zeitgenössischen künstlerischen Avantgarde. Die **Staatsgalerie Moderner Kunst** ist im westlichen Seitenflügel des Gebäudes untergebracht. Neben wechselnden Ausstellungen sind dort jene Werke zu sehen, die während des Dritten Reiches als „entartet“ galten, jedoch längst als „Klassiker der Moderne“ anerkannt sind.

Volkskundliche, aber auch kunstgeschichtliche Sammlungen vom frühen Mittelalter bis zur Gegenwart findet man im bombastischen Bau des **Bayerischen Nationalmuseums** (Nr. 3); dort ist auch die **Neue Sammlung** mit Wechselausstellungen zur Form- und Umweltgestaltung im 19. und 20. Jh. zu finden.

Nur einige Häuser weiter können Kunstinteressierte in der **Schack-Galerie** (Nr. 9) eine ansehnliche Sammlung von Malereien aus dem 19. Jh. bewundern, darunter berühmte Werke von Böcklin, Feuerbach, Lenbach sowie von Schwind und Spitzweg. Gleich gegenüber lebte von 1908 bis 1918 der Dichter Frank Wedekind.

Biegt man nach rechts in eine der Nebenstraßen ein, so gelangt man ins eigentliche Lehel mit seinen Winkeln und Gassen. Die **Sternstraße,** heute leider von regem Autoverkehr durchflutet, wird von malerischen Reihenhausfassaden geprägt, die großteils unter Denkmalschutz stehen – ursprünglich verlief hier ein Bach, auf dessen aufgeschüttetem Grund sich seither die Häuser gegenseitig stützen.

Abseits vom Trubel: Durch die schmale Gewürzmühlstraße erreicht man den **St.-Anna-Platz,** auf dem eine Oase der Ruhe mit Bäumen, Blumenrabatten und Sitzgruppen erhalten blieb – trotz der Neugestaltung des Platzes, die der U-Bahnbau nach sich zog (U-Bahnhof *Lehel*). Im Haus Nr. 2 verbrachte der Schriftsteller Lion Feuchtwanger (1884–1958) seine Kindheit; bekannt wurde er vor allem durch seine Klassiker *Jud Süß* und *Exil,* aber auch durch

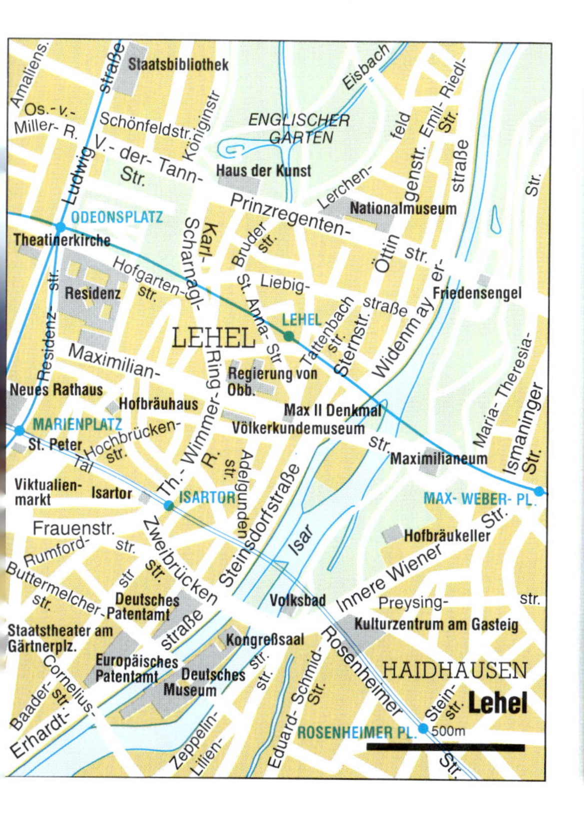

Das Bayerische Nationalmuseum zeigt Exponate aus neun Jahrhunderten.

seinen Roman *Erfolg,* der im München der zwanziger Jahre spielt.

Das Zentrum des Platzes bildet die **Pfarrkirche St. Anna,** die Gabriel von Seidl im neuromanischen Stil entwarf und die 1882 eingeweiht wurde. Im Innern fallen vor allem das monumentale Apsisgemälde und der Hochaltar im erhöhten Presbyterium ins Auge.

Der Bau der großen, den Platz dominierenden Kirche wurde Ende des 19. Jh.s notwendig, nachdem die ursprüngliche **Klosterkirche St. Anna** den Bedürfnissen der angewachsenen Pfarrgemeinde nicht mehr genügte. Diese erste Rokoko-Kirche Münchens, die zwischen 1727 und 1733 von Johann Michael Fischer erbaut wurde, liegt fast unscheinbar am Rande des St.-Anna-Platzes, umgeben von der alten Klosteranlage, in der zunächst die Einsiedler des Hieronymitaner-Ordens untergebracht waren und wo seit 1827 Franziskanermönche leben.

Das reich geschmückte Kircheninnere wurde nach der beinahe restlosen Zerstörung durch einen Bombenangriff im April 1944 vollständig restauriert; zu den Kostbarkeiten der Ausstattung gehören der 1970 rekonstruierte Hochaltar der Gebrüder Asam, dessen Tabernakelbau von Johann Baptist Straub (1704–1784) den Brand von 1944 unbeschadet überstand; außerdem die Gemälde von Cosmas Damian Asam (1686–1739) in den vorderen Seitenaltären sowie die reich verzierte Kanzel von J. B. Straub.

Nach der Besichtigung empfiehlt es sich, ein wenig durch die Gassen zu schlendern, die noch nicht vom Tourismus erfaßt sind und eine wohltuende Beschaulichkeit bewahrt haben. Bevor man in Richtung Süden auf die Maximilianstraße stößt, liegt versteckt in der St.-Anna-Str. 2 die Gaststätte **Zum Klösterl,** die mit guter bayerischer Hausmannskost und Fischspezialitäten aufwartet (geöffnet 17.30–1 Uhr außer sonn- und feiertags).

Die **Maximilianstraße,** die von der Residenz zur Isar führt, gehört zu den großen Prachtstraßen des 19. Jh.s; ihre Gestaltung wurde 1852–1875 von

Das Museum für Völkerkunde ist für seine aufwendig gestalteten Ausstellungen bekannt.

Friedrich Bürklein geleitet. Von der St.-Anna-Straße aus erreicht man den breit angelegten unteren Teil der Straße, die an beiden Seiten von repräsentativen Bauten gesäumt wird. In dem im maximilianischen Stil erbauten Gebäude Nr. 39 residiert heute die Regierung von Oberbayern; der gegenüberliegende Bau (Nr. 42), im neugotischen Stil 1858/65 von Erich Riedel erbaut, beherbergt das **Staatliche Museum für Völkerkunde.**

Die reichen Bestände vor allem aus afrikanischen, mittel- und südamerikanischen sowie aus asiatischen Ländern sind nach Umbauarbeiten ab 1998 wieder sämtlich erforschbar. In zum Teil aufwendigen Sonderausstellungen erhält man außerdem Einblick in die Lebensweisen unterschiedlichster Völker. Leider zwingen Sparmaßnahmen auch dieses Museum zu Einschränkungen in der Gestaltung seiner Ausstellungen, was sich in deutlich sinkenden Besucherzahlen niederschlägt.

Am östlichen Ende der Maximilianstraße erhebt sich die mächtige Silhouette des **Maximilianeums,** Sitz des bayerischen Landesparlaments. Zu seinen Füßen, aber noch links der Isar, prunkt in der Mitte der Straße das 1865 errichtete **Max II.-Monument,** das eine allegorische Darstellung der vier Herrschertugenden und die Wappen der bayerischen Stämme (Bayern, Schwaben, Pfälzer und Franken) zeigt.

Ein Hauch von Italien: Südlich der Maximilianstraße erstreckt sich ein weiterer Teil des Lehels, der sich gegenüber dem St.-Anna-Viertel durch eine spürbare Nähe zu städtischer Betriebsamkeit auszeichnet. Durch die Adelgunden- oder die Thierschstraße gelangt man zum **Mariannenplatz,** an dessen Ostseite die 1893–1896 erbaute evangelische **St.-Lukas-Kirche** steht. Von hier aus sind es nur wenige Schritte zur Isar.

„Bergluft schnuppern" läßt sich im **Alpinen Museum** auf der gegenüberliegenden Praterinsel, das anhand seiner Exponate aufzeigt, wie Menschen zu verschiedenen Zeiten die Berge erlebt und bewohnt haben.

Verkehrsinsel am Max-II.-Monument.

Folgt man der Thierschstraße in Richtung Isartor, so wandelt sich schlagartig die Atmosphäre: Ein Geschäft drängt sich an das andere; Boutiquen, Antiquitätenläden und Cafés bestimmen das Bild. Da auch hier die Häuserfassaden weitgehend intakt geblieben sind, wirkt diese Geschäftsstraße trotz allen Lärms anziehend und erinnert ein klein wenig an Italien.

Museum der Giganten: Biegt man in die Zweibrückenstraße nach links ein, so erreicht man nach wenigen Minuten die Museumsinsel mit dem **Deutschen Museum.** Das von Oskar von Miller angeregte und von Gabriel von Seidl geplante Technikmuseum, nach langjährigen Bauarbeiten 1925 eröffnet und nach dem Zweiten Weltkrieg wiederaufgebaut, ist eines der größten Museen dieser Art. Vom Bergbau bis zur Atomphysik, von der Drucktechnik bis zur Chemie, vom Abakus bis zum Computer wird hier die gesamte naturwissenschaftliche Entwicklung und Geschichte der Technik auf einer Ausstellungsfläche von 40 000 m^2 zusammengefaßt. Wie ein Computer zu Leibniz' Zeiten aussah; mit welch unscheinbarer Versuchsanordnung (im Original) Otto Hahn und Fritz Straßmann die erste Kernspaltung „passierte", die dann ein neues Zeitalter einleitete; wie unter ohrenbetäubendem Knall ein künstlicher Blitz auf einen Metallkäfig niedersaust und der darin sitzende Mensch unversehrt wieder aus dem (Faradayschen) Käfig aussteigt: Solche und unzählige weitere Eindrücke werden in Deutschlands größtem Museum auf anschauliche Weise vermittelt – durch Schaubilder, historische Versuchsaufbauten, Filme und Demonstrationsversuche, vor allem aber durch Originalgeräte bis hin zu imposanten Flugzeugen, die jedes Bubenherz höher schlagen lassen. Aber auch so manch erwachsenes Kind wird an den hier möglichen Selbstversuchen und Spielereien seine Freude haben.

Bemerkenswert an der Konzeption des Museums ist die weite Auslegung des Technikbegriffes: Sie läßt z. B. Musikliebhaber in den Genuß einer

In der ehemaligen Flugzeughalle des Deutschen Museums.

hervorragenden Sammlung alter Musikinstrumente kommen, und Sternfreunden bietet sich in der museumseigenen Sternwarte auch am Tage ein Blick auf Sonne, Mond und Jupiter. An Schlechtwettertagen liefert das **Zeiss-Planetarium** den klarsten Himmelsblick, den München bieten kann.

Das Planetarium im benachbarten **Forum der Technik** ermöglicht mittels computergesteuerter Projektoren und multimedialer Technik den grenzenlosen Blick ins All. Das IMAX-Kino unter dem selben Dach zeigt populärwissenschaftliche Filme aus den Bereichen Naturwissenschaft und Technik.

Anschließend empfiehlt sich in jedem Fall ein kleiner „Verdauungsspaziergang" entlang der Isar, deren Ufer vor allem im Sommer von Sonnenhungrigen bevölkert werden.

Über die **Corneliusstraße** oder mit einem kleinen Umweg über die **Reichenbachstraße** führt der Weg zum **Gärtnerplatz,** der schon von seiner Anlage her eine wahre Augenweide ist. Der sternförmige Platz wird umrahmt von gut erhaltenen Häusern aus der Gründerzeit; 1864/65 wurde hier als dominierender Bau das **Theater am Gärtnerplatz** von Franz Michael Reifenstuel errichtet. Im Stil der italienischen Neorenaissance gebaut und im Innern dem Nationaltheater nachempfunden, war es ursprünglich vor allem als Volkstheater gedacht. Heute stehen auf dem Spielplan Operetten, Opern und Ballettaufführungen.

Begibt man sich in die Mitte des Platzes, so ist man – zumindest im Sommer – umgeben von einem wahrhaft prächtigen Blumenmeer und schattenspendenden Kastanien. Erst wenn der Blick durch die Reichenbachstraße gen Norden schweift, kehrt plötzlich das Bewußtsein zurück, daß man sich hier noch mitten in München befindet: Am Horizont sind die Türme der Liebfrauenkirche und des Alten Peter zu sehen, und es dauert nur wenige Minuten, bis der Spaziergänger vom bunten Treiben auf dem Viktualienmarkt oder vom Menschengewühl am Marienplatz endlich wieder eingefangen wird.

Das alte Lehel spiegelt sich in der postmodernen Fassade des Sparkassengebäudes.

DIE ISAR: EIN GEZÄHMTER WILDWASSERFLUSS

Als 1983 das Münchner Stadtmuseum in einer Ausstellung den „Lebenslauf" der Isar vorstellte, faßte es deren „Lebenswandel" mit den Worten zusammen: „Vom alpinen Wildfluß zum gezähmten Kulturfluß". Und in der Tat, schaut man heute von einer der Isar-Brücken auf den gemächlich dahinfließenden Strom hinab, gemahnt fast nichts mehr an die einstige Wildheit dieses Gebirgsflusses, der noch zu Anfang des 19. Jhs. Hochwasser führend eine verheerende Katastrophe verursachte: 1813 brachte die tosende Isar die Ludwigsbrücke zum Einsturz und begrub etwa hundert Schaulustige, die sich gerade auf der Brükke befanden, unter ihren Wogen.

Der Wildwasserfluß Isar war lange Zeit für den Menschen unberechenbar – nicht einmal ein geregelter Flußlauf war in früheren Jahrhunderten vor den ersten Regulierungsmaßnahmen zu erkennen. Das verzweigte Rinnensystem wanderte von Jahr zu Jahr auf dem „rollenden" Untergrund des Schotters. Dennoch zog der Fluß erste Siedlungen an und entwickelte sich schnell zu einer Hauptschlagader des frühen „Urbaiern", des Raumes zwischen Alpen und Donau, wo ein Völkergemisch aus Alemannen und Protoladinern zu einem Volksstamm verschmolz. Und besonders dort, wo es gelang, die ungezähmte Isar zu überqueren, bildeten sich Verkehrsknotenpunkte, entstanden erste Herrschaftszentren. z. B. Freising, das weit älter als München ist. Hier überquerte die berühmte Salzstraße die Isar, hier entstand ein Kulturzentrum der karolingischen Spätantike. Der Freisinger Bischof Arbeo (764–783) machte den Klosterberg zur ersten altbairischen Bildungs- und Literaturhochburg.

Zu einer Zeit, als Flüsse noch schier unüberwindbare Hindernisse darstellten, war eine Brücke im eigenen Herrschaftsbereich ein entscheidender Machtfaktor. Es war Heinrich der Löwe, der in einem gewaltsamen Willkürakt die Zollbrücke aus dem freisingischen Föhring isaraufwärts verlegte, wo Anfang des 12. Jh.s nur ein paar mönchische Siedlungen standen – und so zum Gründer Münchens wurde. Mit der Macht über das Wasser nahm die neue Siedlung einen rasanten Aufschwung, und schon Ende des 13. Jh.s ließen sich die Wittelsbacher Herrscher mit ihrem Hof in München nieder. Ihr Zugriff auf die Isar war von einer erstaunlichen Selbstherrlichkeit, wofür die Münchener Flößerordnung ein gutes Beispiel liefert. Die Flößerei stellte über Jahrhunderte hinweg die Transportform schlechthin dar; wer sie kontrollieren konnte, war Herr im Land. So erließ der Münchner Rat kurzerhand ein „Stapelrecht", das vorschrieb, daß jedes Floß, das

München passierte, hier drei Tage anlegen mußte und in einer Art Vorverkaufsrecht erst einmal den Münchner Bürgern zustand. So konnte sich die immer schneller expandierende Siedlung von der riesigen Floßlände wie im Selbstbedienungsladen mit Bauholz und Steinen versorgen.

Doch die Isar war nicht immer der nur gehorsam dienende Zuträger für die Stadt München. Der reißende Strom brach immer wieder aus seinem ihm zusehends aufgezwungenen Flußbett aus. Die Liste der Hochwasseropfer und -schäden, die die Isar München zufügte, ist lang. Noch Mitte des 19. Jh.s war der Englische Garten regelmäßig überflutet. Doch mittlerweile hat ein ausgeklügeltes System von Wehren, Kanälen und befestigten Uferanlagen die Isar gezähmt. Der Rückblick auf den Wildwasserfluß ist eher von romantisch-sentimentaler Sicht bestimmt und entspricht kaum mehr der Wirklichkeit. Selbst die letzten Abschnitte in der Ascholdinger und Pupplinger Au, wo die Isar wie in früheren Zeiten noch wild mäandern konnte und so einzigartige Wildwasserlandschaften schuf, sind langsam verschwunden. Zudem muß die Isar reichlich Abwasserfracht mit sich führen und das Kühlwasser für mehrere Kernkraftwerke liefern, die nach und nach an ihrem Unterlauf entstanden sind.

Dieser Zauberer becirct anscheinend auch heute noch die Fahrgäste auf den „Gaudiflößen", die allsommerlich den Streckenabschnitt zwischen Wolfratshausen und Thalkirchen herunterschunkeln. Manchem Zuschauer am Ufer kommt es allerdings vor, als sei es nur das mitgeführte Bier, das hier „bezaubernd" wirkt. Diese Floßfahrten, die zum Ende des 19. Jh.s aufkamen, haben wenig gemein mit der rauhen, nicht ungefährlichen Gewerbs-Flößerei früherer Zeiten. Für den heutigen „Flößer" besteht höchstens die Gefahr einer unfreiwilligen Abkühlung in der Isar.

Einigermaßen aufnahmefähig sollte man nämlich schon sein, wenn man – unter den

Die industrielle Nutzung der Isar setzt allerdings erst richtig ein, nachdem der Fluß München passiert hat. Im Oberlauf herrscht teilweise noch eine trügerische Idylle vor. 1931 schrieb Julius Kreis anläßlich einer Fahrt durch das voralpenländische Isartal: „Es ist, wie wenn ein guter Zauberer allen Spuk der großen Stadt, der schweren Zeit der entgötterten Natur mit gütiger Hand aufgelöst hätte in zeitlose, grüne Wasser-, Baum- und Himmelsseligkeit."

Links: Blick auf die Isar mit dem Friedensengel im Hintergrund. Oben: Sonnenbad auf den Kiesbänken der Isar.

Klängen der mitreisenden Dixie-Band – der Hauptstadt entgegenschippert, durch ländliche Idylle und romantisch-verwegene Burgenromantik. So kommt man unter anderem auch an der Burg Schwaneck in Pullach vorüber, auf den ersten Blick eine täuschend echte mittelalterliche Burganlage. In Wahrheit ist sie das Paradebeispiel einer künstlichen Staffage. Der Bildhauer Ludwig von Schwanthaler ließ die Burg 1842 in verschiedenen Stilarten erbauen. Angeblich soll er nur eine Nacht in der fertiggestellten Burg verbracht haben – realitätsferne Traumschlösser scheinen letztendlich doch nicht sehr wohnlich zu sein.

HAIDHAUSEN UND BOGENHAUSEN

Haidhausen steht im Ruf, als neues „in"-Viertel Schwabing den Rang abzulaufen. Die vor Jahren noch eher schäbige und biedere Gegend, wo in abbruchreifen Häusern Studenten und Ausländer, Alternative und mittellose Künstler ihre Zelte aufgeschlagen hatten, wurde aufwendig renoviert.

Die alten Herbergen, in denen im 18. Jh. die Tagelöhner Quartier bezogen, wurden zu adretten Ateliers aufpoliert, und wo einst an der Salzstraße gen München die Schmiede und Wagner ihr Handwerk betrieben, entstanden neue Luxusquartiere für jene, die sich das Gefühl leisten können, zugleich in einer (vermeintlichen) Weltstadt und in einem Dorf zu wohnen.

Denn kaum ein Viertel in München hat seinen dörflichen bis kleinstädtischen Charakter so deutlich bewahren können wie Haidhausen. Stadtteilinitiativen, Naturkostläden und etablierte Schicki-Micki-Lokale mit einer treuen Stammkundschaft, die schon längst aus Schwabing geflüchtet ist, schaffen aber erst jenes Boheme-Flair, das für Geld und Aufsteigerschichten so überaus anziehend wirkt.

Kommt man über die Maximiliansbrücke nach Haidhausen, so empfängt einen das prachtvolle Gebäude des **Maximilianeums.** Es entstand im 19. Jh. als krönender Abschluß der Maximilianstraße und war als Eliteschule gedacht. Heute ist es Sitz des bayerischen Landtags und beherbergt die Stiftung Maximilianeum, die den besten Abiturienten und Abiturientinnen Bayerns kostenloses Wohnen und Studieren ermöglicht.

Zwischen Maximilians- und Ludwigsbrücke liegt das östliche Hochufer der Isar. Das Gebiet, dessen Lehmvorkommen einst zu den Haidhauser Ziegeln verarbeitet wurden, ist heute ein weitläufiger Park. Wem es gelingt, nicht gleich der Verlockung eines Sonnenbades an der Isar zu erliegen, kann durch den Park direkt bis zur **Ludwigsbrücke** wandern. An ihrer Stelle befand sich der erste Isarübergang, über den im 12. Jh. die Salzstraße nach München führte. Bemerkenswert ist hier der **Vater-Rhein-Brunnen,** die Arbeit Hildebrands von 1897/1903. Nicht nur Clochards lieben dieses idyllische Plätzchen gegenüber dem Deutschen Museum.

Jugendstil und Gigantomanie: Vom Stadtzentrum aus linker Hand nach der Brücke sticht das **Müllersche Volksbad** (1897/1901) ins Auge, das zu Recht als „Deutschlands schönstes Jugendstilbad" bezeichnet wird.

Das wegen seines Veranstaltungsangebots beliebte **Kulturzentrum am Gasteig** ist ein architektonisch umstrittenes Bauwerk aus Blankziegeln und Glas. Neben der Philharmonie und dem Richard-Strauss-Konservatorium ist hier die meistbesuchte und größte Stadtbibliothek Deutschlands untergebracht und – gewissermaßen als Zugeständnis an die Kleinkunst – das Studiotheater in der Black Box. Auch die Volkshochschule nutzt mehrere Räumlichkeiten für ihr Kursprogramm.

Vorherige Seiten: Die Philharmonie im Kulturzentrum Gasteig. **Links:** Der Friedensengel im Winter. **Rechts:** Detail am Maximilianeum.

Links am Gasteig vorbei kommt man nach Alt-Haidhausen. Hier steht an der **Inneren Wiener Straße,** der ehemaligen Salzstraße, die **Loretto-Kapelle.** Verbunden ist sie mit der kleinen Kirche **St. Nikolaus,** die seit 1315 Kirche des ehemaligen Leprosenhauses außerhalb der Stadt war und im 16. Jh. im spätgotischen Stil wiederaufgebaut wurde. Geht man die Innere Wiener Straße weiter, liegt zur Linken das Areal der einstigen Brauereigebäude des Hofbräuhauses, die 1890 vom Platzl hierher verlegt wurden. 1987 brannten sie bis auf die Außenmauern aus. In bester Lage entstanden hier neue Luxuswohnungen. Die Gaststätte **Hofbräukeller** samt ihrem weitläufigen, idyllischen Biergarten ist jedoch weiterhin in Betrieb.

Dörflichkeit und neuer Schick: Wie auf dem Dorf fühlt man sich am **Wiener Platz** mit seinem Maibaum, seinen Marktstandln und den restaurierten **Herbergen** aus dem 18. Jh. (Wiener Platz 4–6 und An der Kreppe 2a–d). Allenfalls der Autoverkehr und das **Café Wiener Platz** erinnern daran, daß man hier in der Großstadt ist.

Ebenso hat die **Kirchenstraße** noch etwas von einer alten Dorfstraße bewahrt, die einst durch den bäuerlichen Teil Haidhausens führte. Doch sieht man vom Innenhof des Hauses Nr. 15 bereits die zum Teil sozialen Neubauten in der Seeriederstraße, ein sichtbarer Beweis für die zunehmende Attraktivität dieses ehemaligen „Glasscherbenviertels". Wer der Geschichte dieses Stadtteils auf den Grund gehen möchte, kann dies im **Haidhauser Museum** (Kirchenstraße 24, Mo, Di, Mi 16–18 Uhr, So 14–18 Uhr) tun.

Die Pfarrkirche **St. Johann Baptist** (Kirchenstraße 39), deren Ursprung bis ins frühe 9. Jh. zurückreicht, war Mittelpunkt des Dorfes. Nach der Zerstörung durch die Schweden 1640 wurde sie wieder aufgebaut und um 1700 nach Plänen von Gunetzrhainer barockisiert.

Durch die **Wolfgangstraße** gelangt man in die **Preysingstraße,** in der das ganze Unterhaltungsspektrum Haidhausens zu finden ist – vom alternati-

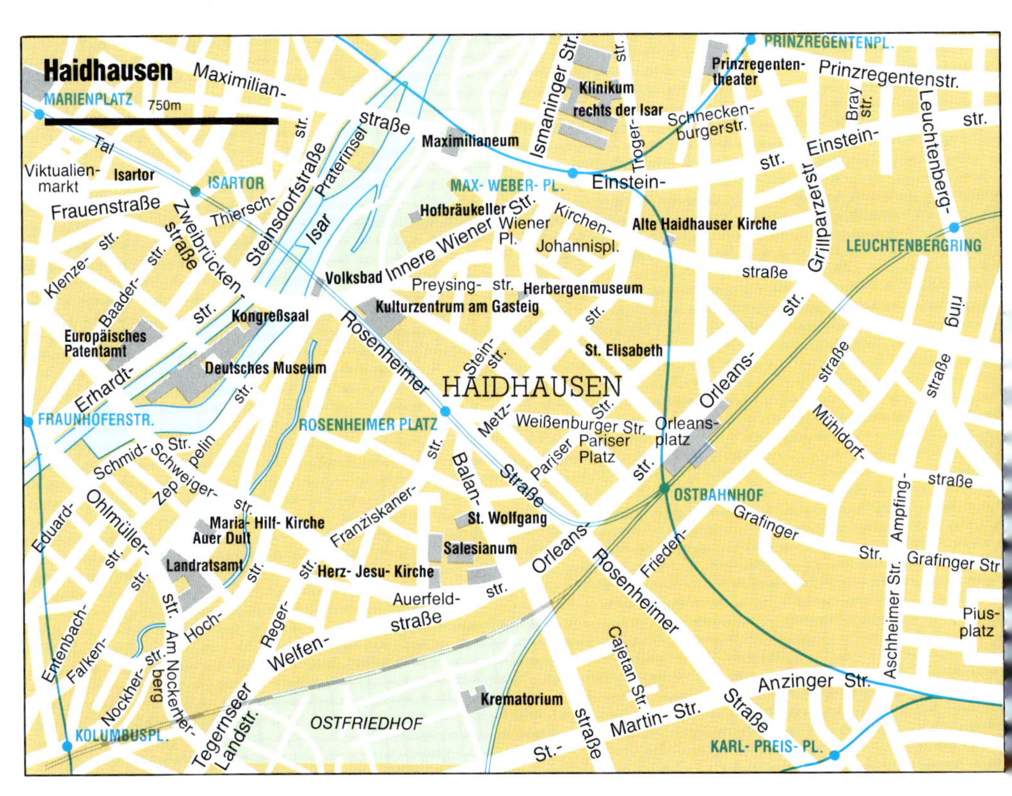

von **Gasthof Zum Kloster** (Nr. 77) bis hin zum modernen **Boogie** (Nr. 20), wo sich die Schickeria sonntags zum Superbrunch ein Stelldichein gibt.

Und dazwischen liegen die Relikte der Vergangenheit: Gleich gegenüber dem **Kriechbaumhof** (Nr. 71), der originalgetreu wie im 17. Jh. wiederaufgebaut wurde, liegen noch einige jener Herbergen, die einst die Tagelöhner aufnahmen und jetzt wieder in neuem Glanz als Ateliers und Werkstätten erstrahlen. Wie es in deren Innerem früher ausgesehen hat, zeigt heute das **Herbergenmuseum im Üblackerhäusl,** gleich nebenan.

Finanziert werden konnte dank der Tatkraft des „Bettlers von Haidhausen", Pfarrer Johann Georg Walser, der sogenannte Haidhauser Dom am Johannisplatz. Die Kirche **St. Johann Baptist** (nicht zu verwechseln mit der gleichnamigen alten Pfarrkirche), erbaut in den Jahren 1852–1874, verfügt als einzige über einen noch vollständig erhaltenen Glasgemäldezyklus der späten Neugotik in München.

Der **Johannisplatz** selbst mit seinen kleinen Geschäften und Kramläden könnte ohne Retuschen als Filmkulisse der fünfziger Jahre herhalten.

„Franzosenviertel": Als der östliche Teil von Haidhausen entstand, war das bayerische Heer gerade siegreich aus dem Deutsch-Französischen Krieg von 1870/71 zurückgekehrt, und so wurden die Straßen nach den eroberten Städten und den erfolgreichen Schlachten benannt. Diesem Umstand verdankt Haidhausen seinen Beinamen „Franzosenviertel". Zwar gesäumt von Billig-Kaufhäusern und Ladenketten, die Haidhausen trotz aller Sanierungsmaßnahmen immer noch nicht – und das ist gut so – als die vornehmste Wohnadresse ausweisen, besitzen die kleinen Straßen dennoch einigen Charme.

Lohnenswert ist ein Gang durch die mit Bäumen bepflanzte Fußgängerzone der Weißenburger Straße zum **Weißenburger Platz.** Man erkennt ihn schon von weitem an seinem dreistöckigen Brunnen, dem einzig erhaltenen Objekt, das 1853 für den Glas-

Links: Oase der Ruhe am Weißenburger Platz. **Rechts:** Dörflicher Charme am Wiener Platz.

palast entworfen worden war. Dieser Brunnen, um den herum sich an schönen Tagen Müßiggänger aller Art niederlassen, wird von farbenprächtigen Blumenrabatten und Bäumen eingerahmt, die förmlich zum Verweilen einladen. Ein eher kleinstädtisches Flair versprüht der unweit gelegene, aber nicht mehr ganz so idyllische **Pariser Platz.** Hier erwartet einen eher südländische Atmosphäre: Kinder spielen auf der Verkehrsinsel in der Mitte des Kreisverkehrs, Eltern und Passanten ruhen sich auf den Bänken aus.

Am **Orleansplatz** bilden die Geleise des gegenüberliegenden Ostbahnhofs die östliche Grenze von Haidhausen. Wer noch etwas in Haidhausen verweilen will, kann durch die Breisacher Straße zur Elsässer Straße schlendern. Die Gaststätte **Wiesengrund** (Nr. 15) bietet hier in legerer Atmosphäre Tagesgerichte zu erschwinglichen Preisen an. Die portugiesische Küche der **Lissabon Bar** (Breisacher Str. 22) ist vor allem bei jungen Leuten beliebt. Live-Konzerte, fast ausschließlich Jazz, gibt es in der **Unterfahrt** (Ecke Kirchenstr./Haidenauplatz). Das Lokal ist eine Münchner Institution und das letzte Überbleibsel der einstmals so vitalen Jazzszene der Stadt.

Das Prinzregententheater, festlich erleuchtet.

Von der Orleansstraße aus fährt die Straßenbahn Nr. 19 nach Berg am Laim. Kaum zu glauben, daß es in dieser von Autolärm geplagten Wohnwüste etwas Sehenswertes gibt. An der Haltestelle Baumkirchener Straße geht es rechts in die Clemens-August-Straße zur Kirche **St. Michael.** Erbaut wurde sie von Johann Michael Fischer 1738–1751, die Innenausstattung stammt von Johann Baptist Zimmermann und dem „Vater“ des Münchner Rokoko, Johann Baptist Straub.

Wer es bis hierher geschafft hat, hat eine Pause im **Café Mahlerhaus** (Baumkirchner Str. 1) oder im altmünchnerischen **Weißen Bräuhaus** daneben redlich verdient.

Bogenhausen: Der goldene Glanz des **Friedensengels** kündet bereits vom Wohlstand, der sich in den heckenumsäumten Villen dieses Viertels verbirgt. Er bildet den krönenden Abschluß jener Terrasse, die am Isarufer über zwei Freitreppen zu einer der vornehmsten Gegenden Münchens führt.

Die Bronzestatue verbindet die beiden Teile der **Prinzregentenstraße,** die vom Haus der Kunst bis zum Prinzregentenplatz von nobler Gediegenheit geprägt ist. Gesäumt von eleganten Mietshäusern aus der Zeit um 1900, empfängt den Besucher dieser Prachtstraße die edle **Villa Stuck.** Erbaut wurde sie in den Jahren 1897–1914 nach den Entwürfen ihres Besitzers Franz von Stuck, neben Lenbach einer der legendären Künstlerfürsten Münchens. Der prächtige Jugendstilbau gilt als einzigartiges Gesamtkunstwerk, das die Einheit von Leben und Kunst betont. Heute ist der ehemalige Künstlerwohnsitz Jugendstilmuseum. Er bietet Räume für Ausstellungen der bildenden Kunst des 20. Jh.s.

Dem Milieu der Gegend angepaßt, hat ein Stück weiter **Feinkost-Käfer** seinen Standort. In mehreren historischen Stüberln wird hier auch dem anspruchsvollsten Gourmet der Gaumen aufs beste verwöhnt. Im angrenzenden Ladengeschäft kaufen Hobbyköche mit gehobenen Ansprüchen die feinen Zutaten für ihre privaten Zaubereien.

Obwohl Wagner-Fan Ludwig II. längst nicht mehr am Leben war, sollten die Werke des Tonkünstlers mit dem **Prinzregententheater** am Prinzregentenplatz ein angemessenes Festspielhaus nach Bayreuther Vorbild erhalten. Max Littmann fertigte den Entwurf, nach dem der Bau um 1900 ausgeführt wurde. Nach dem Krieg zog die Münchner Staatsoper ein, dann wurde das Haus wegen Baufälligkeit geschlossen und 1996, nach aufwendiger Renovierung und mit einem Orchestergraben versehen, wiedereröffnet.

Fast 20 Jahre lang wohnte Thomas Mann bis zu seiner Emigration 1933 in die Schweiz in der heute nach ihm benannten Allee Nr. 10, und so kann sich Bogenhausen rühmen, Entstehungsort großer Werke der Literatur zu sein.

Berühmte Kinder dieser Stadt liegen auf dem **Bogenhauser Kirchplatz** begraben, unter ihnen Annette Kolb, Erich Kästner, Liesl Karlstadt, Oskar Maria Graf, der Filmemacher Rainer Werner Fassbinder und „Monaco Franze“ Helmut Fischer.

Alptraum der Moderne: Wie man ein Wirtschaftswunder in Architektur umsetzt, zeigt jene Ansammlung von Kolossalbauten, die in den siebziger Jahren im **Arabellapark** errichtet wurden. Neben dem Arabellahaus und dem Sheraton Hotel ist das **Verwaltungszentrum der Hypo-Bank** heute aus der Silhouette Münchens nicht mehr wegzudenken. Das spektakuläre Bauwerk mit seiner „entmaterialisierenden“ Glas- und Aluminiumhaut wird einerseits als architektonische Meisterleistung bewundert, erweckt andererseits jedoch auch den Eindruck einer „überdimensionierten Herrschaftsgeste eines Wirtschaftsunternehmens“. Wer sich unbedingt einmal als kleines, unscheinbares Erdenwürmchen wahrnehmen will, der sollte einen Gang durch den Arabella-Park ins Programm aufnehmen. Eine futuristische Architekturwelt ist hier Realität geworden.

Stahl, Beton und Glas – die Münchner Zentrale der Hypo-Bank.

WO, BITTE, GEHT'S ZUR SZENE?

Wer die Frage stellt, wo in München denn die exotischen Cafés seien, wo Musik und Revolutionen die Luft schwängerten, schöne Frauen und wüste Trinker, Künstler ohne Werk und Mäzene ohne Geld einander anzögen, wo die personifizierten Konzepte für bessere Welten das Bierglas zückten, wo also jenes vielgelobte und gesuchte Land der Szene liege, der hat zwar die richtige Frage gestellt, kann aber nur bedingt auf Antwort hoffen. Aber man hätte doch von Schwabing gehört? Schwabing! – Der verräumlichte Traum jener, die in den sechziger Jahren von besseren Welten wußten, hat im Laufe der Jahre jedes Flair verloren. Eines ist heute sicher: nicht nach Schwabing. Eingedenk der alten Größe dieses Viertels residiert dort im **Café Extrablatt** (Leopoldstraße 7) nur noch Michael Graeter, der Klatschkolumnist – laut Aussage eines Kollegen ein journalistisches Phänomen schon deshalb, weil er es durch bloßes Buchstabieren von Prominentennamen zu etwas gebracht habe –, und bewirtet dort diejenigen, die gerne berühmt wären.

Wie anderswo ist die Subkultur in München vorwiegend eine Hallenkultur, die sich in aufgelassenen, zum Abbruch bestimmten Fabriken und Lagerhallen einnistet. Der Unterschied zu anderen Orten besteht darin, daß in München die Hallen irgendwann wirklich abgerissen werden. So geschehen mit der legendären „Alabama-Halle", den Theaterhallen an der Dachauer Straße, wo freie Tanz- und Theatergruppen, Performance-Künstler und Musiker einquartiert waren, oder den Hallen des aufgelassenen Flughafens Riem. Theaterveranstaltungen finden in der **Pasinger Fabrik,** in den Alten Ritterwerken (August-Exter-Straße 1) statt.

In der „Hallenstadt" **Kunstpark Ost** hat sich ein in Deutschland einmaliges Vergnügungszentrum etabliert: Kneipen, Clubs, Bars, Musik- und Tanzhallen gibt es hier in einer so großen Zahl, daß der Besucher die Qual der Wahl hat. Doch was die einen freut, ärgert die anderen. Von Partygetto ist die Rede und davon, daß der Kunstpark Ost die Szene in der Innenstadt förmlich austrocknet. Hallen mit ähnlichem Programm wie das **Nachtwerk** (Landsberger Str. 185) tun sich gegen die übermächtige Konkurrenz im Münchner Osten schwer.

Eine Zeitlang sah es so aus, als ob Haidhausen den vakanten Ruhm des Szeneviertels ergattern könne. Noch heute finden in der **Galerie in der Lothringerstraße**, einer ehemaligen Fabrik, die Ausstellungen derer statt, die nirgendwo sonst ausgestellt werden; aber das Haus ist in fester Hand der Stadt und muß eher als kulturelles Feigenblatt herhalten. Nachdem die Kneipenlizenzen in Haidhausen rigide beschränkt wurden, hat sich das Interesse der Szene eher auf das Gärtnerplatzviertel verlagert. Die Schwulen- und Lesbenszene konzentriert sich auf das Glockenbachviertel. Frau trifft Frau und Mann trifft Mann im **Bau** (Müllerstr. 41), im **Vita S** (Morassistr. 16) oder im **New York** (Sonnenstr. 25).

Im Gärtnerplatzviertel residieren einige der wenigen Münchner Institutionen, die es durch ihren konstanten Boykott jeglichen guten Geschmacks zu einiger Bedeutung gebracht haben in einer Stadt, die mit Untergründigem nicht gerade gesegnet ist: Das **Werkstattkino** (Fraunhoferstr. 9) im Keller hinter dem Fraunhofer kümmert sich liebevoll um die Pflege der geschmacklosesten B-Movies und sammelt energisch den härtesten Schund, der je Zelluloid und die Nerven der Zuschauer malträtiert hat. Das **Fraunhofer** selbst ist eine alte Bierhalle, wo man noch richtige Hippies besichtigen kann.

Drumherum gruppiert sich ein Clan, bei dessen Feiern wegen begründeter Verletzungsgefahr nur Bier in Dosen ausgegeben wird, und man stellt vor allem die beste Underground-Fußballmannschaft, die auf den Gewinn des alljährlich stattfindenden Baader-Cups abonniert ist. Veranstaltet wird selbiger vom **Baader-Café** (Baaderstr. 47). Hier steht man nach Trash-Konzerten herum und trinkt; hier weiß immer noch am ehesten einer, wo und wann was los ist.

Hier steht auch der Hauptzapfhahn jener, die davon existieren, in diversen Gazetten allwöchentlich Tratsch aus dem Untergrund zu berichten. Ganz vorne an der Klatschfront: die Mannschaften der Stadtmagazine **Münchner** und **Prinz,** die ihre Leser mit Musik-News, Filmbesprechungen und einem großen Veranstaltungskalender beglücken; außerdem die ewigen „Falschen Freunde" des kostenlos verteilten **In-München.**

Zu einem der besten Clubs der Stadt hat sich das **Atomic Café** (Neuturmstr. 5) gemausert. Das Lokal ist ganz im Ambiente der siebziger Jahre gehalten und hat ein entsprechendes Programm: klassische Club-Abende, Auftritte von Bands und Vorführungen von Super-8-Filmen. Gut besucht sind auch die Independence-Konzerte und Disco-Tage des **Backstage** (Helmholtzstr. 18) sowie die **Bongo-Bar** im Kunstpark Ost (Grafinger Str. 6).

Jenseits dessen gibt es in München kaum alternative Betriebe, wie etwa in Berlin, die sich autonom organisieren. Was es gibt, sind gewisse Trinkassoziationen. Hatten die in den späten siebziger Jahren in der „Klappe" einmal ein auratisches Zentrum, so konnten sich deren Nachfolgekneipen den frei gewordenen Ruhm nicht unter den Nagel reißen: Die Punkkneipen sind längst verschwunden, und das Tanzlokal Größenwahn, das alle mit Bier versorgte, die hartes Trinken mit ebensolcher Musik und nebulösen Projekten verbanden, mußte inzwischen ebenfalls weichen. Immer wieder zu betrinkende Neugründungen der Nacht-Szene bestätigen für einige nur den Verdacht: Münchens Szene ist in einer Endzeit-Phase angelangt.

Links: „Rotlichtbezirk" am Hauptbahnhof.
Oben: Jeder Szene ihren Treffpunkt.

AUER DULT UND NOCKHERBERG

Die beiden alten Stadtviertel **Au** und **Giesing,** am rechten Isarufer gelegen, verhalten sich zu München wie Karl Valentin, der hier geboren ist, zu Thomas Mann, der am anderen Ufer reüssierte und residierte. Hier ist jener aus Bauernschläue, Bierdunst und Beschränktheit zuweilen explosiv gemischte, skurril-liebenswürdige bayerische Anarchismus zu manchen Zeiten des Jahres immer noch am besten aufgehoben – und anzutreffen.

Dabei ist die Isar geographisches Hindernis wie geistige Hürde. „Die größten Stümper wohnen in der Au", hieß um 1800 ein geflügeltes Wort, und es bezog sich auf die Tagelöhner, Saisonarbeiter und Müßiggänger, die sich außerhalb der Stadt im Überschwemmungsgebiet der Isar niederlassen durften, aber in der Stadt selbst nicht gern gesehen waren. Sie wohnten auf engstem Raum in selbst erbauten verwinkelten „Herbergen", denen in der Nockherstraße noch heute staunenswerte Erinnerungen anhaften.

Ein Hauch Vergangenheit: Mit der Aura einer Sinnestäuschung versehen, südländisch an das Hochufer geduckt, irgendwie während der letzten zweihundert Jahre einfach übriggeblieben, lassen sie plötzlich mitten in der Stadt jene grausam-romantischen Gefühle im Herzen des Großstädters entstehen, die ihm Geschichtsträchtiges und Abenteuerliches vorgaukeln – während er doch in Wirklichkeit durch Straßen wandelt, die dem äußeren Schein nach sich in nichts von den gesichtslosen Architekturschneisen der Nachkriegszeit unterscheiden.

Das bedrückend Uneingelöste der Vergangenheit geht hier mehr unter die Haut als anderswo: Das wahre Panorama von München zeigt sich nicht vom Olympiaturm, sondern beim Gang entlang der **Hochstraße** zwischen Gasteig und Giesinger Berg. Hier ist nichts zu spüren von jener Pracht, die König Ludwig I. dem Rest von Mün-

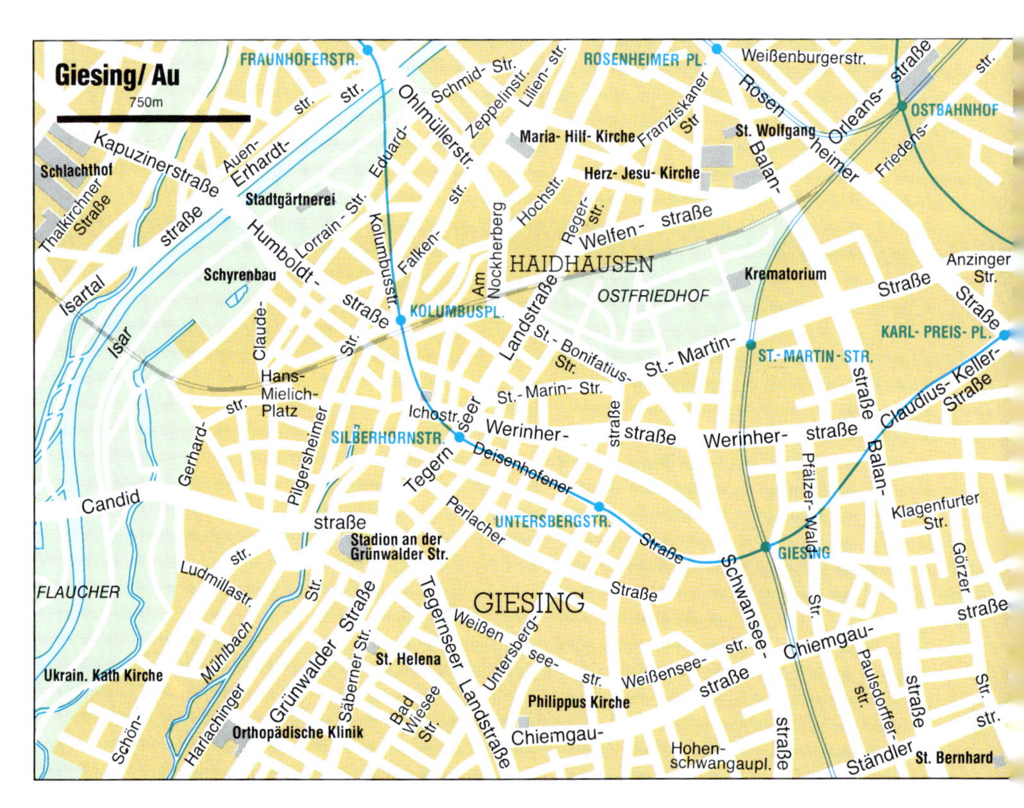

chen im 19. Jh. mit seinen repräsentativen Bauten angedeihen ließ. Der Blick über die Dächer kann sich allenfalls in den Stadtbächen verfangen, die hier noch nicht zugebaut sind, oder in die Zellen des Gefängnisses unten am **Neudeck** eindringen.

Am Ende erhält der Beschauer auf engstem Raum auch noch eine Münchner Architektur-Lehrstudie. Liegen doch hinter der – von Ludwig Dollmann, dem Architekten Ludwigs II. – dramatisch am Isarufer aufgestellten neugotischen **Heilig-Kreuz-Kirche** ein paar von jenen eng verwinkelten proletarischen **Herbergsgassen** (Obere und Untere Grasstraße) und steht ein paar Meter weiter die **Tela-Post** (Tegernseer Landstraße), das überzeugende Manifest funktional-sachlicher Bauweise der Architekten Verhoelzer und Schmidt, die im Entstehungsjahr 1928 als Vertreter eines „hypermodernen Stils" viel angefeindet wurden.

Heute mag das verwundern, andererseits aber wird hier schon belegt, wie eng in München die Grenzen gesetzt sind, jenseits derer Extremismus in jeder Form beginnt: Andernorts Alltägliches wird hier zur Avantgarde, die auch schon mal den geballten Volkszorn auf den Plan ruft – zur Revolution kommt es freilich erst, wenn die Münchner Biergärten ernstlich bedroht sind …

Es ist nur selbstverständlich, daß der Volkssänger und einzig wahrhafte bayerische Intellektuelle Karl Valentin, der in jeder anderen Stadt der Welt zum Dadaisten ausgerufen worden wäre, aus der Au stammt (Zeppelinstraße 41). Eigentlich gehört er immer noch auf diese Seite der Isar und nicht zu den Leuten drüben von der Maximilianstraße, die ihm heute zujubeln. Der ehedem zornige bayerische Hofbarde Konstantin Wecker huldigte diesem kleinkünstlerischen Genius loci, dem schwachen Glimmen jenes verdeckten bayerischen Anarchismus, einst in seinem **Kaffee Giesing.**

Ansonsten zieht den vergnügungssüchtigen Münchner weder bei Tag noch bei Nacht besonders viel in die Au oder nach Giesing. Höchstens das

Vorherige Seiten: Nickerchen nach harter „Freizeitarbeit". **Unten:** Traditionelle Töne zu allen Festlichkeiten.

Eßlokal **La Marmite** (Lilienstr. 8) verdient wegen seiner Enge, seinen verrauchten Stuckresten und wegen der beiden reichlichen und billigen französischen Menüs (eine Speisekarte zum Auswählen gibt es nicht) noch den gelegentlichen Besuch.

Die fünfte Münchner Jahreszeit: Als wollte er dem drohenden Verfall bayerischer Lebensart entgegenwirken, begibt sich der Münchner, ob als Biertrinker, Hausfrau oder Schöngeist, zumindest einige Male im Jahr in das ehemalige Elendsviertel vor der Stadt, das erst 1854 nach jahrelangen Eifersüchteleien eingemeindet wurde.

Die Au ist das Viertel der alten Festivitäten, die mit ungeschmälertem Enthusiasmus und unverkrampfter Selbstverständlichkeit gefeiert werden und den Bemühungen des Fremdenverkehrs trotzen, Feste, die sich touristischen Notwendigkeiten nicht gebeugt haben und münchnerisch geblieben sind. Unter den Münchner Vierteln ist keines, in dem der Rausch soviel Profil hat wie in der Au: sei es der des Sammlers, der die „Dult" am Mariahilfplatz durchstöbert, sei es der des eingefleischten Biertrinkers, der sich in seiner professionellen Form oben am „Berg", im **Salvatorkeller am Nockherberg,** zur Starkbierzeit einfindet.

Dort ist der bayerische Nationalsport, das Trinken von Unmengen heimischen Bieres – im Gegensatz zum völlig verpreußten Hofbräuhaus oder Oktoberfest – noch wahrhaft beheimatet. Einmal im Jahr, für zwei Wochen ab dem Samstag vor Josephi (19. März), wird dort das Salvator-Märzen mit gut 20 % Stammwürze, also 6 % Alkohol, ausgeschenkt. Für den Münchner ist diese Zeit derart wichtig, daß sie unangefochten den Ehrentitel „fünfte Jahreszeit" trägt.

Eröffnet wird das allgemeine Besäufnis traditionell mit dem „Anstich", einer tief-bajuwarischen Show-Veranstaltung, auf der die anwesenden Polit-, Wirtschafts- und sonstige Prominenz „derbleckt" (auf die Schippe genommen) wird. Danach wird dem stets konservativen Regierungsober-

Karussell-gebimmel ...

haupt Bayerns nach altem Brauch mit den Worten *Salve pater patriae! Bibas, princeps optime!* die erste Maß kredenzt. Nach dem Genuß derselben setzt jene bierselige Freundschaftlichkeit ein, von der an diesem Tag nicht einmal anwesende Sozialdemokraten ausgeschlossen sind.

Die nächsten zwei Wochen gehört der „Berg“ dann dem Volk. Selbst wenn es sich fragen sollte, was für ein Sinn darin liegt, sich in stets überfüllten, labyrinthisch engen und verrauchten Hallen von drei bis vier simultan spielenden Blaskapellen die Ohren volldröhnen zu lassen und die Unterhaltung im Brüllton zu gestalten oder ganz auf gestenreiches Zuprosten zu beschränken: Die Rückkehr im nächsten Jahr ist Ehrensache, auch wenn der Kopf am nächsten Morgen auf die Größe eines Medizinballs angewachsen scheint. Im Sommer verwandelt sich der Nockherberg dann in einen lauschigen Biergarten.

Politik, Rausch und Geist liegen in der Au nicht weit auseinander: Die Sage will, daß die zweite Auer Institution, die dreimal jährlich am Mariahilfplatz abgehaltene **Dult,** 1796 vom damaligen Kurfürsten in eben jener Starkbierlaune zugestanden wurde. Aller Welten Träume werden hier erfüllt: Der „Billige Jakob“, seit Jahrzehnten eine feste Institution auf der Dult, verbindet Kabarett mit der Feilbietung von enorm billigen Seidenstrümpfen, das definitive Mittel gegen Rheuma läßt sich dort ebenso kaufen wie überteuerte „Art deco“-Kinderwiegen oder Unmengen von sinnlosem Zeug (verrosteten Türklinken und irreparablen Elektrogeräten etwa).

Für wenig Geld aber kann man hier auch Bücher kaufen, die den Antiquaren sonst nur die Regale vollstellen und so manchen Bibliophilen mit träumerischem Blick von dannen ziehen lassen. Aber auch ein Besuch der Dult führt hinsichtlich des Erworbenen zu manch ernüchterndem Erwachen. Oft stellt sich später die völlige, auch dekorative, Nutzlosigkeit des Gekauften heraus. Spaß hat es trotzdem gemacht.

.. und Trö-
[i]elmarkt auf
[d]er Auer Dult.

Der Bauch von München

Der Duft der großen weiten Welt ist hinter der Theresienhöhe kaum noch auszumachen. Doch auch dort, wo die Lichter der Großstadt weniger hell strahlen, ist München noch lange nicht zu Ende. Hier beginnt jener Teil der Großstadt, der abseits von touristischen Glanzpunkten über zweifellos ganz eigene Reize verfügt.

Wo früher Schwefel-, Teer- und Gummifabriken die Luft verpesteten, wo Bier gebraut und Holz verarbeitet wurde, wo Arbeiter-Sozialvereine das Los der Tagelöhner und der sogenannten kleinen Leute lindern halfen, da liegen jene auch heute noch vernachlässigten Viertel, die man als City-Randgebiete bezeichnet.

Ein Gang durch Sendling, Glockenbachviertel und Westend aber relativiert diesen Begriff recht schnell. Denn jedes dieser Viertel hat seine eigene Struktur, die getragen ist von Kulturläden, Kneipen und insbesondere von Bewohnern, die weniger in München als vielmehr in ihrem Viertel mit ganzer Seele zu Hause sind.

Das Glockenbachviertel: Im 19. Jh. entstand mit dem Gärtnerplatzviertel das – nach der Maxvorstadt – zweite planmäßig angelegte Stadterweiterungsgebiet Münchens. Seine architektonische Gestaltung zeigt deutlich den Übergang von der klassizistischen Stadtplanung der Bayernkönige Max I. Joseph und Ludwig I. hin zum kommunalen gründerzeitlichen Städtebau, der ab 1870 auch im Glockenbachviertel dominierte. Zum erstenmal wurde nicht mehr wie früher nur für den Eigenbedarf des Adels gebaut, sondern es entstanden in großem Stil Mietshäuser, die freilich vermögenden Privatleuten als lukrative Geldanlage dienten.

Die **Fraunhoferstraße** bildet den Übergang vom Gärtnerplatz- hinüber zum Glockenbachviertel. Hier sorgt das legendäre **Fraunhofer** (Nr. 9), eine *der* Alternativkneipen Münchens, und das für sein ausgefallenes Programm

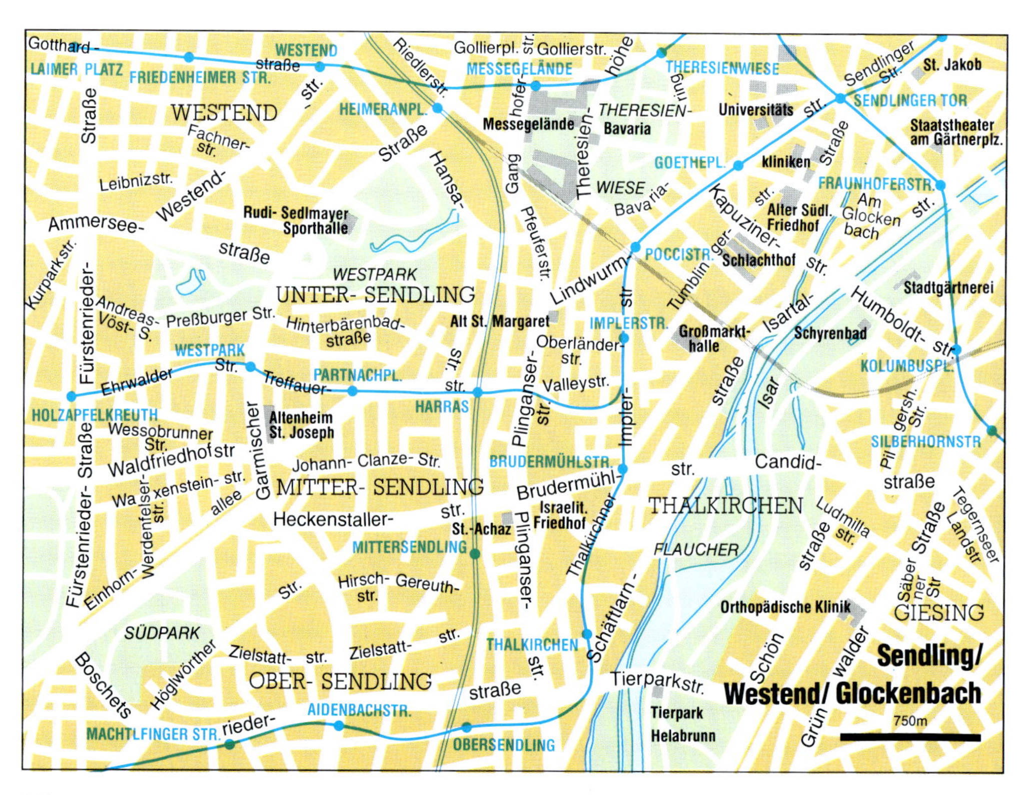

berüchtigte **Werkstattkino** für ganz und gar unbürgerliche Unterhaltung.

Beim Gang in Richtung Baaderstraße fällt die gut erhaltene, fast schon kitschig schöne Gründerzeitfassade der **Fraunhofer-Apotheke** auf. Der weitere Weg führt durch die Ickstattstraße, in der vierteltypisch noch viele Hinterhöfe (klein-) gewerblich genutzt werden, zum **Hans-Sachs-Platz.** Die gleichnamige Straße steht als Ensemble unter Denkmalschutz. Die Häuser aus den Jahren 1897–1900 sind vorwiegend im Stil des Neubarock erbaut und gelten als einzigartiges Beispiel für einen malerischen Straßenzug des späten Historismus in München.

Auch das Glockenbachviertel hat seine ganz spezifische Einwohnerschaft. Doch wo bisher noch Arme, Alte, Ausländer und Wohngemeinschaften dominierten, interessiert sich nach Luxussanierungen inzwischen auch die Schickeria für Wohnungen. Noch aber bestimmen erfreulicherweise, trotz steigender Mietpreise, auffällig viele Tante-Emma-, Second-hand- und kleine Buchläden das Straßenbild. Die Umgebung der Hans-Sachs-Straße ist zugleich auch *das* Schwulenviertel Münchens. Hier konzentrieren sich die meisten Bars, Kneipen und Diskotheken dieser Szene.

Vorherige Seiten: Blick über die Dächer von München. **Unten:** Flohmarkt im Glockenbachviertel.

In der Müllerstraße (Ecke Hans-Sachs-Straße) hält sich noch das **Ksar** als Gegengewicht zur Clubszene des Kunstparks Ost. Weitere beliebte Lokale sind das **Zweistein** (Hans-Sachs-Str. 12), das **Ballhaus** (Klenzestr. 71) sowie das **Moritz** (Klenzestr. 43).

Nostalgie: Die 1911 an der Westermühl-/Holzstraße angesiedelte Zahnrad- und Maschinenfabrik Hurth zählte mit 1900 Arbeitsplätzen zu den größten Industriebetrieben des Glockenbachviertels. Ein Teil der Bevölkerung begrüßte den Abriß des Gebäudekomplexes 1983, während andere das Verschwinden eines der wenigen Denkmäler überzeugender Industriearchitektur der dreißiger Jahre bedauerten.

An der architektonischen Ausstrahlung der neu entstandenen „Luxus“-Wohnanlage scheiden sich ebenfalls wieder die Geister. In der Holzstraße 28–30 befindet sich die Hauptverwaltung der traditionsreichen Elektrotechnischen Fabrik Alois Zettler. Der Gebäudekomplex und das Zweitwerk in der Jahnstraße (1906 auf dem Gelände der alten Westermühle errichtet) veranschaulichen besonders deutlich die enge Verflechtung von Wohngebiet und produzierendem Gewerbe, die in der Zeit um 1900 die Eigenart des Glockenbachviertels ausmachte. Heute geht von diesen Relikten aus der Hochzeit der industriellen Revolution ein herber Charme aus.

Über den **Holzplatz,** wo früher angelandete Holzstämme gelagert wurden, gelangt man entlang der Pestalozzistraße zum **Westermühlbach.** Hier fließt der Rest des alten, früher weit verzweigten Münchner Stadtbachsystems. Mitte des 19. Jh.s gab es entlang der Isar noch unzählige Betriebe, die sich der Wasserkraft bedienten. Heute erinnern nur noch Straßennamen wie Dreimühlen-, Westermühl- oder Müllerstraße daran, denn für die „autogerechte Stadt“ wurden in den sechziger Jahren die hinderlichen Wasserläufe zubetoniert. Ein Vorgang, der heute nicht nur von Nostalgikern und Stadtökologen sehr bedauert wird …

Über einen schmalen Fußweg gelangt man von der Pestalozzistraße in den **Alten Südlichen Friedhof,** der für München besondere historische Bedeutung hat. 1563 als Pestfriedhof vor den Toren der Stadt angelegt, wurde er 1789 zum Zentralfriedhof für ganz München. 1855 wurde der Friedhof um den quadratischen, nach italienischem Vorbild angelegten „Campo santo" im Süden erweitert.

Ein Spaziergang durch den parkartigen Friedhof führt vorbei an den Gräbern vieler berühmter Münchner, vom Maler Carl Spitzweg über den Chemiker Justus Liebig bis hin zum Optiker und Erfinder Joseph von Fraunhofer. Die Namen der berühmten Toten, die hier ruhen, können auf Tafeln an den Haupteingängen nachgelesen werden. Die Anlage wird von der Bevölkerung heute gern als Erholungspark genutzt. Und während der Sommermonate schlafen hier des Nachts nicht nur die Toten, sondern auch Stadtstreicher.

Über Dreimühlen- und Ehrengutstraße stößt man auf den **Schlacht- und Viehhof.** Mit über 1500 Beschäftigten ist er das wichtigste Fleisch- und Viehzentrum Süddeutschlands. Der Backsteinbau zur Kapuzinerstraße hin beherbergt das Münchner Arbeitsamt, dessen Mitarbeiter bei ungünstiger Windrichtung unter den vom Schlachthof herüberziehenden Gerüchen zu leiden haben.

Wo morgens um sieben die Metzger ihre erste Brotzeit machen, treffen sich am Abend die Musikfans zum Live-Konzert im auch durchs Fernsehen bekannten rustikalen Wirtshaus **Zum Schlachthof.** Das denkmalgeschützte 120 Jahre alte renovierte Haus ist Veranstaltungsort für Musik und Kabarett.

Wer sich für eine Open-air-Galerie ganz besonderer Art interessiert, steuert im Schlachthofviertel die Zenettistraße 10 an. Dort sieht er an der Außenfassade der Großviehschlachthalle eines der größten Graffiti-Wandbilder

Secondhand in der Fraunhoferstraße.

der Stadt. Die Gestaltung erfolgte ganz legal durch sieben Mitglieder der europäischen Graffiti-Union.

Überhaupt gewinnt das Schlachthofviertel zunehmend an Bedeutung durch sein vielseitiges Kneipenangebot, das von der griechischen Taverne **To Steki** (Dreimühlenstr. 30) über das gehobene französische Restaurant **Makassar** (Dreimühlenstr. 25) bis zur Hausbrauerei **Paulaner Bräuhaus** (Kapuzinerplatz 5) reicht.

Das Westend: Schlechte Wohnqualität und damit niedrige Mieten haben das traditionelle Arbeiterviertel **Westend** zur bevorzugten Wohngegend für Ausländer und Rentner gemacht. Aber schon 1830, als man auf der „Sendlinger Heide" erst 30 hausähnliche Gebäude zählte, fanden dort Tagelöhner ohne Bürgerrecht Unterschlupf. Danach war es die Eisenbahn, die die Entwicklung des Viertels bestimmte.

Ursprünglich sollte im 19. Jh. aus dem Münchner „Galgenberg" ein bürgerliches Wohnviertel werden, wie Bebauung und Elemente der Fassadengestaltung, z. B. an der Westseite der Schießstättstraße, andeuten.

Offensichtlich scheiterten diese Bemühungen jedoch, und seitdem haftet dem Westend ein eher zweifelhafter Ruf an. Früher hieß es „Glasscherbenviertel", heute hört man des öfteren „Münchens Kreuzberg" oder „Klein-Istanbul". Wie die meisten Vergleiche hinkt natürlich auch dieser, obwohl die Zahl der ausländischen Läden und Kneipen tatsächlich relativ hoch ist. Auch hat sich das Gebiet um die **Schwanthalerstraße** mittlerweile zu einem Zentrum des Kraftfahrzeughandels mit dem Orient entwickelt. Dennoch verfügt das Westend über eine völlig intakte Stadtteilstruktur. Gerade die kulturelle Vielfalt und das Fremdländische machen den eigentlichen Charme des Viertels aus, das zunehmend auch Intellektuelle und Studenten anlockt.

Zwischen Holzapfel-, Westend- und Schwanthalerstraße liegt der älteste Siedlungsteil des Westends. Das Viertel ist zweifellos Sanierungsgebiet. Al-

Links: Der „Bauch von München", die Großmarkthalle in Sendling. **Rechts:** Im Schlachthof.

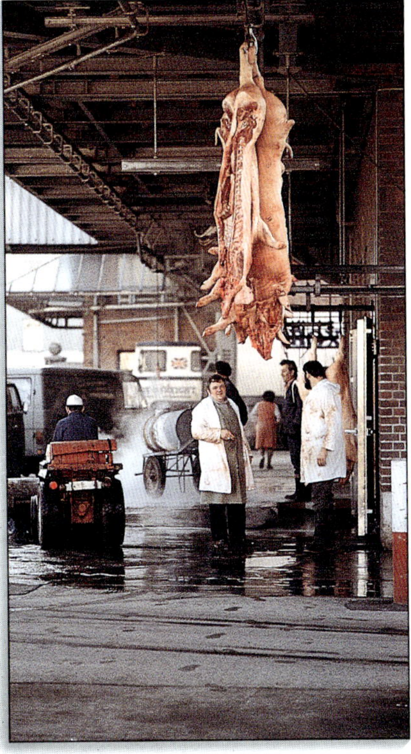

lerdings sollen die Häuser hier erhalten bleiben, denn diese vorgründerzeitliche Blockbebauung ist in München eine absolute Rarität.

Neben Neuhausen ist auch im Westend die große Münchner Brautradition stark vertreten. An der Bayerstraße ist der Gebäudekomplex der **Hacker-Pschorr AG** unübersehbar, und in den riesigen Glasfenstern des (Schau-) **Sudhauses** an der Grasserstraße spiegelt sich das langgestreckte Backsteingebäude der **Augustiner-Brauerei,** der zweiten Braubastion im Westend.

Hält man sich auf der Theresienhöhe in Richtung Süden, stößt man bald auf den Haupteingang des früheren **Messegeländes** am Messeplatz. München gehört mittlerweile zu den bedeutendsten Messestädten Deutschlands. Mit der Auflassung des Messegeländes und der Eröffnung der Neuen Messe München im Jahre 1998 in Riem gewinnt das Westend reichlich Platz für neue Wohnungen. Die Planungen für das Gelände sehen unter anderem auch die Errichtung eines Verkehrsmuseums vor.

Die „Wies'n": Auf der Theresienwiese steht die Bronzestatue der **Bavaria,** der man über 121 Stufen zu Kopfe steigen kann. Nach Modellen von Klenze und Schwanthaler wurde sie in langwieriger Arbeit (1844–1850) von Ferdinand von Miller gegossen und unter Ludwig I. 1850 als Gedenkstätte für „ausgezeichnete Bayern" enthüllt. Mit 18,5 m Höhe ist diese Statue eine für jene Zeit einmalige Gußleistung.

Umgeben ist die Bavaria von Klenzes **Ruhmeshalle.** Unterhalb dieses Ensembles liegt die **Theresienwiese,** die von den Münchnern kurz die „Wies'n" genannt wird und auf der alljährlich das Oktoberfest stattfindet. Nicht immer war die Theresienwiese nur ein Ort ungetrübter Heiterkeit: Am 2. Februar 1918 hielten hier streikende Arbeiter der Münchner Rüstungsindustrie eine riesige Kundgebung gegen die Verlängerung des Krieges ab und forderten u. a. die Freilassung von Kurt Eisner, der im November 1918 den republikanischen „Freistaat Bayern" proklamiert hatte. 1980 verübte

Gastarbeiterfamilien sorgen für exotisches Flair.

hier ein Mitglied der neonazistischen Wehrsportgruppe Hoffmann während des Oktoberfestes einen verheerenden Bombenanschlag, der 13 Todesopfer und über 200 Verletzte forderte.

Dringt man weiter ins Herz des Westends vor, dann fällt beim Gang durch die Schwanthaler- und Ganghoferstraße in Richtung Tulbeck- und Gollierstraße die mietskasernenartige Bebauung auf: ein Relikt aus der Vergangenheit, als das Westend noch ein Arbeiterviertel mit Teer-, Schwefelsäure- und Gummifabriken war.

Typische Westend-Atmosphäre läßt sich auf einem Bummel durch die ausgeprägte Kneipenszenerie des Viertels schnuppern, etwa in der gemütlichen Griechen-Kneipe **Entaxi** oder in der sogenannten **Realwirtschaft Stragula** (beide in der Bergmannstraße).

Eine kleine und wohltuende Erholungs-Oase bildet der **Gollierplatz.** Schräg gegenüber dem Backsteinbau des **Ledigenheims,** das im Bauhaus-Stil der zwanziger Jahre zur Verringerung des „Schlafgänger-Unwesens" erbaut wurde und noch heute Obdachlose aufnimmt, findet hier an Sommerwochenenden einer der idyllischsten Flohmärkte ganz Münchens statt.

Sendling: Als Autofahrer kennt man Sendling hauptsächlich aus den Verkehrsdurchsagen des Bayerischen Rundfunks: „Zähflüssiger Verkehr auf der Heckenstaller- und Brudermühlstraße." Das breite Asphaltband des Mittleren Ringes zerschneidet diesen Stadtteil, der von der Isar bis hin zum Westpark reicht, in zwei Hälften.

Sendling ist traditionell ein Industriegebiet. Zugleich beherbergt es den legendären „Bauch von München" (die Großmarkthalle zwischen Thalkirchner- und Kochelseestraße), der zu den größten Umschlagplätzen für Obst und Gemüse in Europa zählt. Wer sich das pittoreske Treiben nicht entgehen lassen will, muß allerdings reichlich früh aufstehen, denn morgens um fünf ist hier am meisten los.

In Sendling befindet sich auch einer der größten Anziehungspunkte, die es für viele Münchner gibt: der **Flaucher**

Links: Flohmarkthändler und sein Zamperl. **Rechts**: Kebab vom Chef persönlich.

mit seinem berühmten Biergarten und den Sonnenanbeter-Inseln in der Isar.

Über den **Gotzinger Platz** mit der St.-Korbinians-Kirche und die Implerstraße führt der Weg zur betriebsamen **Lindwurmstraße,** der ehemaligen Sendlinger Landstraße, die am zentralen Sendlinger Tor beginnt.

Nach einem kurzen steilen Anstieg gelangt man zum **Sendlinger Berg,** dem historischen Ortskern des alten Dorfes, das als *Sentlinga* im Jahr 782 zum erstenmal in Mönchsschriften erwähnt wird. Am Schnittpunkt der Pfeufer-, Plinganser- und Lindwurmstraße steht die Kirche **Alt-St.-Margaret,** wo 1705 die „Sendlinger Bauernschlacht" stattfand. Alt-St.-Margaret ist eine typisch oberbayrisch-barocke Dorfkirche mit gut erhaltener Ausstattung.

An der nördlichen Außenwand erinnert ein Fresko von Wilhelm Lindenschmit (1830) an die Schlacht, und auf dem angrenzenden Friedhof fanden die Opfer ihre letzte Ruhe. Gegenüber dem Kirchlein hat man dem legendären Anführer der Sendlinger Bauernschlacht, dem Schmied von Kochel, 1911 ein Bronzedenkmal gesetzt.

Jenseits der Pfeuferstraße roch es noch bis vor wenigen Jahren plötzlich mitten in der Millionenstadt nach Kuhstall. Der Duft kam von der **Stemmerwiese,** dem Hof des letzten Sendlinger Bauern und ein Relikt aus der Zeit, als Sendling noch einer von Münchens weitläufigen Obst- und Gemüsegärten war. Die Fläche ist mittlerweile fast gänzlich zugebaut.

Vom Sendlinger Maibaum vor der alten St.-Margaret-Kirche hat man einen guten Blick auf die **Dorfschmiede** links in Richtung Harras. Dieses niedrige Gebäude, das bis vor ein paar Jahren noch als Schmiede betrieben wurde und heute ein Wirtshaus ist, soll im Jahre 1823 aus den Steinen des abgebrochenen Münchner Hoftheaters errichtet worden sein.

Weiter führt der Weg durch die Jägerwirtstraße und vorbei an einem alten „Marterl" (Wegkreuz), zur neuen **St.-Margaret-Kirche.** In diesem Bereich ist der dörfliche Charakter der

Denkmal des Schmieds von Kochel am Sendlinger Berg.

Gegend noch am besten erhalten – ganz im Gegensatz zum nahe liegenden **Harras:** Aus dem einst so idyllischen Mittelpunkt Sendlings, benannt nach dem damaligen Kaffeehaus Robert Harras, wurde eine überlastete Verkehrsdrehscheibe.

Entlang den lauten Verkehrsschneisen Plinganserstraße und Mittlerer Ring erreicht man den **Israelitischen Friedhof** (Dietramszeller Straße), dessen Ursprünge bis ins 13. Jh. zurückgehen (Besuche nur nach Voranmeldung, Tel. 723 39 64). Bemerkenswert ist hier vor allem das Grabmal, das Johann von Klenze für den Dramatiker Michael Beer entworfen hat. Das neben der breiten, häßlichen Ausfallstraße reichlich bescheiden wirkende Neuhofer Kircherl **St. Achaz** gehört zu den letzten neubarocken Kirchenbauten Münchens.

In Mitter- und Obersendling stößt der Besucher mehr und mehr auf die industriellen Ansiedlungen, die zu Beginn des 20. Jhs. einsetzten und Sendlings Charakter mitbestimmten: Lindes Eismaschinen AG, die Maschinenfabrik Deckel, das Zigarettenwerk Philip Morris und der Elektrogigant Siemens, der nach dem Krieg seine Konzernleitung aus dem geteilten Berlin nach München verlegte.

Vorbei an ausgedehnten Wohnanlagen gemeinnütziger Baugenossenschaften und den dicht gedrängten Schrebergärten der Sendlinger gelangt man zum **Luise-Kiesselbach-Platz.** Weithin sichtbar sind hier die Türme des **Altenheims St. Josef,** die seit 1928 Sendlings Silhouette prägen.

Ein letztes Mal geht es ein Stück entlang dem „Asphalt- und Blechwurm" Mittlerer Ring, bevor man zum weitläufigen **Westpark** gelangt.

Das Gelände, das bis 1976 noch Ödland war, wurde anläßlich der Internationalen Gartenbauausstellung 1983 in eine attraktive Parklandschaft verwandelt, in der sich heute Jogger, Radler und Spaziergänger zwischen Spielwiesen, künstlichen Seen und kleinen Tempelbauten aus Nepal und China tummeln.

Ruhepause in der Mittagssonne.

NEUHAUSEN UND NYMPHENBURG

Kommt man als Bahnreisender aus westlicher Richtung nach München, so führt der Weg unter drei Brücken hindurch, mit denen die traditionellen Bierbrauerviertel Westend und Neuhausen verbunden sind. Die letzte von ihnen ist die altertümlich anmutende **Hackerbrücke,** eine denkmalgeschützte Eisenkonstruktion aus dem Jahre 1892. Ihre Wichtigkeit ist zu Oktoberfestzeiten nicht zu übersehen, wenn die Besucher über sie in Richtung Süden zur Wies'n strömen. Nun, es ist nicht immer Wies'n-Zeit, und man kann sich getrost nach Norden wenden.

Neuhausen gehört zu jenen Teilen der Stadt, die nicht nur vom Zweiten Weltkrieg, sondern auch von der sogenannten zweiten Zerstörung Münchens in den sechziger Jahren stark betroffen waren. Sichtbarstes Zeichen dafür ist die gewaltige **Donnersbergerbrücke,** über die der Mittlere Ring das alte Neuhausen rund um den Rotkreuzplatz durchschneidet.

Der bekannte Schriftsteller Alfred Andersch, geboren in der Olgastraße 50, schildert in seinen Franz-Kien-Geschichten diese Gegend zwischen den zwei Kriegen: „Es war eine Zeit starker Leidenschaften und alter Trambahnen, regungsloser Kasernen und Anarchie, dazu bestimmt, in ein Schicksal zu münden." In seinen Erzählungen beschreibt er die faszinierenden Freiräume, die es nach der Zerstörung durch schwere Bombenangriffe gab und die mit dem Bau-Boom der sechziger Jahre ganz verschwanden. Zuletzt fiel mit der Donnersbergerbrücke die einst prachtvolle Landshuter Allee der Erweiterung dieses Olympia-Zubringers zum Opfer.

Nördlich der Hackerbrücke, zwischen Arnulf- und Blutenburgstraße, liegt das sogenannte **Marsfeld.** Wo im 18. Jh. geköpft und im 19. Jh. exerziert wurde, teilen sich heute Brauereien, Post und Bahn das Revier. So befinden sich entlang den Bahnlinien in der Ar-

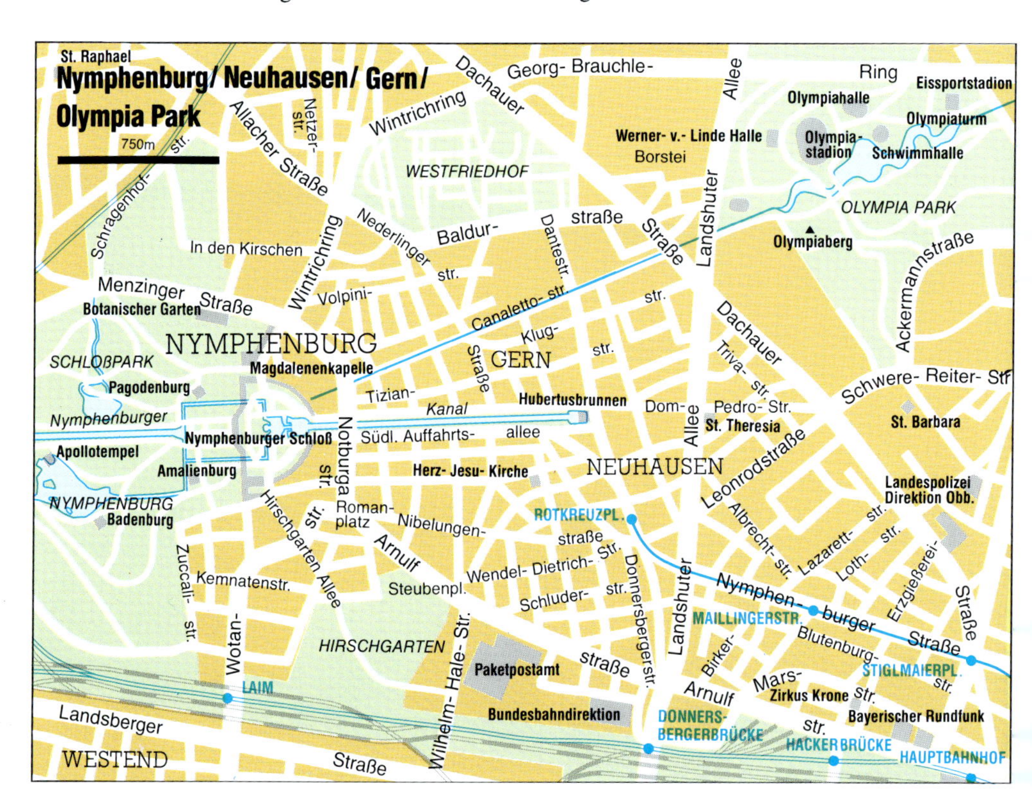

nulfstraße der Containerbahnhof, die Bundesbahndirektion und das **Paketpostamt** (Arnulfstr. 195), das sich zur Zeit seiner Erbauung in den sechziger Jahren der größten freitragenden Halle Europas aus Fertigteilen rühmte.

Der Containerbahnhof öffnet sich an manchen Wochenenden für einen riesigen Flohmarkt, und im Dezember schlagen die Veranstalter des Winter-Tollwood-Festivals hier zwei Wochen lang ihre Zelte auf.

Hält man sich nördlich der Hackerbrücke, gelangt man zu den Brau-Bastionen von Neuhausen, in deren Nähe auch der renommierte **Zirkus Krone** (Marsstr. 43) seit 1919 sein Winterquartier hat. Von Weihnachten bis Ende März kann man dort an Sonn- und Feiertagen den zirkuseigenen Zoo besichtigen, und wenn der Zirkus ab März auf Tournee ist, finden im Krone-Bau Rock-Konzerte statt, die wegen der intimen Atmosphäre ganz besonders beliebt sind.

Vorherige Seiten: Silhouette von Schloß Nymphenburg im Abendlicht. **Unten:** Hier wird Münchner Bier gebraut.

Auf der anderen Straßenseite liegt die **Spatenbrauerei,** und wer jetzt schon Durst bekommt, kann ein Stück weiter am **Stiglmaierplatz** im Biergarten der **Löwenbrauerei** oder aber im schattigen Biergarten des **Augustinerkellers** in der Arnulfstraße 52 eine schaumige Maß zu sich nehmen.

In den **Löwenbräukeller,** der 1986 teilweise niederbrannte und originalgetreu wiederaufgebaut wurde, zieht man sich bei kühlerem Wetter zurück. Daß sich die Brauereien gerade in dieser Gegend niedergelassen haben, hat einen guten Grund: Im Neuhauser Berg vor den Toren der Stadt lagen früher die Eiskeller, in denen das süffige Bier gelagert wurde.

Geht man die **Nymphenburger Straße** in westlicher Richtung weiter, so passiert man das **Justizgebäude** (Nr. 16) und die **Erzgießereistraße,** wo einst die Bavaria gegossen wurde. Der Transport der Einzelteile zur Theresienwiese dauerte ganze drei Wochen. Die königliche Erzgießerei selbst existiert jedoch nicht mehr.

Schließlich führt die Nymphenburger Straße zum Zentrum von Neuhau-

sen, dem **Rotkreuzplatz.** Überragt wird er vom häßlichen Hochhaus der **Schwesternschule,** dennoch hat man sich in letzter Zeit redlich bemüht, den Platz gestalterisch in das Viertel zu integrieren. Wo früher der Dorfweiher des einst idyllischen *Niwenhusen* lag, plätschert ein Springbrunnen, an dem sich vor allem Kinder und Jugendliche tummeln, um das angeblich beste Eis Münchens von **Sarcletti** (Nymphenburger Str. 155) zu schlecken.

Ebenfalls der Struktur des verkehrsberuhigten Platzes angepaßt wurde die Architektur des Kaufhof. Schräg gegenüber befindet sich das **Jagdschlößl,** ein altes Wirtshaus mit vielen Geweihen und einem beliebten kleinen Biergarten, in dem man im Schatten auf die Straßenbahn warten kann, die zum Schloß Nymphenburg oder nach Schwabing fährt.

Wenn vom „neuen" Kneipenviertel Neuhausen die Rede ist, so bezieht sich dies auf das kleine Gebiet um den **Platz der Freiheit,** wo man abends durch alte Wohnstraßen vom schicken **Café Freiheit** (Leonrodstr. 20, bis 1 Uhr) ins legere **Frundsberg** (Frundsbergstr. 46) schlendern kann. Bekannt für sein Schlemmerfrühstück ist das **Ruffini** (Orffstr. 22, mit Sommerterrasse). Das Kneipenkollektiv veranstaltet bisweilen auch Filmvorführungen, Lesungen und Konzerte.

Trotz vieler beklagenswerter Bausünden haben sich die Neuhauser ein ursprüngliches Fleckchen Erde erhalten – es ist die **Maria-Trost-Kirche** (Winthirstraße 15) mit ihrem kleinen Friedhof. Die Außenwände des Kirchleins sind mit Gedenktafeln übersät, die berühmte Bürger des Viertels ehren, insbesondere den Erzgießer Stiglmaier und die weitverzweigte Familie seines Neffen Ferdinand von Miller.

Die hier beigesetzten Berühmtheiten reichen bei weitem nicht an die Legende vom seligen Winthir heran: Dem Namen nach irisch-schottischer Herkunft, wurden die Gebeine des „Missionars von Neuhausen" 1933 entdeckt und ihr Alter auf 1000 Jahre geschätzt. Er ging damit als erster

Wasserspiele am Rotkreuzplatz.

Einwohner von Neuhausen in die Geschichte des Viertels ein.

Für den „Mittelstand“ baute Hans Döllgast 1928–30 die **Siedlung Neuhausen.** Die vorbildliche Wohnanlage mit 1900 Wohnungen und großzügigen Grünflächen befindet sich links und rechts der Wendl-Dietrich-Straße zwischen Rotkreuz- und Steubenplatz.

Am **Rondell Neuwittelsbach** (Romanstraße) ist vom Arbeiter- und Brauereiviertel Neuhausen nichts mehr zu spüren. Die Nähe von Schloß Nymphenburg bestimmt hier die soziale Struktur. Eine letzte „volkstümliche“ Attraktion jedoch bildet der größte und beliebteste Biergarten Münchens, der **Hirschgarten.** Ein wahres Paradies nicht nur für Kinder ist die riesige Freizeitoase mit ihren Spiel- und Fußballplätzen, die von den Münchnern reichlich genutzt werden.

Im Juli kann man während des **Magdalenenfestes** nicht nur eine gepflegte „Maß“, sondern auch allerlei Textilien und Geschirr erstehen. Seinen Namen verdankt der Hirschgarten dem Hochwild, das Kurfürst Karl Theodor in der 1780 angelegten Parkanlage aussetzte. Noch heute gibt es hier ein Damwildgehege.

Schloß Nymphenburg: Hier nun beginnt jener eigentlich arkadische Teil Münchens, an dem die Zeit spurlos vorübergegangen zu sein scheint. Gänse, Enten, Schwäne und dicke Karpfen tummeln sich in den Kanälen und Seen von Nymphenburg. Im Winter aber, wenn die Gewässer zugefroren sind, gehört den Schlittschuhläufern und Eisstockschützen das Feld – eine Szenerie à la Brueghel, die man sich in den kalten Jahreszeiten auf keinen Fall entgehen lassen sollte.

Kurfürst Ferdinand Maria war es, der seiner Gemahlin Henriette Adelaide zur Geburt von Maximilian II. Emanuel 1663 die „Schweige Kemnath“, das heutige Nymphenburg, schenkte. Ein Jahr später erfolgte die Grundsteinlegung zu einer Sommerresidenz, und 1675 war der Bau des Mittelpavillons nach den Plänen von Zuccalli und Barelli fertig. Bis weit ins 19. Jh. wurde

Der Hirschgarten ist einer der beliebtesten Biergärten Münchens.

an Schloß Nymphenburg und seinen weitläufigen Parkanlagen eifrig gebaut, geplant und gestaltet, es war jedoch zuvorderst Max Emanuel (1662 bis 1726), der der Anlage ihr charakteristisches Gepräge gab. Unter seiner Regentschaft entstanden das einmalige **Schloßrondell,** die Kanäle und der Park mit seinen Lustschlößchen.

Einer seiner Architekten war Joseph Effner, der u. a. die chinoiserienartige **Pagodenburg**, die **Badenburg** (eines der wenigen Badeschlößchen aus dem 18. Jh.) und die **Magdalenenklause** baute. Letztere, bewußt als Ruine mit Sprüngen und Rissen konzipiert, sollte dem alternden Fürsten zur frommen inneren Einkehr verhelfen. Doch Max Emanuel starb noch vor ihrer Fertigstellung. Unter Karl Albrecht entstand die **Amalienburg** von Francois Cuvilliés d. Ä., die zu den vollendetsten Schöpfungen des deutschen Rokoko zählt. Die Parkanlage des Schlosses, ursprünglich nach französisch-barokkem Muster streng symmetrisch angelegt, erfuhr zu Beginn des 19. Jh.s tiefgreifende Änderungen durch den Gartenarchitekten von Sckell, der sie nach englischem Vorbild umgestaltete. Ihm ist es wohl zu verdanken, daß der Park heute neben dem Englischen Garten zu den schönsten Erholungsparks Münchens gehört.

Lohnenswert ist eine Besichtigung des Schlosses vor allem wegen der Schönheitengalerie König Ludwigs I. 37 Bildnisse von Frauen aus den unterschiedlichsten Gesellschaftsschichten sind hier abgebildet, von der schönen Münchnerin Helene Sedlmayr, Tochter eines Schuhmachermeisters, bis hin zu Lola Montez, die 1848 als Geliebte des Königs mit ausschlaggebend war für dessen unfreiwilligen Thronverzicht. Hauptattraktion im **Marstallmuseum** sind die Prunkkarosse für die nie zustande gekommene Hochzeit Ludwigs II. sowie sein Prunk- und Nymphenschlitten; dazu Schlitten für winterliche Lustfahrten aus fürstlicher Vergangenheit.

Nach einem Besuch des **Museums Mensch und Natur** mit einer natur-

Rokoko-Juwel: die Amalienburg im Park von Schloß Nymphenburg.

kundlichen Exkursion in die Welt der Dinosaurier im Diorama bietet sich im Biergarten der **Schloßwirtschaft zur Schwaige** eine Gelegenheit zur Rast. Nahe beim **Palmenhaus-Café** (im Schloßpark) führt ein Seitentor in den **Botanischen Garten,** der mit seinen Freilandanlagen und Tropenhäusern zu den schönsten Europas gehört.

Gern: Ist genügend Zeit vorhanden, kann der Spazierlustige den Kanal entlang die Südliche Auffahrtsallee bis zur **Gerner Brücke** hinuntergehen. Überquert er diese und setzt seinen Gang in der Gerner Straße fort, so gelangt er zu einem Stadtviertel ganz besonderer Art. Kurz vor 1900 entstand dort die damals bei Künstlern beliebte **Familienhaus-Colonie,** eine Ansammlung von Eigenheimen zu erschwinglichen Preisen. 9500 Goldmark kosteten damals vier Zimmer mit Küche, Bad und Keller in einem dieser Reihenhäuser, von denen in der Böcklinstraße noch einige gut erhaltene Beispiele stehen.

Am Ende des Kanals, der nach Max Emanuels Vorstellungen Nymphenburg mit Schloß Schleißheim und der Residenz in der Stadt verbinden sollte, rauscht der **Hubertusbrunnen.** 1903 von Hildebrand geschaffen, versinnbildlicht er einprägsam mit seinem neobarocken Brunnengehäuse das einstige Arkadien, das Neuhausen war: Hinter Gitterverstrebungen „röhrt" darin einsam der bronzene Hubertus-Hirsch. Zum **Taxisgarten** (Taxisstr. 12) ist es von da nicht mehr weit.

Bevor man wieder in das ehemalige Kasernenviertel von Neuhausen zurückkehrt, lohnt sich ein Abstecher zur **Borstei.** Für das „gehobene Bürgertum" war diese Großwohnanlage des privaten Bauunternehmers Bernhard Borst gedacht, die in den Jahren 1924 bis 1929 zwischen Dachauer-, Pickel- und Lampadiusstraße entstand.

Mit ihrer Zentralwäscherei, ihrem eigenen Fernheizwerk, ihren biedermeierlich wirkenden Gemeinschaftsgärten, ihren Läden und Werkstätten zählt sie auch heute noch zu den Vorbildern eines gelungenen städtischen Wohnanlagenbaus.

Eishockey auf dem Nymphenburger Schloßkanal.

Jenseits des Mittleren Rings

In der recht ursprünglichen Flußlandschaft der Isarauen im Münchner Süden entstand 1910 einer der landschaftlich reizvollsten und größten Tierparks in Europa. Der **Tierpark Hellabrunn** ist der erste Zoo, der nach geographischen Gesichtspunkten angelegt wurde. Das Konzept stammt von Carl Hagenbeck und beschert insbesondere dem Großwild eine den natürlichen Verhältnissen nachempfundene Umgebung. Eine viel genutzte Attraktion für Kinder hält der Tierpark mit seinem Streichel-Zoo bereit.

Nicht weit ist es von hier zum **Asam-Schlößl „Maria Einsiedel"** (Benediktbeurer Str. 19), heute ein Restaurant mit gehobener bayerischer Küche und Biergarten. 1729–32 verwandelte der Künstler Cosmas Damian Asam dieses Wohnhaus in einen fürstlichen Landsitz, dessen bunte Fassadenmalereien das Auge erfreuen. Für Dixieland-Liebhaber ein absolutes Muß ist die **Waldwirtschaft Großhesselohe** mit echter Live-Musikbühne, nur wenige Gehminuten von der gleichnamigen wuchtigen Eisenbahnbrücke entfernt, die die beiden Isar-Hochufer miteinander verbindet.

Am Nordrand des weitläufigen Forstenrieder Parks liegt das barocke **Schloß Fürstenried,** einst Ausgangspunkt glanzvoller Jagdpartien von König Max II. Die 1715–1717 von Joseph Effner errichtete Anlage, deren Anordnung an Schloß Nymphenburg erinnert, ist auf die 8 km entfernte Frauenkirche ausgerichtet. Leider wird die Blickachse durch eine doppelreihige Lindenallee hindurch heute von einer breiten Autobahntrasse durchbrochen.

Zwischen lärmerfüllten Ausfallstraßen (Verdi- und Pippinger Straße) und dem Beginn der Autobahn Richtung Stuttgart liegt die idyllische Oase von **Schloß Blutenburg.** Das ehemalige Lust- und Jagdschloß der Wittelsbacher stammt aus dem 15. Jh. Es diente einst Agnes Bernauer (1435 als Hexe zu Straubing in der Donau ertränkt) und ihrem vermuteten heimlichen Gatten Herzog Albrecht III. als verborgenes Liebesdomizil.

Ein besonderes Schmuckstück dieses spätgotischen Landsitzes ist die **Schloßkirche St. Sigismund.** Die Gemälde der Flügelaltäre sowie die Entwürfe für die prächtigen Glasmalereien stammen von Jan Polack.

Urbayerische Gemütlichkeit gibt es in der nahen Dorfstraße 38 beim **Alten Wirt** von Obermenzing. Das gewaltige Gebäude mit seinem hohen Walmdach aus dem 16. Jh. zählt heute zu den letzten im ursprünglichen Zustand erhaltenen Dorfwirtschaften des Münchner Stadtgebiets.

Zwischen Mittlerem Ring, Biergarten, Motorradfahrerkneipe und reizvoller Wohnsiedlung aus den dreißiger Jahren steht am Anfang der Salzburger Autobahn etwas verloren eine der ältesten bayerischen Wallfahrtskirchen, deren Ursprung bis ins 11. Jh. zurückreicht: **St. Maria in Ramersdorf** (Aribonenstr. 9), als gotischer Bau (um 1400) im Jahre 1675 mit vielen barok-

Links: Schloß Blutenburg. **Rechts:** Im Tierpark Hellabrunn.

ken Elementen versehen, bildet mit dem benachbarten Mesnerhaus und einem Friedhof den kleinen, aber schmucken Rest des alten Dorfkerns.

Ebenfalls noch recht dörflich und idyllisch wirkt der Ortskern von **Alt-Perlach.** Die Dorfmitte mit der barocken Pfarrkirche **St. Michael,** dem Hachinger Bach und den Resten des alten Dorfangers wurde als Ensemble unter Denkmalschutz gestellt.

Utopie in Grau: Krasser könnte der Kontrast zu **Neuperlach,** der größten Satellitenstadt Deutschlands mit mehr als 60 000 Einwohnern, nicht sein. Riesige Wohntürme, überdimensionierte Straßenanlagen, nutzloses Verkehrsinsel-Grün, leere Weite auf der einen und einschnürende Enge auf der anderen Seite wirken äußerst bedrückend.

Was bei der Grundsteinlegung im Jahre 1967 noch als besonders fortschrittlich und sozial angesehen wurde, gilt heute als markantes Beispiel einer menschenfeindlichen Wohnungsbaupolitik. Die zahlreichen Bürotürme und das riesige Einkaufszentrum tun dazu ein übriges. Wesentlich humaner und eher ein Lichtblick moderner Industrie-Architektur am Rande der Arbeits- und Schlafstadt Neuperlach ist der mitunter als „Bavarian Silicon Valley" bezeichnete Gebäudekomplex des Multikonzerns Siemens, wo Scharen von Forschern über der Weiterentwicklung der Mikroelektronik brüten.

Befreit vom Dunstkreis startender und landender Düsenjets des früheren Flughafens Riem (1992 wurde er vom Großflughafen München II in Erding abgelöst) liegen dicht beieinander die **Trabrennbahn Daglfing** mit ihrer modernen Tribünenanlage, das schon fast wieder baufällige **Olympia-Reitstadion** und die **Riemer Galopprennbahn.** An Rennquintett-Tagen kann man sich hier dem Nervenkitzel der Pferdewetten hingeben. Es muß ja nicht immer so dramatisch ablaufen wie im Falle des bekannten Verlegers einer Münchner Zeitung, den beim Trabrennen der Herztod ereilte.

Es sind zwar nicht nur Porsche- und Jaguarbesitzer, die ihre opulente Brotzeit im traditionellen Biergarten **Zur Emmeramsmühle** am Englischen Garten in Oberföhring verspeisen. Über eine einigermaßen solide Grundausstattung sollte man jedoch schon verfügen; ebenso, wer sich in den Genuß gepflegter japanischer Küche versetzen will; denn auch das Restaurant **Mifune** des gleichnamigen Schauspielers in der Ismaninger Straße ist nicht gerade billig.

Die Kehrseite: Im Münchner Norden stinkt es im wahrsten Sinne des Wortes zum Himmel: Nahe dem vormaligen Villenvorort **Freimann** stehen das größte Klärwerk der Bundesrepublik Deutschland, gleich daneben diverse Sondermülldeponien und ein überdimensionaler Müllberg, der die höchste Erhebung der Münchner Schotterebene darstellt. Unweit der modern-orientalischen **Moschee der Islamischen Gesellschaft** in der Wallnerstraße versinkt die hübsche **Fröttmaninger Heiligkreuzkirche** aus dem 14. Jh. buchstäblich im Abfall (der Besucher wendet sich am besten an den Pförtner des Müllplatzes).

Links: Auch Exotisches steht im Westpark. **Rechts:** Traditioneller Maibaum.

Neuburg
Ingolstadt
Donau
Manching
Dischingen
Donauwörth
Königmoos
Lech
Mainbu
Donau
Dillingen
Meitingen
Wertingen
Schrobenhausen
Pfaffenhofen
Zusam
Altenmünster
Aichach
Günzburg
Hohenkammer
Freisi
Augsburg
Friedberg
Glonn
Amper
Thannhausen
Königsbrunn
Bobingen
Dachau
Konzentrationslager / Gedächtnisstä
Garching
Krumbach
Lech
Fürstenfeldbruck
Schwabmünchen
Isar
München
Gauting
Kirchse
Türkheim
Wörthsee
Seefeld
Mindelheim
Landsberg
Grünwald
Buchloe
Ammer-
see
Herrsching
Höhenkir
Bad Wörishofen
Kloster Andechs
Starnberg
Sauerlach
Dießen
Ottobeuren
Starn-
berger
See
Wolfratshausen
Tutzing
Kaufbeuren
Wessobrunn
Holzkirchen
Obergünzburg
Geretsried
Schongau
Weilheim
Seeshaupt
Loisach
Isar
Miesbach
Osterseen
Bad Tölz
Marktoberdorf
Ammer
Gmun
Lech
Penzberg
Tegernsee
Kempten
Bad Wiessee
Kloster Steingaden
Rott
Lechbruck
Kloster Benediktbeuren
Eg
Staffel-
see
Murnau
Wieskirche
Saulgrub
Kochel
Benediktenwand
Mittelberg
Kochelsee
1801
Lenggries
Nesselwang
Forggen-
see
AMMERGEB
Walchenseekraftwerk
Oberammergau
Pfronten
Schwangau
Schloß Linderhof
Walchensee
Füssen
Kloster Ettal
Achenth
Schloß Hohenschwangau
Schloß Neuschwanstein
Wallgau
Isar
Vorderriß
Sonthofen
Reutte
Garmisch- Partenkirchen
Nebelhorn
2224
Eibsee
Mittenwald
Zugspitze
Lech
Stanzach
Lermoos
2963
Jen
Hochvogel
2593
Ehrwald
LECHTALER ALPEN
KARWENDELGEB
Schw
Telfs
K
Nassereith
Hall in Tirol
Wattens
Inn
Zirl
Innsbruck

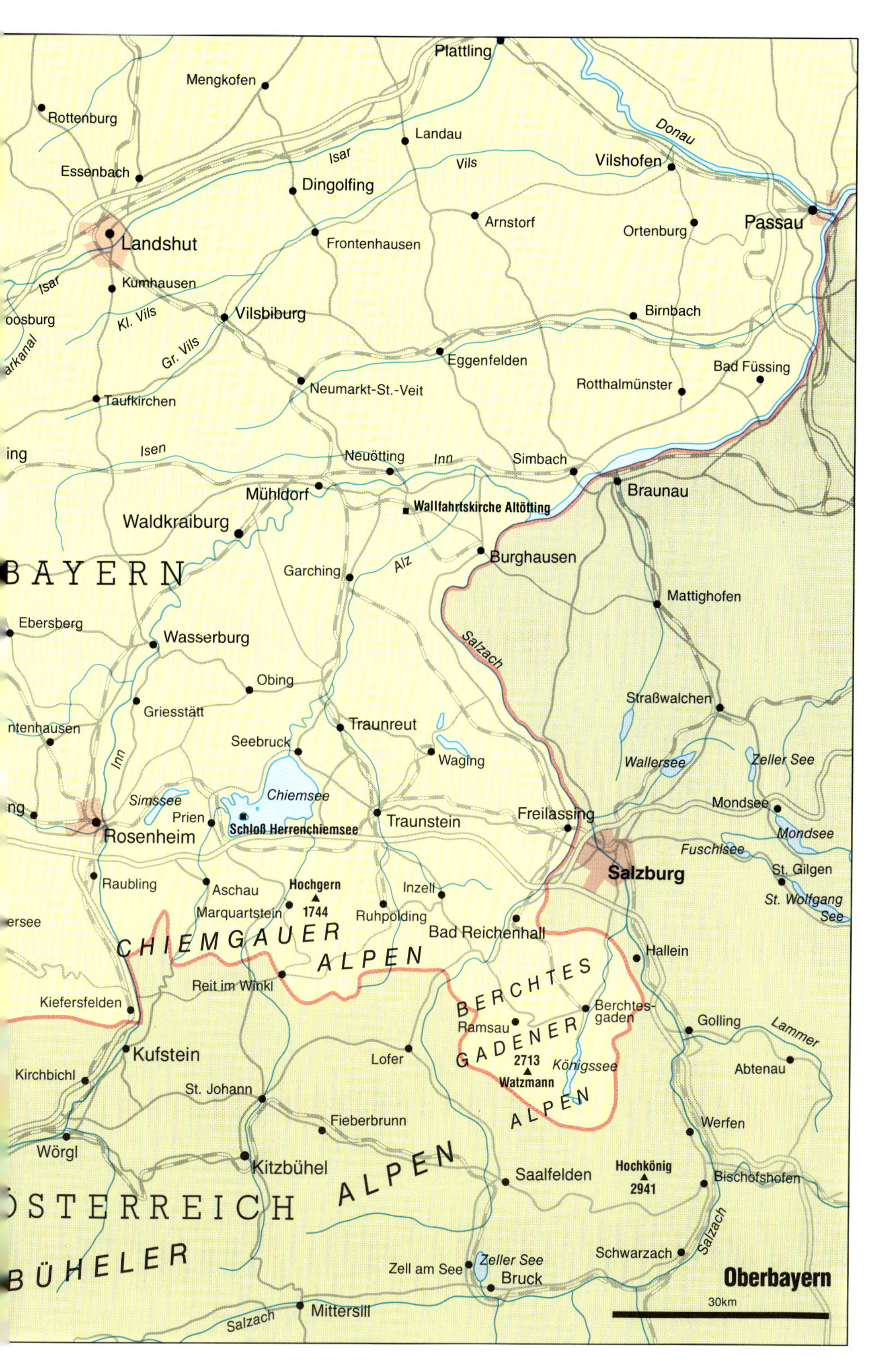
Plattling
Mengkofen
Rottenburg
Donau
Landau
Isar
Vils
Vilshofen
Essenbach
Dingolfing
Arnstorf
Ortenburg
Passau
Landshut
Frontenhausen
Isar
Kumhausen
oosburg
Kl. Vils
Vilsbiburg
Birnbach
arkanal
Gr. Vils
Eggenfelden
Bad Füssing
Neumarkt-St.-Veit
Rotthalmünster
Taufkirchen
ing
Isen
Neuötting
Inn
Simbach
Braunau
Mühldorf
Wallfahrtskirche Altötting
Waldkraiburg
Burghausen
BAYERN
Garching
Alz
Mattighofen
Ebersberg
Salzach
Wasserburg
Obing
Straßwalchen
Griesstätt
ntenhausen
Traunreut
Seebruck
Waging
Wallersee
Zeller See
Inn
Chiemsee
Simssee
Mondsee
Prien
Freilassing
ng
Schloß Herrenchiemsee
Traunstein
Mondsee
Rosenheim
Fuschlsee
Salzburg
Hochgern
Raubling
Aschau
Inzell
St. Gilgen
1744
Marquartstein
St. Wolfgang See
Ruhpolding
ersee
Bad Reichenhall
CHIEMGAUER
Hallein
ALPEN
BERCHTES
Reit im Winkl
Berchtes-gaden
Kiefersfelden
Golling
Lammer
Ramsau
GADENER
Kufstein
Lofer
2713
Königssee
Abtenau
Kirchbichl
Watzmann
St. Johann
ALPEN
Werfen
Fieberbrunn
Wörgl
Kitzbühel
ALPEN
Saalfelden
Hochkönig
2941
Bischofshofen
ÖSTERREICH
Salzach
BÜHELER
Schwarzach
Zeller See
Zell am See
Bruck
Oberbayern
30km
Salzach
Mittersill

MÜNCHENS REIZVOLLE UMGEBUNG

„Herr, wen Du lieb hast, den läßt Du fallen in dieses Land!“
– Ludwig Ganghofer

Dieses Stoßgebet sandte weiland der bayerische Heimatdichter zum weiß-blauen Himmel hinauf, und hat ihn dieser erhört, dann müssen die Bayern allesamt ein wahrlich gottgefälliger Menschenschlag sein.

In der Tat hat Oberbayern so viele Naturschönheiten aufzuweisen, daß man mit Fug und Recht von einer der schönsten Landschaften in Deutschland sprechen kann: Hier findet man unzählige verschieden große Alpenrandseen, die durch jahrtausendelange Schleif- und Schubarbeit der eiszeitlichen Gletscher entstanden sind, umgeben von leuchtendgrünen Wiesen und Wäldern oder schroffen, mächtigen Bergen. Und hinter fast jeder Straßenkurve der hügeligen Voralpenlandschaft liegt ein Dorf, meist so hübsch und adrett, daß man sich mitunter eher in einem riesigen Freiluftmuseum wähnt als in einer lebendigen Kulturlandschaft. Und aus den Bergen, um die Hügel herum und an den Dörfern vorbei schlängeln sich Flüsse auf die Donau zu, um mit ihr zusammen in Richtung Schwarzes Meer zu fließen.

Freilich hat der Fortschritt auch in der ländlichen Idylle Oberbayerns seine Spuren hinterlassen: Die Wälder, insbesondere in den Bergen, sterben, und nur mühsam gelingt es, die nachhaltige Verschmutzung der Flüsse und Seen wieder zu beheben, was allerdings am Starnberger- und Ammersee schon gelungen ist. Die überfüllten Straßen im Voralpengebiet jedoch werden bleiben, und die Staus auf den Autobahnen, auf denen sich der europäische Nord-Süd-Verkehr abspielt, werden jedes Jahr länger. Und an den Wochenenden strömen immer mehr Ausflügler in die letzten Nischen der Natur.

Vorherige Seiten: Oberbayerische Alpenlandschaft / Brunnenfiguren in Schloß Linderhof. Links: Ausflug ins Grüne.

München am nächsten gelegen ist der **Starnberger See,** der manchmal auch als Würmsee bezeichnet wird, da die Würm, ein Nebenfluß der Amper, von seiner nördlichen Spitze abfließt. Der Volksmund hat jedoch eine ganz andere Erklärung für diesen Namen: Angeblich haust ein Riesenwurm auf dem Grunde des Sees und ist verantwortlich für die unerklärlichen Strömungen, die das Wasser auch bei allergrößter Windstille in Bewegung halten. Sollte der Wurm jemals auftauchen, dann wird die

Welt untergehen. Und so starren bei wildbewegter See viele Eingeweihte sorgenvoll auf das Wasser und beten zu Gott, daß diesmal noch der Krug (nicht der Kelch, wir sind in Bayern) an ihnen vorübergehe.

Damit aber noch nicht genug der Sonderbarkeiten, die der „Würmsee" zu bieten hat. Man muß nur einmal versuchen, vom nördlichen auf das südliche Ufer zu schauen. Dann wird man feststellen, daß das partout nicht geht, auch wenn man sich auf die Zehenspitzen stellt. Man sollte sich aber über das durchaus erklärbare Phänomen der Erdkrümmung nicht grämen und lieber den Kopf etwas anheben, um im Süden die überwältigende Bergsilhouette von Benediktenwand, Karwendel, Estergebirge, Wetterstein und Ammergauer Bergen auf sich wirken zu lassen.

Vom See aus läßt sich das alles noch viel besser genießen. Es empfiehlt sich deshalb, eine Schiffsrundfahrt zu unternehmen, die etwa 3 bis 3 1/2 Stunden in Anspruch nimmt. Das an der Nordspitze des Sees gelegene mondäne **Starnberg** hat zwar etwas von seinem alten Glanz eingebüßt, kann jedoch neben einem Schloß in eindrucksvoller Lage auch die schöne, noch von eleganter Schlichtheit geprägte alte **Pfarrkirche St. Joseph** vorweisen, deren Altar von Ignaz Günther stammt.

Kaiserin Sissi und ihr Verehrer: Am Westufer, 5 km südlich von Starnberg, liegt **Possenhofen** mit seinem 1536 erbauten Schloß, wo die spätere Kaiserin Elisabeth von Österreich, bekannter unter dem Namen Sissi, ihre Kindheit verbrachte. In späteren Jahren, wenn die Kaiserin zurück nach Possenhofen kam, erhielt sie häufig Besuch vom unmittelbar gegenüberliegenden **Schloß Berg.** Von hier machte sich nämlich König Ludwig II. in österreichischer Uniform auf den Weg, um dann bis tief in die Nacht zu bleiben.

Die Situation wurde dadurch noch etwas delikater, daß der König die Kaiserin entgegen den protokollarischen Gepflogenheiten allein sehen wollte. Der Leser sollte daraus jedoch nicht die gleichen voreiligen Schlüsse ziehen wie einige Zeitgenossen Ludwigs. Denn die Besuche gestalteten sich für Sissi eher anstrengend bis langweilig, da Ludwig es vorzog, seine Seelenfreundin ohne Worte zu verehren und ihr stundenlang stumm gegenüberzusitzen.

Bei **Feldafing,** nur einen Steinwurf weit vom Seeufer entfernt, sieht man eine kleine bewaldete Insel, auf der Ludwigs Vater, König Max II., ein villenartiges Schlößchen bauen und 15 000 Rosen pflanzen ließ. Daher der Name **Roseninsel.** Sie diente zu Ludwigs Zeiten auch als Treffpunkt zwischen ihm und Kaiserin Sissi oder als Hinterlegungsort für Briefe. Darin sandte „Seemöve“ Sissi ihrem „Adler“ Ludwig Grüße „von schäumenden Wogen hinauf zum ewigen Schnee“, wofür sich „Adler“ Ludwig – „der Möwe Gruß von fernem Strand zu Adlers Horst den Weg wohl fand“ – in ebenso gefiedertem Stil artig bedankte.

Links: Bootsausfahrt am Starnberger See.
Oben: Landschaft an den Osterseen.

Zieht man nun die Wanderstiefel an und geht gemächlichen Schrittes auf die **Ilka-Höhe**, welche mit 728 m die höchste Erhebung am See ist, so wird man bei klarem Wetter mit einer prachtvollen Aussicht auf die Alpen und dem wohl schönsten Blick auf den See belohnt.

Die Ilka-Höhe befindet sich südwestlich von **Tutzing** bei Oberzeismering. Von diesem prächtigen Ausblick frisch gestärkt, wandert man über Unterzeismering in etwa 1 1/2 Stunden nach **Bernried** mit seinem malerischen Park, in dem mächtige knorrige Eichen und Buchen gedeihen.

Die von der Wanderung geschwollenen Füße lassen sich gut am Badestrand des nahe gelegenen Ortes **Seeshaupt** im Wasser kühlen. Fürs leibliche Wohl sorgen außerdem einige Lokale.

Paßt man wieder in seine Schuhe hinein, sollte man unbedingt einen Abstecher zu den südlich liegenden **Osterseen** machen, einem wunderschönen Naturschutzgebiet mit 21 reizvoll zwischen Wiesen und Wald gelegenen Moorseen, um die herum man wunderschöne Wanderungen machen kann.

Das Ostufer des Starnberger Sees ist ländlicher und weniger bebaut. Über **Ammerland** und **Leoni** kommt man nach **Berg,** wo ein Holzschild den Weg zur Votivkapelle, der Gedächtniskapelle für

Ludwig II., weist. An seinem Todestag, dem 13. Juni, pilgern alljährlich seine treuen Verehrer nach Berg. Ein Gedenkkreuz im See bezeichnet die Stelle, an der Ludwig ertrunken (?) oder erschossen (?) aufgefunden wurde. Über die Umstände, die zu Ludwigs frühem Tod führten, wird bis heute in unzähligen Theorien spekuliert. Von Selbstmord bis zum Komplott hochrangiger Staatsdiener ist dabei die Rede. Keine von ihnen konnte letztendlich das Geheimnis aufklären. Der weltweiten Verehrung des Königs tut dies indes keinen Abbruch – ganz im Gegenteil.

In Berg beginnt auch der **König-Ludwig-Weg,** ein Wanderweg, der bis nach Neuschwanstein, dem Märchenschloß des Märchenkönigs in Füssen, führt.

Ein See zum „Schaukeln": Statt eines Mythenwesens hat der **Ammersee** zwar nur ganz gewöhnliche Fische vorzuweisen; was physikalisch-geologische Besonderheiten betrifft, ist er aber dem Starnberger See um einiges voraus. Denn welcher See hat schon eine „Schaukelwelle"? Täglich hebt und senkt sich nämlich das Wasser an den Ufern bis zu 10 cm – und dies etwa 24 Minuten lang. Warum, weiß niemand. Verwunderlich ist, daß nicht flugs ein neues Ungeheuer vom Aberglauben aus der Taufe gehoben wurde. Sind die Ammerseer Fischer vielleicht ein nüchternerer Menschenschlag als die Starnberger? Auf jeden Fall dürfte sich somit – zur Beruhigung sei's gesagt – eine Schiffsrundfahrt weniger gefährlich ausnehmen. Sie dauert zwischen 3 und 4 1/2 Stunden und beginnt in **Stegen** an der Nordspitze des Sees.

Der **Kochelsee** ist eine weitere „Perle Oberbayerns". Vor allem seine Lage hat ihm dieses Prädikat eingebracht: Zur einen Hälfte liegt er in der Ebene und zur anderen ist er von Bergen umgeben. Der **Herzogstand** ist einer davon und „thront" mit seinen 1731 m förmlich über dem See. Eine Seeumwanderung (6 km^2) ist nur bedingt zu empfehlen, da man auf dicht befahrenen Straßen gehen müßte. Eine reizvollere Möglichkeit bietet die Kombination aus Bootsfahrt und Wanderung. Man nimmt ein Boot, das regelmäßig von **Kochel** ablegt und bis **Altjoch** fährt. Von hier aus führt ein bequemer Felsenweg nach **Schlehdorf,** wo man wieder ein Boot besteigen kann, das den Rücktransport nach Kochel übernimmt. Nördlich des Kochelsees liegt das Landschaftsschutzgebiet **Rohrsee,** in dem der Naturfreund insbesondere seltene Vogelarten beobachten kann. Durch dieses Gebiet führt ein Wanderweg nach **Brunnenbach,** wo man sich im örtlichen Gasthaus stärken kann.

Noch ein See-Ungeheuer: Der größere Bruder des Kochelsees ist der **Walchensee.** Er ist mit seinen 192 m der tiefste bayerische See. Und je tiefer der Grund, desto mehr wird die volkstümliche Phantasie angeregt, das Unergründliche mit sagenhaften Geschichten zu umranken. So nimmt es nicht Wunder, daß der Seegrund vom „Riesenwaller" bewohnt wird – einem Fisch von solch enormer Größe, daß er den Schwanz im Maul halten muß, um überhaupt Platz in dem Gewässer zu finden.

Und wehe, wenn es die Bayern gar zu sündig treiben! Dann wird er auftauchen und mit seinem Schwanz die Felsen des **Kesselbergs** zerschlagen und damit eine Flutwelle erzeugen, die das Land einschließlich Münchens überschwemmen wird. Vorsorglich ließen deshalb die bayerischen Kurfürsten alljährlich einen goldenen Ring versenken, um sich so der Gunst des mächtigen Fisches zu versichern (Suchen vergeblich!).

Der Walchensee gehört ohne Frage zu den schönsten Seen Bayerns. Insbesondere die Wanderung entlang dem östlichen, 6 km langen Uferstreifen zwischen **Urfeld** und **Niedernach** ist zu empfehlen. Baden ist fast überall möglich.

Am Starnberger See lebt, wer es sich leisten *muß,* am **Tegernsee,** wer es sich leisten *kann.* Schon im Dritten Reich war der Tegernsee als „Lago di Bonzo" verschrien, weil hier viele Nazigrößen ihr Haus hatten. Bis heute hat sich an der Exklusivität des Sees nichts geändert. Franz Josef Strauß hatte, Flick, Thyssen, Underberg etc. haben hier eines ihrer vielen Domizile aufgeschlagen. Schon in der Zeit um 1900 hatten Schriftsteller wie Ludwig Ganghofer, Ludwig Thoma und Hedwig Courths-Mahler ihren Wohnsitz am Tegernsee. An der Südspitze des Sees liegt **Rottach-Egern,** wo im **Café Jaedicke** die weltberühmten Baumkuchen gebacken werden. Wer sich einen Panoramablick auf den Tegernsee verschaffen will, sollte hier den **Wallberg** „besteigen". Die „Bezwingung" des Berges ist aber nur Sache einer Seilbahnfahrt und einer halben Stunde Aufstieg.

Am Westufer liegt **Bad Wiessee,** ein exklusiver Badeort mit international bekannten Jod- und Schwefelheilbädern, die auf sehr kuriose Weise entdeckt wurden. Ursprünglich bohrte man nach Erdöl und stieß dabei auf Heilquellen. So entstand aus dem beabsichtigten Ölfördergebiet ein Weltbad. Wer noch einige Reisegroschen übrig hat,

Links: Morgenstimmung am Ammersee. Oben: Unweit vom See ragt die bayerische Bergwelt in den Himmel.

kann in der dortigen Spielbank sein Glück versuchen. Hinter dem Wiesseer Schulhaus kann man über das Zeiselbachtal zum Sonnbichl auf die **Aueralm** wandern und dort eine Brotzeit mit Milch, Käse, Erbsensuppe oder Kaiserschmarrn genießen.

10 km östlich des Tegernsees liegt der **Schliersee,** ein eher kleiner See – diesen quantitativen Mangel macht er aber qualitativ wieder wett. In anmutig hügeliger Landschaft gelegen, von nicht zu hohen und zu steilen Bergen umrahmt, ist er einer der idyllischsten und romantischsten Seen des Landes. Sein Wahrzeichen ist die **Brecherspitze,** ein spitzer Berg, der den See um 900 m überragt. Seinen Namen hat der See vermutlich von dem Ort **Schliersee** erhalten, der auf ein Kloster namens Slyrse, das im Jahre 779 gegründet wurde, zurückgeht und selbst lange Zeit über Schliers genannt wurde. Die sehenswerte **Pfarrkirche St. Sixtus** im Ort ist ein Frühwerk von Johann Baptist Zimmermann.

Altes Brauchtum: An der St. Leonhards-Kapelle in **Fischhausen** treffen sich alljährlich am 6. November die Bauern der Umgebung zu einem farbenprächtigen Umzug. Mit Pferden und Gespannen wird in dem kleinen Ort an der Südspitze des Sees nach altem Brauch der **Leonhardi-Ritt** abgehalten. Ebenfalls lohnenswert ist die einstündige Wanderung zur **Schliersbergalm.** Mit der Sesselbahn hat man die Strecke in ein paar Minuten bewältigt. Der See läßt sich in ca. zwei Stunden umwandern. Der Weg ist mit einem „K1" ausgeschildert.

Etwas länger dauert es, den **Chiemsee** zu umwandern. Mit mehr als 80 km² ist er der größte bayerische See. Aber nicht nur deswegen wird er das „Bayerische Meer" genannt, sondern auch, weil er von meeresähnlichen Stürmen heimgesucht wird, die ihm den Respekt von Seglern und Bootsfahrern eingetragen haben.

Vor einigen tausend Jahren war der See dreimal so groß wie heute. Jedoch verlandet er zusehends, und wer noch 7000 Jahre abwartet, wird schließlich wohl nur noch vor einem badewannengroßen Tümpel stehen. Vor allem der westliche Teil des Sees zeichnet sich durch überwältigende Landschaftsmotive aus, die immer wieder Maler und Künstler anlocken.

Wer dieses Gebiet kennenlernen will, sollte auf keinen Fall einen Abstecher zu den Inseln Herren- und Frauenchiemsee versäumen. Beide Namen gehen auf Klöster zurück, die im 8. Jh. von Benediktinern dort errichtet wurden: auf **Frauenchiemsee** das Nonnenkloster, auf Herrenchiemsee das Mönchskloster. Beide wurden im 10. Jh. von den einfallenden Ungarn zerstört. Die weniger besuchte und wesentlich kleinere Fraueninsel ist mit ihren alten Linden, malerischen Fischerhäusern und dem Kloster, in dem die Benediktinerinnen ihren berühmten Klosterlikör brauen, durchaus sehenswert.

Um 1130 errichteten die Augustiner Bauten auf der Insel **Herrenchiemsee,** von denen heute nur noch das „alte Schloß" erhalten ist. Obwohl die Gebäude des ehemaligen Augustiner-Chorherrenstifts als erstes vom Landesteg aus sichtbar sind, gehen die Inselbesucher meist achtlos daran vorbei. Denn *die* Attraktion der Insel ist das „neue Schloß", das Ludwig II. 1878 hier nach dem Vorbild von Versailles erbauen ließ. Leider blieb der Prachtbau unvollendet. Sehenswert ist er gleichwohl allemal.

Links: Seit Jahrzehnten schon mäht sie diese Wiese. Oben: Zünftig geht es zu bei der Floßfahrt von Wolfratshausen nach München.

Der prachtvolle Spiegelsaal war bis vor kurzer Zeit Schauplatz kerzenbeleuchteter Konzerte, die aber wegen Rußverschmutzung eingestellt werden mußten. Eine weitere Attraktion ist das „Tischlein-deckdich", ein versenkbarer Tisch, der fahrstuhlartig direkt von der Küche nach oben bis ins königliche Speisezimmer führte. Ludwig hatte eine Vorliebe für solche kurzweiligen Spielereien, wie man sie in allen seinen Schlössern vorfindet.

Die Isar entlang: Wer sich einerseits nicht allzuweit von München entfernen will, aber dennoch auf einen Spaziergang durch Bayerns Natur nicht verzichten will, dem sei eine Wanderung entlang der Isar empfohlen. Wanderungen am linken Ufer können von **Höllriegelskreuth** bis hin zum **Kloster Schäftlarn** unternommen werden. Will man am rechten Ufer wandern, geht man von **Grünwald** los.

Entlang dem aussichtsreichen Wanderweg am Hochuferrand kommt man über die **Römerschanze** ins **Mühltal** und von dort vorbei am „Brückenwirt" zum Kloster Schäftlarn mit seinem idyllischen Biergarten. Von hier aus führen gut markierte Wanderwege durch das vielarmige Isarflußbett bis nach **Wolfratshausen.**

In Wolfratshausen legen von Ende Mai bis Anfang September an sonnigen Wochenenden die aus wenigen Baumstämmen gezimmerten Flöße ab und treiben auf der wild schäumenden Isar bis nach München. Vor 200 Jahren noch war es recht gefährlich, auf diese Weise Holz nach München zu bringen. Heute gilt es als Vergnügen, sich in praller Sonne mit Bier und Blasmusik zu amüsieren, und die Flöße sind oft für die ganze Saison ausgebucht.

Der Schöpfer hat in seiner unendlichen Güte dafür gesorgt, daß sich die Oberbayern vor Seen kaum retten können. Sie dankten es ihm mit einem solch eifrigen Bau von Klöstern und Kirchen, daß ein heutiger Wanderer durch das Oberland entweder in einen See „tappt“ oder über ein Kloster „stolpert“. Auch sind einige Klöster für den eher genußsüchtigen und weniger kunstfreudigen Touristen von höchst sinnesfrohem Interesse.

Bekanntlich überbrückten die bayerischen Mönche die fleischlosen Fastenzeiten mit bräunlichen Gerstensäften, die sie hinter den verschwiegenen Klostermauern zusammenbrauten, und wurden so über die Jahrhunderte hinweg zu hervorragenden Bierbrauern.

Klösterliche Brautradition: Allen voran muß das Benediktinerkloster **Andechs** auf dem „Heiligen Berg“ über dem Ammersee genannt werden. Hierher pilgern nicht nur Gläubige, um sich von dem berühmten dunklen Bockbier oder dem vorzüglichen Hellen in Versuchung führen zu lassen. Aus diesem Grunde hat der Wallfahrtsort auch in unseren weniger christlichen Zeiten nie an Attraktivität verloren. Hauptwallfahrtszeit ist der Mai. Und wer sich von dem bierseligen Treiben absetzen will, der findet in der barocken Kirche am Grabe des großen Komponisten und Musikpädagogen Carl Orff einen stillen Ort zur Besinnung und inneren Einkehr.

Die ursprüngliche Wallfahrtskirche wurde um 1400 im spätgotischen Stil erbaut. Jetzt erstrahlt sie jedoch ganz im Prunk des Barock, den ihr Johann Baptist Zimmermann mit reichlich Stuck, Deckenmalerei und Wandgemälden angedeihen ließ.

Gegenüber dem Domberg zu Freising, heißt es, befindet sich im ehemaligen Benediktinerkloster **Weihenstephan** die „älteste Braustätte der Welt“. Ein sehr gewagter Superlativ, schließlich schätzten schon die alten Ägypter dieses Getränk.

Links und oben: Die Klosterkirche Andechs. Das Kloster ist eines der populärsten Ausflugsziele.

Sicher ist jedenfalls, daß das Kloster schon 1146 das Braurecht erhielt und im 17. Jh. hier die Bayerische Staatsbrauerei errichtet wurde. Heute hat Weihenstephan mit den Fakultäten für Landwirtschaft und Brauerei der Technischen Universität München akademische Weihen erhalten *(siehe auch S. 257).*

Rokokoträume und Musik: Ebenfalls im engeren Umkreis von München, im Isartal, liegt das Kloster **Schäftlarn.** Das berühmte Benediktinerkloster wurde schon um 760 gegründet. Die heutige Anlage, die im 18. Jh. entstand, stellt eine Perle des bayerischen Rokoko dar. Die bedeutendsten Barock- und Rokokokünstler wie F. Cuvilliés d. Ä., J. B. Gunetzrhainer, J. B. Zimmermann und J. B. Straub haben daran mitgewirkt. Anläßlich eines der **Schäftlarner Konzerte** (Auskunft: Offizielles Monatsprogramm des Fremdenverkehrsamts München) besteht Gelegenheit, die üppig ausgestattete Klosterkirche über längere Zeit auf sich einwirken zu lassen.

Fährt man etwas nördlicher auf der B11 Richtung Mittenwald durch das Tölzer

Land, so trifft man 57 km von München entfernt in **Benediktbeuren** auf die wohl älteste Benediktinerordensgründung (aus der Mitte des 8. Jhs.) nördlich der Alpen. Die heutige Klosterkirche, eine Basilika, entstand im 17. Jh. nach Entwürfen von Kaspar Fichtmayr.

Die Fresken stammen von Hans-Georg Asam. (Klosterführungen: im Sommer tgl. ab 14.30 Uhr, im Winter nur mittwochs und sonntags. Besichtigungszeiten der Basilika: im Sommer 9–18 Uhr, im Winter 9–17 Uhr; Tel. 08857/881.) In den Monaten Juni bis September finden im Barocksaal und in der Basilika die **Benediktbeurer Konzerte** statt (Information: Bayerischer Volksbildungsverband e.V. München, Pienzenauerstr. 12, 81679 München, Tel. 089/982 86 76).

Richtung Garmisch auf der B2 kommt man zu dem von München 85 km entfernten Kloster **Ettal.** Das Benediktinerkloster samt seiner Wallfahrtskirche wurde 1330 von Kaiser Ludwig IV. dem Bayern zur Einlösung eines Gelöbnisses gegründet. Der zwölfeckige hochgotische Zentralbau mit doppelgeschossigem Wandelgang steht in der deutschen Kirchenbaugeschichte einzigartig da. Im 18. Jh. war das Kloster erheblichen barocken Umgestaltungen ausgesetzt, die jedoch den ursprünglichen Grundriß kaum verändert haben.

Spiele wider die Pest: Nur einen Katzensprung von Ettal entfernt liegt **Oberammergau,** das durch seine alle zehn Jahre stattfindenden Passionsspiele weltweiten Ruhm erlangt hat. Die Passionsspiele gehen auf ein Gelübde der Einwohner im Pestjahr 1633 zurück, das sie im darauffolgenden Jahr zum ersten Mal einlösten. Die nächsten Passionsspiele sind für das Jahr 2000 geplant. Hier ist auch die Heimat der „Herrgottsschnitzer“, und im Heimatmuseum kann man die Holzschnitzkunst bis zu ihren Anfängen zurückverfolgen (Dorfstraße 6; täglich außer Mo 14–18 Uhr vom 10. Mai bis 15. Oktober sowie an Ostern, Pfingsten und Weihnachten; die übrige Zeit nur Sa 14–18 Uhr. Information: Verkehrsbüro, Postfach 60, 82487 Oberammergau, Tel. 08822/10 21).

Will man die schönste Aussicht über einen Großteil Oberbayerns haben, so muß man vom Ammersee aus ca. 25 km Richtung Süden fahren. Dort ist vom **Hohenpeißenberg** – trotz der relativ geringen Höhe von 998 m – eine prachtvolle Aussicht auf die Alpenkette und insgesamt elf Seen möglich. Folgt man der Bergstraße zum Gipfel des Hohenpeißenbergs, kommt man an der ehemaligen Wallfahrtskirche **Mariae Himmelfahrt** vorbei. Sie wurde 1619 erbaut und birgt in ihrem schlichten, im Renaissancestil gehaltenen Inneren einen mächtigen, reichhaltig gestalteten säulengetragenen Hochaltar. Auf dem Kirchendach wurde 1772 die erste Bergwetterwarte Bayerns eingerichtet.

Bayerisch-schwäbischer Barock: Südlich des Hohenpeißenbergs sollte man den Besuch der 20 km entfernten **Wieskirche** keinesfalls versäumen. Die Wallfahrtskirche zum „Gegeißelten Heiland", im Volksmund auch liebevoll „die Wies" genannt, gilt als Hauptwerk des bayerisch-schwäbischen Barock, als der reifste Sakralbau dieser Stilepoche.

Die Geschichte der „Wies" begann 1730 damit, daß zwei Steingadener Mönche für die Karfreitagsprozession einen „Gegeißelten Heiland" aus Holzteilen bastelten, den sie mit Leinwand überzogen und bemalten. In der Folge, ab 1734 heißt es, wurde die Christusfigur auf dem Dachboden eines Gasthauses abgestellt, bis sie schließlich die Bäuerin Maria Lory wiederfand und mit auf ihren Wieshof nahm.

Am 14. Juni 1738 zeigten sich auf dem Gesicht des „Gegeißelten Heilands" Tränen, ein Wunder, das von nun an viele Gläubige zu einer Holzkapelle lockte, die man für die Heilandsfigur errichtete. Der Strom der Wallfahrer nahm stetig zu und war 1746 Anlaß, eine große Wallfahrtskirche zu errichten.

Als Baumeister wurde Dominikus Zimmermann ausersehen, der den Bau 1757 vollendete. Die sehenswerten Stukkaturen und Malereien im Innern der Kirche sind größtenteils Werk seines Bruders Johann Baptist Zimmermann, der hier den Höhepunkt seines Schaffens erreichte. Meister Dominikus wollte sich von seinem Werk partout nicht mehr trennen und baute sich nahe der Kirche ein kleines Haus, in dem er 1766 verstarb.

Von außen wirkt die Kirche eher schlicht und ist von weitläufigen Waldwiesen eingerahmt. Betritt der Besucher das Kircheninnere, so steht er plötzlich „in einem Festsaal, den strahlender Farbenjubel erfüllt, der so von Licht durchglänzt ist, daß er nicht aus fester Substanz aufgebaut erscheint, sondern aus dem Stoff der Wiesenblumen draußen, der Wolken über den Trauchbergen", wie die Kirche in der *Schatzkammer Deutschland,* Stuttgart 1978, beschrieben wird.

Links: Kloster Ettal. Oben: Die Wieskirche.

FREISING, LANDSHUT, REGENSBURG UND AUGSBURG

Schon lange vor der Gründung Münchens war Bayern Kultur- und Siedlungsland. Die Römer gründeten hier Städte wie Regensburg *(Castra Regina)* oder Augsburg *(Augusta Vindelicorum),* entlang der Donau verlief der Limes, und spätestens seit Karl der Große 788 den bayerischen Herzog Tassilo absetzte und ins Kloster verbannte, ist Bayerns Entwicklung untrennbar mit dem Verlauf der deutschen Geschichte verbunden – im Guten wie im Schlechten.

Wer München durchwandert und sich nicht ins Museum begeben will, findet kaum Spuren des Mittelalters, sieht man vom Alten Hof einmal ab; die Stadt wurde erst relativ spät gegründet, und viele historische Ensembles aus der Vergangenheit fielen den Zerstörungen des Zweiten Weltkriegs zum Opfer. Anders sieht es mit den Städten im Umland aus; viele konnten sich ihr mittelalterliches Gepräge erhalten, und wer Zeit und Muße hat, sollte die Gelegenheit zu einem Abstecher nach Freising oder Landshut, nach Wasserburg, Regensburg oder Augsburg wahrnehmen.

„Mons doctus“: Bis ins späte Mittelalter hinein war **Freising** das eigentliche kulturelle Zentrum des Landes und lange Zeit auch ein erbitterter Widersacher der Stadt München. Ursprünglich eine kaiserliche Pfalz, wuchs der Ort im 8. Jh. zum Bischofssitz heran. Um 724 schickte Papst Gregor II. den fränkischen Missionarsbischof Korbinian zur Missionsarbeit nach Bayern. Bei der Überquerung der Alpen fiel das Maultier des Bischofs einem Bären zum Opfer, aber der unerschrockene Korbinian zwang den Bären, ihm anstelle des Maultiers das Gepäck über die Alpen zu tragen. Er wurde so zum Stadtheiligen von Freising, und seine Gebeine liegen in der Krypta des Domes, der den Namen **St. Maria und Korbinian** trägt.

Schon von weitem sind die beiden weißen Türme der 1160–1205 erbauten Basilika zu sehen, deren Äußeres noch auf den romanischen Stil ihrer Entstehungszeit verweist, deren Inneres aber um 1723/23 von den Gebrüdern Asam mit barocken Stuckarbeiten und Malereien, die aus dem Leben des hl. Korbinian erzählen, ausgeschmückt wurde. Die Krypta hat sich den strengen romanischen Stil bewahrt; in ihr findet sich neben den Särgen des hl. Korbinian und des 835 gestorbenen Bischofs Hitto die berühmte **„Bestiensäule“,** um deren Stamm sich Drachen und Dämonen ranken und deren Symbolik bis heute nicht vollständig enträtselt ist. Wer von München aus mit dem Auto oder mit der S-Bahn anreist, erklimmt den **Domberg** am besten zu Fuß; bei klarem Wetter kann man bis nach München und bei Föhn sogar bis zu den Alpen blicken. Auf diesem „gelehrten Berg“ wirkte im 13. Jh. auch Bischof Otto von Freising, der wohl bedeutendste deutsche Geschichtsschreiber des Mittelalters.

Wer sich bis Freising begibt, sollte natürlich nicht versäumen, auch die **Weihenstephaner Brauerei** aufzusuchen, angeblich die älteste der Welt. Hier gibt es auch einen schönen Biergarten, der meist bevölkert ist von den Studenten der örtlichen **Fachhochschule,** an der auch die Fertigkeiten des Brauhandwerks gelehrt werden.

Links: Innenraum des Freisinger Domes. Rechts: Gegenwart in der Vergangenheit.

Die Fürstenhochzeit: Wem aber weiterhin der Sinn nach Kultur steht, der kann in das nur 40 km entfernte **Landshut** weiterreisen, das wohl zu den schönsten Städten Deutschlands zählt. 1204 von Herzog Ludwig dem Kelheimer gegründet, hat die Altstadt ihren spätmittelalterlichen Charakter weitgehend bewahrt.

Das Ensemble wird geprägt von der mächtigen spätgotischen **St.-Martins-Kirche,** die den höchsten Backsteinturm der Welt besitzt (133 m) und deren Bau um 1380 begonnen wurde. Mit der Kirche, in deren Innenraum die strahlende spätgotische Madonna von Hans Leinberger zu bewundern ist, setzten die Bürger der Stadt sich dafür unbedingt Zeit nehmen. Alle vier Jahre (der nächste Termin fällt auf das Jahr 2001) wiederholen die Einwohner Landshuts die Hochzeit Herzog Georgs mit der polnischen Königstochter Jadwiga aus dem Jahre 1475. Das Fest erregte damals wegen seiner ausufernden Gelage Aufsehen weit über Landshut hinaus, und auch heute noch kann während der Landshuter Hochzeit das mittelalterliche Lagerleben genossen werden; dazu gibt es Turniere, Hof- und Musikspiele und an den vier Sonntagen der Festzeit einen großen Umzug des „Brautpaares" durch die ganze Stadt.

Die im Jahre 1475 gestiftete Ehe endete übrigens eher tragisch: Der Herzog ver-

auch ein politisches Symbol: Der Turm erreicht die Höhe der auf dem Hochufer der Isar stehenden **Burg Trausnitz,** des Sitzes der wittelsbachischen Landesherren.

Die Besichtigung lohnt sich schon wegen des herrlichen Blicks, den man von der Burg aus auf die Stadt hat, aber auch wegen des schönen, im Renaissancestil gehaltenen Innenhofes. Landshut besitzt bereits ein spürbar südliches Flair, in der Altstadt steht mit der **Stadtresidenz** der erste und in seiner Art in Deutschland einzigartige „Palazzo" im Stil der italienischen Renaissance.

Wer das Glück hat, zur Landshuter **Fürstenhochzeit** die Stadt zu besuchen, sollte bannte seine polnische Frau, weil sie ihm keinen Thronfolger schenkte, auf die Burganlage von **Burghausen am Inn.**

Wer den Weg nach Burghausen nicht scheut, wird mit einen Superlativ der besonderen Art entschädigt: Er durchstreift die größte erhaltene Burganlage Europas, zumindest flächenmäßig, und sie lohnt ebenso einen Besuch wie die Stadt Burghausen. Sehenswert ist aber vor allem die nahe gelegene, äußerst idyllische Stadt **Wasserburg.** Sie liegt malerisch in einer Innschleife, und das Ensemble des mittelalterlichen Stadtkerns läßt spüren, daß es von Bayern aus nicht mehr weit nach Italien ist.

Zwei Reichsstädte: Zumindest einen Tag Zeit sollte man sich für einen Abstecher nach **Regensburg** nehmen, rund 150 km östlich von München gelegen. Die ehemalige Reichsstadt hat sich zu einer modernen Industrie- und Universitätsstadt gewandelt, aber im Stadtkern ihren mittelalterlichen Charakter bewahrt.

Die Besichtigung des gotischen **Doms,** mit dessen Bau um 1250 begonnen wurde, ein Spaziergang am **Herzogshof,** der alten **Königspfalz,** vorbei durch die engen Gassen der mittelalterlichen Stadt zum **Rathaus,** in dem über Jahrhunderte hinweg (1663–1806) der „Immerwährende Reichstag" des Heiligen Römischen Reiches deutscher Nation tagte – es gibt viel zu sehen in Regensburg.

Abschließend sollte man es nicht versäumen, das Kloster **St. Emmeram** zu besichtigen, eines der ältesten Klöster Bayerns, erstmals um das Jahr 730 in Chroniken genannt. Auf dem Weg zum Kloster lohnt der Weg durch die renovierten Hinterhöfe mit dem Blick auf die alten Geschlechtertürme (gebaut nach italienischem Vorbild), und beschließen sollte man seinen Besuch in Regensburg mit einem Spaziergang über die **Steinerne Brücke,** die im Jahre 1135 erbaut wurde. Von ihr aus kann man auf die angeblich so gefährlichen Strudel der Donau blicken und gewinnt von der Brückenmitte aus einen herrlichen Blick auf das Panorama der Stadt; neben der Brücke, am Donauufer, befindet sich die altehrwürdige „Wurstkuchl", die bei einem Besuch der Stadt nicht fehlen darf.

Rund 70 km westlich von München kommt man nach **Augsburg,** neben Regensburg die zweite bayerische Stadt, die auf römische Besiedlung zurückgeht. Auch sie lohnt einen Besuch mit ihrem gotischen **Dom,** dem von Elias Holl 1618 erbauten **Rathaus** im Renaissancestil und vor allem wegen der **Fuggerei.** Jakob Fugger, einer der reichsten Männer des ausgehenden Mittelalters, stiftete 1516 diese Wohnanlage für bedürftige Mitbürger. Die 53 Häuser sind noch heute bewohnt, und noch immer gilt die von Jakob Fugger festgesetzte Jahresmiete von einem rheinischen Gulden, heute etwa 1,90 DM.

Der berühmteste Sohn Augsburgs aus neuerer Zeit ist der Dramatiker Bertolt Brecht, der hier 1898 zur Welt kam. In jungen Jahren bereits zog Brecht nach München, bevor er sich nach Berlin aufmachte.

Links: Festlicher Umzug anläßlich der Landshuter Fürstenhochzeit von Herzog Georg und der polnischen Königstochter Jadwiga. Oben: Das Rathaus mit dem Perlachturm in Augsburg.

DACHAU: GLANZ UND ELEND DER VERGANGENHEIT

Im Norden Münchens begegnet uns der kurfürstliche Glanz der Vergangenheit in Gestalt des Schlosses Schleißheim, aber auch das Grauen der Zeit unter dem Nationalsozialismus, nachvollziehbar gemacht in der **KZ-Gedenkstätte Dachau** 14 km westlich von München. Die zum Mahnmal gestaltete Anlage liegt am östlichen Rand der Stadt und dokumentiert mit 500 Ausstellungsstücken, wie grausam in Dachau und anderen NS-Konzentrationslagern mit den Gefangenen verfahren wurde.

Schon 1933 als Intenierungslager für Menschen eingerichtet, die sich der nationalsozialistischen Dikatatur widersetzten, wurde es 1938 zum eigentlichen Konzentrationslager ausgebaut. Dachau sollte als Modell für alle folgenden Lager dienen, und alle künftigen KZ-Kommandanten wurden hier geschult.

In dem 600 m langen, 250 m breiten und mit Stacheldraht eingezäunten Lager wurden in den Jahren 1933 bis 1945 mehr als 206 000 Häftlinge gefangengehalten, von denen etwa 32 000 hier starben. Täglich um 11 und um 15 Uhr wird ein Dokumentarfilm vorgeführt. Dachau liegt an der S 2.

Die Stadt hat aber auch ein ganz anderes Gesicht, was die ständig von der Vergangenheit eingeholten Dachauer selbst betonen. Dazu gehört auch das 1546 bis 1573 erbaute **Renaissance-Schloß,** das von dem in Dachau geborenen Joseph Effner 1715 umgebaut wurde. Von den ursprünglich vier Schloßflügeln aus der Renaissancezeit blieb leider nur einer erhalten; er besitzt aber den großen Festsaal mit seiner reichgeschnitzten Kassettendecke. In der Altstadt von Dachau ist ein Heimatmuseum

und eine Gemäldegalerie. Das Dachauer Stadtbild selbst zeigt Häuser, die auf das 17. und 18. Jh. zurückgehen.

Kurfürstliche Macht: Am Ostrand des Dachauer Mooses liegen die drei Schlösser von **Schleißheim.** Der Name Schleißheim geht auf eine „Schwaige" (Bauernhof, auf dem Käse bereitet wird) zurück, die Herzog Wilhelm V. 1597 kaufte. Wilhelm V. errichtete dort fünf Kapellen mit Klausen und den Wilhelmsbau, seinen Ruhesitz. Der Sohn, Kurfürst Maximilian I., wandelte 1617–1623 diesen Gutshof in eine fürstliche Residenz nach italienischem Vorbild um, dem späteren Alten Schloß.

Das **Neue Schloß,** das „Münchner Versailles“, wurde von Kurfürst Maximilian II. Emanuel in Auftrag gegeben und sollte, als eine der größten Schloßanlagen der Zeit, die angestrebte Machterweiterung der Wittelsbacher zum Ausdruck bringen.

Der 1701–1704 von Enrico Zuccalli errichtete Rohbau wurde aufgrund der vernichtenden Niederlage Maximilians II. Emanuel in der Entscheidungsschlacht des Spanischen Erbfolgekrieges nicht mehr weitergeführt, und erst 1719 erhielt Joseph Effner den Auftrag, den Bau in etwas bescheideneren Ausmaßen fortzusetzen. Zwar erlebte die Fassade unter Ludwig I. durch den Baumeister Leo von Klenze eine strenge klassizistische Umgestaltung, jedoch wurde beim Wiederaufbau 1959/62 auf die Barock-Fassade von Joseph Effner zurückgegriffen. Die von Effner und einem Stab bayerischer Rokoko-Künstler durchgeführte Innenausstattung blieb zum großen Teil erhalten und zeigt vor allem Stuckarbeiten und Wandbilder mit Anspielungen auf die von Maximilian II. Emanuel während der Türkenkriege erzielten Erfolge. Die Barockgalerie im Neuen Schloß zeigt eine der bedeutendsten Sammlungen barocker Malerei in Europa. Der Schloßpark ist eine der wenigen erhalten gebliebenen Parkanlagen aus Deutschlands absolutistischer Vergangenheit.

Der Mittelkanal zieht sich durch den ganzen Park und breitet vor **Schloß Lustheim** seine Arme aus, um es so mit einem Ringkanal zu umschließen. Schloß Lustheim, damals nur mit dem Boot zu erreichen, war als „île de cythère“ (Insel der Glückseligkeit) geplant, denn das von Enrico Zuccalli nach dem Vorbild eines italienischen Gartencasinos erbaute Schloß (1684/88) war Maximilians II. Emanuel Hochzeitsgeschenk an seine Braut, die habsburgische Kaisertochter Maria Antonia. Auch die Wandgemälde im Innern des Schlosses nehmen Bezug auf die Kaisertochter, die hier als Jagdgöttin Diana erscheint.

Links: Blick auf Schloß Schleißheim. Oben: Den Rundgang durch die KZ-Gedenkstätte Dachau planen vieleMünchen-Besucher ein.

Als Museum beherbergt Schloß Lustheim eine erstklassige Sammlung von **Meißner Porzellan** aus den ersten fünfzig Jahren nach der Gründung der Manufaktur um das Jahr 1710.

Das **Luftfahrtmuseum Flugwerft Schleißheim** in enger Nachbarschaft zu den Schlössern umfaßt außer der modernen Ausstellungshalle für Flugobjekte aller Art auch die restaurierte alte Flugwerft aus dem Jahre 1912.

Wer ein richtiger Bayer ist, der läßt auf seinen König Ludwig nichts kommen. Und so trägt er seine Königsliebe nicht nur im Herzen, sondern demonstriert sie auch auf T-Shirts, Maßkrügen, Tellern etc. Für einen wahrhaft Königstreuen gibt es so gut wie keinen Gegenstand, auf dem sich nicht das Konterfei des geliebten „Kini" abbilden ließe.

Diese Prosaisierung seines Lebens wäre dem König sicher zutiefst zuwider gewesen. Schließlich wollte er seine Träume und Werke Zeit seines Lebens und auch danach vor dem Zugriff des unverständigen Pöbels geschützt wissen. Ihm genügte als Publikum für die von ihm erträumten und von anderen verwirklichten Phantasien ein einziger – er selbst. Aus diesem Absolutheitsanspruch ist wohl auch Ludwigs Verehrung für den absolutistischen Franzosenkönig, für seinen in Versailles residierenden Namensvetter Ludwig XIV., zu erklären.

Doch während der Sonnenkönig die Ansicht vertrat *L'Etat c'est Moi* (Der Staat bin ich), gab der Bayernkönig die Maxime aus *Le Goût c'est Moi* (Der Geschmack bin ich).

Zur Verwirklichung dieser Maxime in Form von aberwitzigen Märchenschlössern griff Ludwig II. tief in die Taschen des Staates. Diese Großzügigkeit dürfte er nicht von seinem Vater Max II. geerbt haben. Denn dieser sah in der Königswürde nur die Pflicht und wollte seine Kinder schon früh auf die Last der Verantwortung vorbereiten. Deshalb waren die Mahlzeiten so knapp bemessen, daß die Königskinder des öfteren nur durch die heimlichen Zuwendungen der Zimmermagd Liesl ihren Hunger stillen konnten. Auch fiel das Taschengeld eher ärmlich denn königlich aus.

Das väterliche Erziehungsprogramm erzielte jedoch wenig Wirkung. Denn kaum war Ludwig zum König erklärt worden, bestimmte er, daß jegliche übertriebene Sparsamkeit und Knauserei ende. Dieser Wille und Ludwigs schlichtweg nicht vorhandener Bezug zum Wert des Geldes können so als notwendige Grundpfeiler für den Schlösserbau gesehen werden. Zu einer Zeit, in der die Welt zu Demokratie und Industrialisierung aufbrach, verherrlichte dieser König in seinen Bauwerken die untergehende Sonne der Monarchie. Während sein Großvater noch jegliche Demokratisierungsbestrebungen erbittert bekämpfte und deswegen – allerdings nicht nur, da spielte auch eine gewisse Lola Montez eine Rolle – 1848 seinen Hut nehmen mußte, war Ludwig bemüht, seine neoabsolutistischen Ideale nur noch in ästhetischer Form auszudrücken.

Der König und der Komponist: Und so war es nur allzu verständlich, daß er sogleich nachdem er am 10. März 1864 sein Königsamt angetreten hatte, nach Richard Wagner schicken ließ. Jener widmete in einem emphatischen Brief gleich sein ganzes Leben, sein letztes Dichten und Tönen dem König („Verfügen Sie darüber als über Ihr Eigentum") und tat gut daran. Denn Ludwigs Liebe zu dessen *Lohengrin* setzte sich in klingende Münze um, auch damals schon der wichtigste Motor für künstlerische Schaffensfreude.

Für den ehemaligen sächsischen Hofkapellmeister kam die Zuwendung des schwärmerischen Bayernkönigs gerade zur rechten Zeit. Nach einem von Höhepunkten und Erniedrigungen geprägten dramatischen Leben befand sich der 51-jährige gerade auf der Flucht vor seinen Gläubigern. Mit den besten Arbeitsbedingungen versehen – zuerst komponierte der Tondichter auf Kosten Ludwigs II. auf dem Landgut Tribschen in der Nähe des schweizerischen Luzern, später in der Villa Wahnfried in Bayreuth –, konnte der „Genius auch anderen zur Evidenz zeigen", daß er „Genie" habe und vollendete den *Ring der Nibelungen,* eine der

zahlreichen Opern, die in München uraufgeführt wurden. Wagner hatte, wie er selbst sagte, den König „angestimmt", und unter Wagnerklängen und mit Wagnermotiven entschwebte dieser im Laufe seiner Regentschaft immer mehr der Realität, baute sich seine eigene Welt.

Die Königsschlösser: Die drei von dem Märchenkönig geschaffenen Schlösser Neuschwanstein, Linderhof und Herrenchiemsee sind *die* Touristenattraktion

Links: Ludwig II., der „Märchenkönig", im Krönungsmantel. Oben: Zeitgenössische Ludwig-Memorabilien.

Oberbayerns, quasi eine europäische Ausgabe von Disneyland. Der Unterschied zwischen Disney und Ludwig ist derselbe wie zwischen Demokratie und Monarchie. Ludwig schuf seine Traumwelt allein für sich, Disney hatte von vornherein die Massen im Auge. Folglich wurde Disney Millionär und Ludwig Schuldner, allerdings einer, der seine Schulden nicht selbst bezahlen mußte.

So tat man recht daran, dem Wunsch des Königs, die von ihm gebauten Schlösser nach seinem Tode in die Luft zu sprengen, um sie vor dem Zugriff der unkultivierten Außenwelt zu bewahren, nicht nachzukommen. Schon einen Monat nach seinem Tode war für einen Eintritt von 3 Mark die Burg Neuschwanstein zu besichtigen. Und heute, wenn man die Touristenströme betrachtet, die durch die Schlösser ziehen, kann man sagen, daß der Unterschied zwischen Disney und Ludwig nicht mehr besteht, war letzterer doch „unfreiwilligerweise, von sämtlichen Förderern des bayerischen Fremdenverkehrs der begabteste".

Schon im vierten Regierungsjahr (1868) äußert Ludwig II. in einem Brief an Wagner die Absicht, die alte Burgruine Hohenschwangau an der Pöllatschlucht neu aufzubauen und in drei Jahren darin zu wohnen. Der ungeduldige König sollte etwas länger warten müssen. Erst 1884 konnte er in die neoromanische Ritterburg **Neuschwanstein** einziehen.

Und als er am 13. Juni 1886 starb, war die Burg noch immer nicht vollendet, die königlichen Wohnräume und Festsäle waren jedoch fast fertig. Glanzstücke sind der im byzantinischen Stil gehaltene Thronsaal ohne Thron und der Sängersaal, der das Herzstück des Baus bildet und mit Motiven aus der Parzivalsage reich ausgestattet ist.

Unterhalb von Neuschwanstein liegt die Burg **Hohenschwangau** (nicht zu verwechseln mit der obenerwähnten Burg-„Ruine"), die König Max II. zwischen 1833 und 1855 als Sommerresidenz errichtet hatte. Einen Großteil seiner Kindheit verbrachte Ludwig in diesem „Feenschloß", wie sein Großvater es nannte. In dessen Schwanenrittersaal ist die Sage von Lohengrin, die so starken Einfluß auf Ludwigs Denken hatte, in

Bildern nacherzählt. Und nicht weit von Hohenschwangau, am Alpsee, erlebte der junge König eine seiner glücklichsten Stunden. Hier wurde zu seinem 20. Geburtstag, am 25. August 1865, eine Szene aus der Lohengrinsage aufgeführt. Ein riesiger, kunstreich gebildeter Schwan zog einen Kahn mit Lohengrin über den Alpsee. Der Schwanenritter, dargestellt vom Flügeladjutanten Fürst Paul von Thurn und Taxis, und der Schwan waren durch elektrisches Licht herrlich beleuchtet, und aus den Büschen, in denen sich Musikmeister Johann Wilhelm Siebenkäs samt der Kapelle des 1. Infanterieregiments versteckt hatte, klangen Stücke aus Wagners *Lohengrin,* zu denen der Flügeladjutant aus voller Brust Arien sang. Dann fand ein prachtvolles Feuerwerk statt, bei dem aufgrund einer in den Büschen explodierenden Rakete 16 Musiker verletzt wurden. Ludwig dürfte diese außerplanmäßige Störung des Schauspiels nur als ein kurzer akustischer Mißklang zu Ohren gekommen sein, denn solch profane Ereignisse wurden vom König ferngehalten.

Nachdem im Frühjahr 1869 die Handwerker auf den Berg gestiegen waren und die Arbeit am Bau von Neuschwanstein aufgenommen hatten, saß der König stundenlang im Tassilozimmer von Hohenschwangau und beobachtete äußerst ungeduldig mit einem Fernrohr den zähen Fortschritt der Bauarbeiten. Bis zur Erschöpfung schufteten die zahlreichen Handwerker und Künstler. So nimmt es nicht wunder, daß der arme Professor Wilhelm Hauschild, um ja bald fertig zu werden, so lange den heiligen Georg an die östliche Giebelwand gemalt haben soll, bis er ohnmächtig vom Gerüst fiel.

Auf Neuschwanstein erfolgte dann, zwei Jahre nach des Königs Einzug am 11. Juni 1886, dessen Verhaftung. Der König war schon lange wegen seiner Bauten in finanzielle Bedrängnis geraten. Sein bescheidenes Jahreseinkommen von 4 029 580 Gulden hatte hinten und vorne nicht gereicht. Schließlich mußte er mit diesem Salär nicht nur bauen, sondern seinen ganzen Hofstaat unterhalten.

Er verschuldete sich, und am 22. Mai 1886 stellte eine Münchner Zeitung öffentlich die Frage, „ob Se. Maj. der König wegen Privatverbindlichkeiten vor Gericht gezogen werden könne".

Kurz darauf wurde dann die sogenannte Fangkommission gebildet, und am 9. Juni konnte die Königsjagd losgehen. Ohne Erfolg! König Ludwigs Dienstpersonal, ein Dutzend Gendarmen,

Feuerwehrmänner und etliche treue Allgäuer empfingen die Häscher mit geladenen Gewehren und gezückten Säbeln. Unverrichteter Dinge zog die Fangkommission wieder ab. Schon in der Nacht zum 11. Juni standen die Fänger aber wieder vor dem Burgtor. Ludwig, der kurz zuvor den Kammerlakaien beauftragt hatte, die Tiefe der Pöllatschlucht zu vermessen, verließ mit dem Turmschlüssel in der Hand das Speisezimmer. Wollte er sich mit einem Sprung in die Tiefe der schmählichen Verhaftung entziehen? Obermedizinalrat Dr. Bernhard von Gudden trat schließlich dem König entgegen und erklärte ihn für geisteskrank. Daraufhin wurde Ludwig II. auf das Schloß Berg am Starnberger See gebracht.

Nur einen Tag später, am 12. Juni, gingen der König und Dr. Gudden am Seeufer spazieren. Um 22.30 Uhr wurden die Leichen sowohl des Königs als auch Dr. Guddens im Wasser treibend aufgefunden. Alles weitere, ob der König fliehen wollte, ob er Gudden umbrachte, dann sich selbst etc., ist bis heute Spekulation geblieben.

Wie im „richtigen“ Märchen: Der einzige Schloßbau, den Ludwig II. vollenden konnte, war **Schloß Linderhof.** Das Rokokoschloß mit seinen kunstvollen Gartenanlagen liegt inmitten der unberührten Wald- und Berglandschaft des Graswangtals. Von König Ludwig II. 1870 bei seinem Architekten Georg Dollmann in Auftrag gegeben und mit einem Budget von 31 312 Gulden und 45 Kreuzern versehen, wurde es 1879 fertiggestellt, wobei sich bis dahin die Gesamtkosten auf 8 460 937 Gulden erhöht hatten.

Bevor man die von Marmorsäulen getragene Vorhalle mit dem bronzenen Reiterstandbild des von Ludwig II. hochverehrten Sonnenkönigs betritt, kann man sich von der 30 m hohen Fontäne des Springbrunnens beeindrucken lassen, der Schloß und Garten verbindet. Im Innern des Schlosses übertrumpfen sich Kostbarkeiten und Kuriositäten gegenseitig: Angefangen von einem Schlafgemach mit riesigem Purpurbett über ein „Tischlein-deck-dich“, das vom Speisezimmer in die Küche versenkbar ist, bis hin zum Spiegelzimmer, das effektvoll eine unendliche Anzahl von Räumen vortäuscht, hat sich der König wahrlich märchenhafte Wünsche erfüllt. Daneben kann man einen Tisch aus Rosenholz bewundern,

Links: Der Leichenzug für Ludwig II. im Jahre 1886 (beim Karlstor). Oben: Blick auf Schloß Linderhof.

an dessen Platte fünfzehn Handwerker anderthalb Jahre lang gearbeitet haben sollen. Doch nicht genug der Kostbarkeiten: Im Park steht der **Maurische Kiosk** mit seinem Pfauenthron, der ursprünglich auf der Pariser Weltausstellung von 1867 zu sehen war und dann unter schwierigsten Bedingungen nach Linderhof verfrachtet wurde. Die zweite Kuriosität des Parkes ist die aus Gips und Zement angelegte **Venusgrotte**, die ganz nach der Beschreibung von Richard Wagners Oper *Tannhäuser* angelegt worden ist.

Des öfteren ließ sich der Märchenkönig von einem Lakaien in dem vergoldeten und mit Schnitzereien verzierten Muschelkahn über den See der Grotte rudern und genoß die herrliche Kulisse.

Derweil war im Hintergrund ein Elektrotechniker fieberhaft mit den 24 Siemens-Dynamomaschinen beschäftigt, die den Strom für die 24 Bogenlampen, die Wellenmaschine und den Regenbogenapparat etc. lieferten; und an sieben Öfen bemühte sich gleichzeitig eine große Heizermannschaft, die Tropfsteinhöhle auf die geforderte Temperatur von 20 Grad Celsius zu bringen.

Das bayerische Versailles: Das dritte Juwel, Schloß **Herrenchiemsee,** liegt auf der „Herreninsel" des Chiemsees und sollte, so wie es der hochverehrte Sonnenkönig Ludwig vorgemacht hatte, ein „bayerisches Versailles" werden. Nur die Lage des Schlosses behagte dem König nicht, der hier die Berggipfel und Gebirgstäler vermißte. Doch seine Majestät vertraute da ganz auf die Schaffenskraft seiner Künstler und Handwerker und gab die Parole aus: „Die Kunst allein muß dieses Unangenehme angenehm machen und Gegend und See vergessen machen." Zwar wurde der Bau im Jahre 1885 wegen Zerrüttung der bayerischen Staatsfinanzen eingestellt, jedoch kann sich der Torso, genauer, der errichtete Mittelteil des Königsschlosses mit seiner 103 m langen Gartenfront, durchaus sehen lassen. Den Höhepunkt des Schlosses bilden zwei Räume: das Gala-Schlafzimmer mit seinem 3 mal 2,60 m großen Prunkbett, an dem dreißig Mädchen sieben Jahre lang gearbeitet haben sollen und in dem der Bayernkönig kein einziges Mal genächtigt hat. Denn das Bett war ausschließlich dem längst verstorbenen Sonnenkönig geweiht.

Der zweite Raum ist eine der Versailler *Galerie des Glaces* nachgebildete Spiegelgalerie, die mit ihrer Länge von 98 m sogar ein ganzes Stück größer als das Original geraten ist. Der Gang wurde durch 1848 Kerzen erleuchtet, die sich auf 44 Standleuchtern und 33 Glaslüstern befanden. Man sagt, daß der König sich die Kerzen 52mal habe anzünden lassen, was jeweils in fünfzehn Minuten geschehen sein mußte. Bis 1985 fanden noch Konzerte bei Kerzenschein statt. Noch einmal kommt hier Ludwigs großes französisches Vorbild zu Ehren: Im Beratungsraum von Schloß Herrenchiemsee steht eine Uhr, aus der bei jedem Stundenschlag eine Figur, die niemand andern als den absolutistischen Ludwig XIV. selbst darstellt, hervortritt.

Auch Herrenchiemsee hat ein „Tischlein-deck-dich", und im Park steht der **Latonabrunnen.** Steinerne Frösche hokken hier um die griechische Göttin Latona und speien Wasser. Der Sage nach hat die Göttin die Bauern, die sie verspotteten, in Frösche verwandelt.

Oben: Schloß Neuschwanstein. Rechts: Der Spiegelsaal in Schloß Herrenchiemsee.

APA GUIDES

Reisetips

REISETIPS

Stadtkunde

Reiseplanung

Wissenswertes

Unterwegs

Unterkunft

Essen & Trinken

Unternehmungen

Literaturhinweise

Schnellbahnen im Münchner Verkehrs-und Tarifverbund
MVV
S1
Freising
Pulling
Neufahrn
Eching
Lohhof
Unterschleißheim
Oberschleißheim
Feldmoching
Fasanerie
Moosach
S2
Petershausen
Esterhofen
Röhrmoos
Walpertshofen
Altomünster
Dachau
Karlsfeld
Allach
Obermenzing
S3
Nannhofen
Malching
Maisach
Gernlinden
Esting
Olching
Gröbenzell
Lochhausen
Langwied
S8
Pasing
Laim
Donnersberger-brücke
Hacker-brücke
Hauptbahnhof
Karlsplatz (Stachus)
Marienplatz
Isartor
Rosenheimer Platz
Ostbahnhof
S3
S4
S7
Leuchtenbergring
Berg am Laim
S8
Flughafen München
Besucherpark
Hallbergmoos
Ismaning
Unterföhring
Johanneskirchen
Englschalking
Daglfing
S6
Erding
Altenerding
Aufhausen
St Kolomann
Ottenhofen
Markt Schwaben
Poing
geplant
Grub
Heimstetten
Feldkirchen
Riem
Trudering
Gronsdorf
Haar
Vaterstetten
Baldham
Zorneding
Eglharting
Kirchseeon
Grafing Bahnhof
Grafing Stadt
Ebersberg
S5
U6
Garching-Hochbrück
geplant
Fröttmaning
Kieferngarten
Freimann
Studentenstadt
Alte Heide
Nordfriedhof
Dietlindenstraße
Münchener Freiheit
Giselastraße
Universität
Odeonsplatz
U2
ab 21. Nov. 93
Dülferstraße
Am Hart
Harthof
im Bau
Hasenbergl
Frankfurter Ring
Milbertshofen
ab 21. Nov. 93
U2
bis 20. Nov. 93
Olympia-zentrum
Petuelring
Scheidplatz
Bonner Platz
Hohenzollern-platz
Josephsplatz
Theresienstraße
Königspl.
U3
U1
Rotkreuzplatz
Maillingerstraße
Stiglmaierplatz
S27
U4
Arabellapark
Richard-Strauss-Str.
Böhmerwaldplatz
Prinzregentenplatz
Max-Weber-Platz
Lehel
Puchheim
Aubing
Leienfelsstr.
Eichenau
Fürsten-feldbruck
Buchenau
Schöngeising
Grafrath
Türkenfeld
Geltendorf
S4
Westkreuz
Neuaubing
Harthaus
Germering-Unter-pfaffenhofen
Geisenbrunn
Gilching-Argelsried
Neugilching
Weßling
Steinebach
Seefeld-Hechendorf
Herrsching
S5
Lochham
Gräfelfing
Planegg
Stockdorf
Gauting
Mühlthal
Starnberg
Possenhofen
Feldafing
Tutzing
S6
U4
U5
Friedenheimer Straße
Laimer Platz
Westend-straße
Heimeranpl.
Messe-gelände
There-sien-wiese
Partnach-platz
Harras
Holzapfel-kreuth
Westpark
Haderner Stern
Groß-hadern
Klinikum Großhadern
U6
Aidenbach-straße
Mitter-sendling
Ober-sendling
Machtlfinger Straße
Forstenrieder Allee
Basler Straße
U3
Fürstenried West
Thalkirchen (Zoo)
Siemenswerke
Solln
Großhesselohe Isartalbf
Pullach
Höllriegelskreuth
Buchenhain
Baierbrunn
Hohenschäftlarn
Ebenhausen-Schäftlarn
Icking
Wolfratshausen
S7
Sendlinger Tor
Implerstraße
Poccistraße
Goetheplatz
Brudermühlstraße
Fraun-hofer-straße
Kolumbus-platz
Untersberg-straße
Silberhorn-straße
im Bau
Mangfallplatz
im Bau
Giesing
St-Martin-Straße
Karl-Preis-Platz
U1
Innsbrucker Ring
Michaelibad
Quiddestraße
Neuperlach Zentrum
Therese-Giehse-Allee
Neuperlach Süd
U2
U5
Perlach
Neubiberg
Ottobrunn
Hohenbrunn
Wächterhof
Höhenkirchen-Siegertsbrunn
Dürrnhaar
Aying
Peiß
Großhelfendorf
Kreuzstraße
S1
Fasangarten
Fasanenpark
Unterhaching
Taufkirchen
Furth
Deisenhofen
Sauerlach
Otterfing
Holzkirchen
S2
S27
Mo-Fr zeitweise
S-Bahn-Anschlußverkehr im MVV
S1 Freising — Moosburg
S2 Dachau — Altomünster
S2 Holzkirchen—Kreuzstraße S1
S3 Nannhofen — Althegnenberg
S5 Grafing Bahnhof — Aßling
S5 Ebersberg — Tulling

Stadtkunde

Lage und Ausdehnung

Der Mittelpunkt Münchens, der nördliche Turm der Frauenkirche, liegt bei 48°8'23" nördlicher Breite und 11°34'28" östlicher Länge. Innerhalb Europas entspricht das der geographischen Breite von Orleans und Wien, der geographischen Länge von Oslo und Innsbruck. Verkehrsgeographisch bildet München das Zentrum der beiden Verkehrsachsen Hamburg-Rom und Paris-Wien.

Topographisch betrachtet liegt München inmitten der schwäbisch-bayerischen Hochebene in einer durchschnittlichen Höhe von 530 m über N.N. Die Gesamtfläche des Münchner Stadtgebietes beträgt 310,39 km², wovon 53,1 % „versteinerte", d. h. urban bebaute Flächen sind.

Mit 1,28 Mio. Einwohnern im Stadtgebiet und 2,31 Mio. im Landkreis ist München nach Berlin und Hamburg die drittgrößte deutsche Großstadt.

Klima

Das Münchner Klima ist zum einen durch seine Lage im Westwind-Gürtel der Erde, zum anderen durch seine Voralpen-Lage bestimmt. Durch die wandernden Hoch- und Tiefdruckgebiete und das wechselnde Zuströmen von Luftmassen aus Nord und Süd, vom Meer oder den binnenländischen Kontinentalmassen ist die Witterung insgesamt unbeständig und führt auch innerhalb der einzelnen Jahreszeiten zu starken klimatischen Gegensätzen. Hinzu kommen die vom Mittelmeer häufig über die Alpen ziehenden Tiefdruckgebiete, die für eine hohe Niederschlagsmenge sorgen. Stabilere Wetterlagen, die mehrere Wochen andauern können, entstehen durch über weite Landflächen herangeführte Luftmassen aus dem Osten und können im Sommer zu trockenen und heißen Perioden, im Winter zu lang anhaltenden Kälteeinbrüchen führen.

Eine klimatische Besonderheit bildet in München der „Föhn", ein warmer Fallwind aus dem Süden, der durch ein gleichzeitiges Hoch am Alpen-Südrand und ein Tief am Alpen-Nordrand entsteht. Der Föhn verursacht zwar vielen Münchnern Kopfschmerzen und Müdigkeit, sorgt jedoch auch für eine Fernsicht, die die Alpen in greifbare Nähe rückt.

Grundsätzlich ist es ratsam, in den Monaten von Oktober bis zum April sehr warme Kleidung mitzunehmen. Auch in den Sommermonaten sollten stets ein warmer Pullover sowie ein Regenmantel mit im Gepäck sein.

Wirtschaft

Als Hauptstadt des Freistaates Bayern und des Regierungsbezirkes Oberbayern dominierten in München lange Zeit neben den Zentralverwaltungen des Landes Handwerk und Handel. Die industrielle Entwicklung setzte erst relativ spät – kurz vor der Wende zum 20. Jahrhundert – ein. Mittlerweile jedoch hat München so bedeutende Industriestädte wie Berlin und Hamburg überflügelt, was sich laut Sonderheft der Münchner Statistik zum einen aus den Umsatzzahlen, zum anderen aus der Anzahl der beschäftigten Personen in der Münchner Industrie ergibt. Insbesondere im Hinblick auf neue Technologien hat sich München und Umgebung zu einem der bedeutendsten Elektronikzentren in Europa entwickelt.

Neben Mikrochips und anderen elektronischen Bauelementen werden in München Anlagen und Geräte für die industrielle Meß- und Regeltechnik, Unterhaltungselektronik und die militärische und zivile Informations- und Nachrichtentechnik hergestellt und vertrieben. Ebenso ist München inzwischen einer der führenden Standorte für Luft- und Raumfahrttechnik, Informations- und Kommunikationstechnologie, Maschinenbau, Fertigungstechniken, Energie- und Umwelttechnik, Medizintechnik und Biotechnologie.

Beginn dieser Entwicklung war kurz nach 1945 die Verlagerung des Hauptsitzes der Firma Siemens von Berlin nach München. Neben den „alteingesessenen" Firmen wie BMW, Krauss-Maffei, MAN, MTU und Rodenstock sind inzwischen auch IBM, Intel und MBB in München stark vertreten.

Abgesehen von der Großindustrie ist München „die bedeutendste Stadt verlegerischen Schaffens in der Bundesrepublik". Hier sind mehr Verlage und auch Buchläden, Verkaufsstellen für Zeitungen und Zeitschriften angesiedelt als in irgendeiner anderen Stadt der Bundesrepublik Deutschland (Sonderheft der Münchner Statistik). Dasselbe gilt für den audiovisuellen Medienbereich, der die bayerische Landeshauptstadt zur Filmstadt Nummer eins in der Bundesrepublik Deutschland gemacht hat.

Durch zahlreiche Fachmessen während des ganzen Jahres und das neue Messezentrum in München-Riem ist München auch zu einem internationalen Messezentrum geworden. Nicht zu vergessen sind jene sechs Großbrauereien, die erheblich zum Wirtschaftsleben der Stadt München beitragen.

Reiseplanung

Zoll

Folgende Waren sind bei der Einreise in die Bundesrepublik Deutschland abgabenfrei:

Tabakwaren (aus Ländern der Europäischen Union): 300 Zigaretten oder 150 Zigarillos oder 75 Zigarren oder 400 g Rauchtabak.

Alkoholische Getränke (aus Ländern der EU): 1,5 l destillierte Getränke oder Spirituosen, mit einem Alkoholgehalt von mehr als 22 % vol., oder 3 l destillierte Getränke oder Spirituosen oder Aperitifs aus Wein oder Alkohol, mit einem Alkoholgehalt von 22 % vol. oder weniger, oder 3 l Schaumwein oder Likörwein und 5 Liter sonstiger Wein.

Parfüms und Toilettenwasser (aus Ländern der Europäischen Union): 75 g Parfüms und 0,375 l Toilettenwasser.

Andere Waren, ausgenommen Gold, Goldlegierungen und -plattierungen, unbearbeitet oder als Halbzeug (z. B. Barren): bis zu einem Warenwert von insgesamt 780 DM.

Anreise

Mit dem Flugzeug

Der 1992 eröffnete internationale Verkehrsflughafen **München „Franz Josef Strauß“** liegt rund 28 km nördlich der Stadt bei Erding. Mit dem Bau dieses Großflughafens sollten die Engpässe im Münchner Flugraum, denen der alte Flughafen Riem nicht mehr Herr werden konnte, beseitigt werden.

Vom Flughafen verkehrt die **S-Bahn** in die Innenstadt. Die *S 8* fährt von 3.55 Uhr bis 0.55 Uhr alle 20 Minuten. Die Fahrt dauert ca. 39 Minuten zum Hauptbahnhof im Zentrum der Stadt. Von der Stadt zum Flughafen verkehrt die *S 8* alle 20 Minuten zwischen 3.22 (ab Hbf.) und 0.42 Uhr.

Der **Airport-City-Bus** in die Innenstadt (Hauptbahnhof) verkehrt zwischen 7.55 und 20.55 Uhr alle 20 Minuten; ab Hauptbahnhof (Abfahrtsstelle Arnulfstraße, Hauptbahnhof Nord) zum Flughafen zwischen 6.50 und 19.50 Uhr alle 20 Minuten. Die Fahrt dauert etwa 45 Minuten.

Ein **Taxi** in die Innenstadt kostet zwischen 80 und 120 DM (!).

Am Flughafen selbst gibt es Restaurants, Imbißtheken, Geschäfte (bis 20 Uhr geöffnet), Banken und Geldwechselstuben, Postamt, Friseur, Autovermietungen, einen Kinderwarteraum, eine Sanitätsstation, mehrere Duschräume und Reisebüros. Auch das Fremdenverkehrsamt München hat im Zentralgebäude des Flughafens eine Informationsstelle eingerichtet, die allerdings keine Zimmer vermittelt (Mo–Fr 10–21 Uhr, Sa, So und feiertags 12–20 Uhr, Tel. 97 59 28 15).

Flugauskünfte: Tel. 97 52 13 13.

Mit dem Auto

Wenn Sie mit dem Auto nach München reisen, kommen Sie aus den Richtungen Nürnberg/Würzburg, Stuttgart/Augsburg, Salzburg/Kufstein oder Garmisch-Partenkirchen. Ortsunkundige haben an den Ausfahrten der Autobahnen die Möglichkeit, sich an folgende **Lotsendienst-Stationen** zu wenden: Autobahn Salzburg: Ausfahrt Station Ramersdorf, Tel. 67 27 55; Autobahn Stuttgart: Ausfahrt Station Obermenzing, Tel. 811 24 12. Zentrale des Lotsendienstes: Fasangartenstr. 73, Tel. 67 20 99.

Weitere Informationsstellen für Autofahrer:

ADAC-Telefonservice-Zentrale, Tel. 01805-10 11 12

ADAC-Pannendienst, Tel. 01802-22 22 22

ACE Auto Club Europa e.V., Pannendienst, Tel. 01802-34 35 36

Deutscher Touring Automobilclub DTC, Pannenhilfe, Tel. 811 12 12

Die Servicewelle des Bayerischen Rundfunks, **Bayern 3**, sowie der Sender **Antenne Bayern** informieren die Autofahrer über Staus und Ausweichmöglichkeiten. Frequenz: 98 MHz.

Mit der Bahn

Der **Hauptbahnhof** ist ein Kopfbahnhof (Gleis 11–26) mit zwei benachbarten Flügelbahnhöfen, dem Holzkirchner Bahnhof (Gleis 1–10) und dem Starnberger Bahnhof (Gleis 27–36).

Vom **Holzkirchner Bahnhof** in der Bayerstraße fahren die Züge Richtung Wolfratshausen, Lenggries, Tegernsee, Bayrischzell und Mühldorf ab; vom **Starnberger Bahnhof** in der Arnulfstraße die Züge Richtung Garmisch-Partenkirchen.

Der **Ostbahnhof** am Orleansplatz ist Ausgangspunkt der Züge und S-Bahnen in Richtung Ismaning, Markt Schwaben, Erding, Mühldorf, Grafing, Rosenheim, Deisenhofen, Holzkirchen und Kreuzstraße. Zugleich ist der Ostbahnhof Verladeplatz für das „Auto im Reisezug“.

München-Pasing ist der Bahnhof im Westen der Stadt und meistens erster Haltepunkt in der Münchner Stadtregion auch von großen Fernverbindungen aus dem Westen.

Sämtliche Bahnhöfe sind zugleich auch Knotenpunkte der S-Bahnlinien (siehe ÖFFENTLICHE VERKEHRSMITTEL, S. 274).

Erste Informationen können Bahnreisende im Fremdenverkehrsbüro am Bahnhofsplatz 2 neben dem ABR-Reisebüro erhalten (Mo–Sa 10–20 Uhr, So 10–18 Uhr). Der Hauptbahnhof verfügt für Notfälle über eine Bahnhofsmission.

Auskunftstellen der Deutschen Bahn:

- **Fernmündliche Zugauskunft:** Tel. 194 19
- **Platzkartenreservierung:** Tel. 13 08 23 33
- **Sonderzüge und Sonderfahrten:** Tel. 12 85 846
- **Haus-zu-Haus-Gepäckabholung:** Tel. 0180-332 05 20
- **Auto im Reisezug:** Tel. 13 08 44 27
- **Tarifauskunft:** Tel. 194 19
- **Fundbüro:** Tel. 13 08 66 64
- **Wichtigste Zugverbindungen** (Fernsprechansagen) Richtung Hannover-Hamburg/Bremen 11531; Österreich-Südeuropa 11532; Tirol, Italien, Schweiz 11533; Bonn, Köln, Dortmund, Paris, Holland, Belgien 11534; Frankfurt am M. 11535.

Wissenswertes

Öffnungszeiten

Die Öffnungszeiten der Geschäfte in der Innenstadt sind meist ca. 9 bis 20 Uhr, Sa 9–16 Uhr. Außerhalb der üblichen Öffnungszeiten gibt es die Möglichkeit, im Hauptbahnhof, im Ostbahnhof sowie im Pasinger Bahnhof einzukaufen. Außerdem kann man rund um die Uhr in den großen Tankstellen, wie sie überall innerhalb der Stadt zu finden sind, einkaufen.

Banken sind in der Regel geöffnet von 8.30–12.30 und von 13.30 bis 15.30 Uhr. **Ämter** sowie **Konsulate** u. ä. sollten zwischen 8 und 12 Uhr aufgesucht werden, da sie nachmittags in der Regel für die Öffentlichkeit geschlossen sind.

Gepäckaufbewahrungen gibt es am Hauptbahnhof und am Flughafen, Schließfächer im Untergrundgeschoß am Marienplatz.

Fundbüros

- Fundbüro der Stadtverwaltung (für Funde auf Straßen und in öffentlichen Verkehrsmitteln): Oetztaler Str. 17, Tel. 23 34 59 00, Mo–Fr 8.30–12, Di auch 14–17.30 Uhr.
- Fundbüro der Bundesbahn, Hauptbahnhof, Bahnhofplatz 2, gegenüber Gleis 26, Tel. 13 08 66 64, täglich 6.30–23.30 Uhr.

- Fundstelle im Ostbahnhof (für Funde im S-Bahn-Bereich), Tel. 13 08 44 09, Mo, Di, Do, Fr 8–18, Mi 8–17 Uhr.
- Fundbüro der Bundespost (für Funde im Bereich Post und Telefonzellen), Arnulfstr. 195, Zi. 103, Tel. 126 2552, Mo–Fr 8–11.15 und 13–15.15 Uhr.

Geldwechsel

Geld wechseln kann man in der Haupthalle des Hauptbahnhofs, tgl. 6–23 Uhr sowie im Zentralgebäude des Flughafens, tgl. 7–20.30 Uhr.

Geldwechsel außerhalb der Schalterstunden

Die Schalter der Deutschen Verkehrs-Kredit-Bank sind täglich (auch sonntags) im Hauptbahnhof von 6–23.30 Uhr und im Flughafen von 7–22 Uhr geöffnet. Bargeld gibt es dort gegen Eurocheques und Kreditkarten; Geldwechsel ist auch an Automaten möglich. Die Stadtsparkasse München hat Geldwechsel- und EC-Automaten, rund um die Uhr erreichbar, in ihrer Zentrale in der Sparkassenstraße 2 am Marienplatz eingerichtet.

Medien

Zeitungen

München hat neben Berlin die größte Auswahl an Tageszeitungen. Die meistgelesene Münchner Tageszeitung ist die *Abendzeitung (AZ)*. Berühmt-berüchtigt ist sie vor allen durch ihr haar- und messerscharfes Feuilleton. Die AZ ist das links-liberale Boulevardblatt der überregionalen *Süddeutschen Zeitung*, die – ebenfalls liberal gesinnt – täglich ausführlich aus aller Welt, aus Bayern und aus München berichtet. Katholisch, eher langweilig und den konservativen Parteien CDU und CSU nahestehend, präsentiert sich die Tageszeitung *Münchner Merkur*. Auch sie hält sich mit der *tz* eine Boulevard-Ausgabe, in der sich der Klatsch auf die „besseren", weil adligen Kreise beschränkt.

Für Spontis, Schwule, Alternative, Punks und sonstige Querdenker zuständig fühlt sich immer noch die alle zwei Wochen erscheinende Stadtzeitung *Münchner*. Abgesehen von Kleinanzeigen für gebrauchte Kühlschränke und sexuelle Sonderwünsche enthält sie einen umfangreichen Veranstaltungskalender mit Tips und Informationen zur Musik- und Undergroundszene.

Radio

Der Bayerische Rundfunk bietet fünf Programme an. Außerdem gibt es viele lokale, regionale und landesweite Privatsender wie Antenne Bayern, 89 Hit FM, Charivari 95,5, Lora München, Radio 2Day und Radio Gong.

Fernsehen

Neben dem Bayerischen Rundfunk und dem Landesstudio des ZDF haben die meisten überregionalen Privatsender Deutschlands ihren Sitz in München, u. a. ProSieben, Kabel 1, RTL2 und TM3. TV-München und MEins sind Stadtsender, des weiteren gibt es die Regionalprogramme RTL München live und SAT1 Regional.

Postämter

Das Postamt 31 am Hauptbahnhof, Bahnhofplatz 2, Tel. 55 22 62-0/10, ist Mo–Fr 7–20, Sa 8–16, So und Fei 9–15 Uhr geöffnet. Postamt 1, Residenzstr. 2, Tel. 29 03 87-10/11, Mo–Fr 8–18 Uhr, Sa 8–13 Uhr. Der Service umfaßt neben den normalen Postdiensten Geldwechsel, Telefax und ExpressMail.

Postdienststelle am Flughafen: im Fluggast-Zentralgebäude, Tel. 970 14 60/61, Mo–Fr 8–20, Sa 9–16, So und Fei 14 Uhr.

Wichtige Rufnummern

Polizei/Funkstreife: 110
Feuerwehr/Rettungsdienst: 112
Apotheken-Notdienst: 594475
Telefon-Notruf für Suchtgefährdete: 282822
Münchner Insel (kirchlicher Info- und Beratungsdienst): 11101
ACE-Notruf: 01802-34 35 36
ADAC-Stadtpannendienst: 01802-22 22 22
DTC-Pannendienst: 811 12 12
Babysitter-Service: 29 99 00
Bundesbahn, Zugauskunft: 19419
Flugauskunft: 97521313
Fundbüro der Stadt: 23 34 59 00
Fundbüro der Deutschen Bahn: 1308-66 64
Kinoprogramme:
Stadtmitte A–K: 11511
Stadtmitte L–Z: 11512
Kirchliche Information: 1157
MMG-Münchener Messe- und Ausstellungsgesellschaft mbH: 5107-0
MVV (Münchner Verkehrs- und Tarifverbund GmbH): 21 03 30
Schlüsseldienst: 342552
Sonderveranstaltungen, Ausstellungen, Messen: 233-300 70
Studentenservice: 523 40 11
Taxi-Zentrale: 21610
Theater- und Konzertzentrale: 11517
Telefon-Auskunft:
national: 11833
international: 11834
Telegrammaufgabe: 01131
Weckdienst: 1141
Zeitansage: 1191

Nützliche Adressen

Touristeninformation

Das **Fremdenverkehrsamt München** steht Besuchern außer am Hauptbahnhof und am Flughafen im Rathaus Mo–Fr 10–20, Sa 10–16 Uhr offen. Dort gibt es nicht nur Hilfe für Quartiersuchende, sondern auch Auskunft in mehreren Sprachen, Prospekte und die Möglichkeit zu Stadtrundgängen. Touristische Auskünfte erteilt das Fremdenverkehrsamt unter der Telefonnummer 233 03 00. Darüber hinaus gibt es eine mehrsprachige Telefoninformation rund um die Uhr über Ausstellungen, Sehenswürdigkeiten, Messen, Tagungen unter Tel. 23 33 00 70.

Weitere Informationsstellen

ADAC-Informationszentrale, Tel. 54 01 94-455 (9–17 Uhr); Tel. 01805-10 11 12 (0–24 Uhr).
Alpine Auskunftsstelle (Deutscher Alpenverein), Praterinsel 5, Tel. 294940.
Deutscher Camping-Club e.V., Mandlstr. 28, Tel. 3801420.
Tourismusverband München-Oberbayern e.V., Bodenseestr. 113, Tel. 82 92 18-0.
Jugend-Informations-Zentrum, Paul-Heyse-Str. 22, Mo–Fr 12–18, Do bis 20 Uhr, Tel. 51410660.
Bayerischer Tourismusverband, Prinzregentenstr. 18/IV, Tel. 21 23 97 30.
Presse- und Informationsamt, Rathaus, Marienplatz, Zimmer 241, Tel.

233/92600, Mo–Do 8–16, Fr 8–14 Uhr.
Stadtinformation, Rathaus, Eingang Marienplatz, Tel. 233 28 24 20, Mo–Fr 10–20, Sa 10–16 Uhr.

Autoverleih

Avis:
• Nymphenburger Str. 61, Tel. 12 60 00-20.
• Arabellastr. 6, Tel. 91 80 04.
• Balanstr. 74, Tel. 40 30 91.
• Flughafen, Tel. 97 59 76 00.
Hertz:
• Nymphenburger Str. 81, Tel. 129 50 01.
• Leopoldstr. 194, Tel. 369 93.
• Flughafen, Tel. 97 88 60.
• Reservierungszentrale, Tel. 0180-533 35 35.
Sixt Budget:
• Flughafen, Tel. 97 59 66 66.
• Hauptbahnhof, Tel. 550 24 47.
• Einsteinstr. 106, Tel. 47 40 40.
•Reservierungszentrale,Tel. 66 69 50.
Autohansa, Schießstättstr. 12, Tel. 50 40 64.
Bayern-Garage, Karlstr. 72, Tel. 59 14 43.
Europacar, Leopoldstr. 107, Tel. 34 80 47.
Mages, Verdistr. 94a, Tel. 811 99 99.
Motorent, beim Kulturzentrum Gasteig, Tel. 48 00 13 13/7.

Diplomatische Vertretungen

ÖSTERREICH

Ismaninger Str. 136, Tel. 921 09 00.

SCHWEIZ

Brienner Str. 14/III, Tel. 286 62 00.

Unterwegs

Verkehrsmittel

Münchner Verkehrsverbund – MVV

Wer seine kostbare Zeit in München nicht in ständigen Verkehrsstaus vergeuden will und keine Lust hat, sich permanent auf Parkplatzsuche zu begeben (Achtung, Falschparker werden erbarmungslos zu jeder Tages- und Nachtzeit abgeschleppt!), dem seien die öffentlichen Verkehrsmittel wärmstens empfohlen.

Neben den Schnell- und Untergrundbahnen (s. Plan S. 282) wird das Münchner Verkehrsnetz von **Buslinien** (auch Nachtbussen) mit über 650 Haltestellen und einigen **Trambahnlinien** (auch Nachtlinien) abgedeckt.

Die **Schnellbahnen** (S-Bahn) fahren im 20-Minutentakt von frühmorgens ab ca. 4.30 Uhr bis um ca. 1 Uhr nach Mitternacht. Wer außerhalb des Zentrums wohnt und auf die S-Bahn angewiesen ist, kann sich getrost darauf verlassen, die letzte um ca. 24 Uhr von einer beliebigen Haltestelle in Zentrumnähe noch zu erreichen. S- Bahn-Stationen erkennt man an Schildern mit einem weißen „S" auf grünem Grund.

Die **U-Bahnen** nehmen den Betrieb um 5 Uhr morgens auf und fahren im 5–10 Minutentakt bis ca. 1 Uhr nach Mitternacht (im Sommer, zur Faschings- und Oktoberfestzeit länger). U-Bahn-Stationen sind durch ein weißes „U" auf blauem Grund gekennzeichnet.

Fahrpläne mit genauen Abfahrtszeiten befinden sich an sämtlichen Haltestellen von U-, S- und Trambahnen sowie Bussen.

Fahrkarten zur Benutzung der öffentlichen Verkehrsmittel bekommt man an allen U- und S-Bahnstationen, an größeren Haltestellen von Bussen und Trambahnen (auch beim Fahrer) sowie an den meisten Zeitungskiosken. Die Fahrscheine, erhältlich als Einzelfahrscheine, Tagestickets und blaue oder rote (für Kurzstrecken und Kinder) Streifenkarten, müssen vor dem Fahrtantritt entwertet werden. Wieviele Streifen entwertet werden müssen, richtet sich nach dem jeweiligen Fahrtziel. Die notwendige Streifenanzahl kann im U- und S-Bahnbereich der Tabelle an den Fahrkartenautomaten entnommen werden, bei Bussen und Trambahnen der Zoneneinteilung an der Haltestelle.

Das Ganze ist (sogar für Münchner) etwas verwirrend. Also fragen Sie lieber – Schwarz- bzw. Falschfahren kann Sie 60 DM Strafgebühr kosten.

Taxis

Von über 3500 Taxis fährt ein großer Teil bis in die frühen Morgenstunden, einige rund um die Uhr. 100 Taxistände sind über das gesamte Stadtgebiet verteilt oder stets erreichbar über die **Zentrale,** Tel. 21610.

Wegbeschreibungen

Andechs – Bahn: S5 nur bis Herrsching, von dort aus Wanderung durch das Kiental bis zum Kloster Andechs; 3 km. Straße: Autobahn E 61 Richtung Lindau bis zur Abzweigung Oberpfaffenhofen, über Weßling und Herrsching.
Augsburg – A 8 Richtung Stuttgart. Zug ab Hauptbahnhof.
Baierbrunn – Bahn: S 7 Richtung Wolfratshausen. Straße: B 11.
Benediktbeuren – B 11 Richtung Mittenwald.
Chiemsee – A 8 Richtung Mittenwald.
Dachau – Bahn; S 2 Richtung Petershausen. Straße: B 304.
Ettal – E 6 bis Starnberg, dann B 2 Richtung Garmisch-Partenkirchen.
Freising – Bahn: S 1 Richtung Freising. Straße: Autobahn oder E 11 Richtung Landshut.
Großhesselohe – Bahn: S 7 Richtung Wolfratshausen. Straße: B 11 Richtung Wolfratshausen.
Herrenchiemsee – Öffnungszeiten: April-September, tgl. 9–17 Uhr; im Winter Schloß 10–16 Uhr, Museum geschlossen; Anfahrt: A 8 Richtung Salzburg bis Bernau, dann Abzweigung Richtung Prien.
Ilkahöhe – Bahn: S 6 Tutzing. Straße: E 6 bis Starnberg, dann B 2 Richtung Murnau.

Kochelsee – B 11 Richtung Mittenwald oder Autobahn Richtung Garmisch-Partenkirchen bis Großweil.
Landshut – B 11 oder A 92.
Linderhof – Öffnungszeiten: April–September, tägl. 9–12.15 u. 12.45–17 Uhr; Juni–August nachm. bis 17.30 Uhr; im Winter sind Grotte und Kiosk geschlossen; Schloß: tägl. 9–12 und 12.45–17 Uhr, Wasserspiele zwischen 9 und 17 Uhr zu jeder vollen Stunde; Anfahrt: B 2 bis Ettal, dann Richtung Füssen.
Neuschwanstein – Öffnungszeiten: tgl. 9–17 Uhr; Anfahrt: B 2 bis Ettal, dann Richtung Füssen.
Oberammergau – A 95 Richtung Garmisch-Partenkirchen bis Oberau.
Regensburg – A 9 Richtung Ingolstadt bis zum Autobahndreieck Holledau, dann A 93.
Schäftlarn – Bahn: S 7 Richtung Wolfratshausen. Straße: B11 Richtung Wolfratshausen.
Schleißheim – E 6 Richtung Ingolstadt.
Starnberger See – Bahn: S 6 Richtung Tutzing. Straße: Mittlerer Ring West, Autobahn Garmisch-Partenkirchen nach Starnberg. Schiffahrtsauskunft: Dampfschiffstr. 5, 82319 Starnberg, Tel. 08151/12023. Allgemeine Informationen: Tel. 089/82 92 18-0.
Schliersee – A 8 Richtung Salzburg bis Weyarn, dann Abzweigung Richtung Miesbach.
Tegernsee – A 8 Richtung Salzburg bis Holzkirchen, dann B 318 Richtung Rottach-Egern. Allgemeine Auskünfte: Staatliche Seenverwaltung Tegernsee, Seestr. 70, Tegernsee, Tel. 08022/4760.
Walchensee – B 11 Richtung Mittenwald oder Autobahn Richtung Garmisch-Partenkirchen bis Grosweil.
Wallfahrtskirche Wies – E 6 bis Starnberg, B 2 bis Welheim, B 472 bis Peiting und B 17 bis Steingaden/Wies.
Wasserburg – B 304.
Weihenstephan – Bahn: S 2 bis Freising. Straße B 11 Richtung Landshut.

Unterkunft

Nahezu 36 000 Betten hält die Stadt München für ihre Besucher bereit. Doch selbst diese große Anzahl reicht nicht immer aus. Knapp werden die Unterkünfte nicht nur in der Hochsaison während der warmen Sommermonate, sondern vor allem auch zur Zeit des Oktoberfestes (in der zweiten Septemberhälfte!), wenn große Messen stattfinden (meist im Frühjahr und im Herbst) oder auch kulturelle Veranstaltungen von internationalem Rang (Opernfestspiele etc.). Es empfiehlt sich daher, besonders während dieser Zeiten rechtzeitige Reservierungen vorzunehmen; entweder schriftlich bei den Hotels direkt oder über das *Fremdenverkehrsamt München*, Postfach, 80313 München.
Telefonische Auskünfte:
Fremdenverkehrsamt München, Tel. 089/233 03 00.

Hotels in Flughafennähe

Arabella Airport Hotel, Freisingerstr. 80, Schwaig, Tel. 08122/8480.
Fischerwirt Hotel, Schloßstr. 17, Ismaning, Tel. 089/964853.
Kempinski München Flughafen, Tel. 97 82 26 10.
München Airport Mövenpick Hotel Cadett, Ludwigstr. 43, Hallbergmoos, Tel. 0811/88 80.

Hotel-Pensionen in der Stadt

Agnes, Agnesstr. 58, Tel. 123 94 50.
Am Kaiserplatz, Kaiserplatz 12, Tel. 34 91 90.
Am Siegestor, Akademiestr. 5, Tel. 39 95 50/51.
Armin, Augustenstr. 5, Tel. 59 31 97.
Beck, Thierschstr. 36, Tel. 22 07 08.
Erika, Landwehrstr. 8, Tel. 55 43 27.
Frank, Schellingstr. 24, Tel. 28 14 51.
Fraunhofer, Fraunhoferstr. 10, Tel. 260 72 38. Mehrbettzimmer.
Geiger, Steinheilstr. 1, Tel. 52 15 56.
Harras, Albert-Roßhaupter-Str. 64, Tel. 760 55 65.
Herzog Heinrich, Herzog-Heinrich-Str. 3, Tel. 53 25 75.
Hungaria, Brienner Str. 42/II, Tel. 52 15 58.
Luna, Landwehrstr. 5, Tel. 59 78 33.
Theresia, Luisenstr. 51, Tel. 52 12 50.
Toskana (garni), Schwanthalerstr. 42, Tel. 53 19 70.

Weitere Hotel-Pensionen

Am Nordbad, Schleißheimer Str. 91, Tel. 18 08 57.
Braunauer Hof, Frauenstr. 40, Tel. 22 36 13.
Englischer Garten, Liebergesellstr. 8, Tel. 39 20 34-36.
Häuser an der Universität, Schellingstr. 11, Tel. 28 10 06.
Lämmle Gästehaus, Friedenheimer Str. 137, Tel. 57 15 29.
Mariandl, Goethestr. 51, Tel. 53 41 08.

Hotels

Adria (garni), Liebigstr. 8a, Tel. 29 30 81.
Alfa, am Hbf., Hirtenstr. 22, Tel. 545 95 30.
Am Markt, Heiliggeiststr. 6, Tel. 22 50 14.
Am Maxmonument-Dollmann, Thierschstr. 49, Tel. 23 80 80.
Am Ring, Heimeranstr. 65, Tel. 50 35 62.
An der Oper, Falkenturmstr. 10, Tel. 290 02 70.
Apollo, Mittererstr. 7, Tel. 53 95 31.
Arabella, Arabellastr. 5, Tel. 923 20.
Arosa, Hotterstr. 2, Tel. 26 70 87.
Astor, Schillerstr. 24, Tel. 55 80 31.
Bayerischer Hof und Palais Montgelas, Promenadeplatz 2–6, Tel.212 00.
Biederstein, Keferstr. 18, Tel. 39 50 72.
Bristol, Pettenkoferstr. 2, Tel. 59 51 51.
Carlton, Fürstenstr. 12, Tel. 28 20 61.
City, Schillerstr. 3 a, Tel. 55 80 91.
Europäischer Hof, Bayerstr. 31, Tel. 55 15 10.
Excelsior, Schützenstr. 11, Am Hbf., Tel. 55 13 70.
Germania, Schwanthalerstr. 28, Tel. 59 04 60.
Hilton City, Rosenheimer Str. 15, Tel. 48 04-0.
King's Hotel, Am Hbf., Dachauer Str. 13, Tel. 55 18 70.

Kraft, Schillerstr. 49, Tel. 59 48 23.
Lord, Herzogstr. 3, Tel. 34 80 94.
Maritim, Goethestr. 7, Tel. 55 23 50.
Mercure City, am Deutschen Theater, Senefelderstr. 9, Tel. 55 13 20.
Sheraton-Hotel, Arabellastr. 6, Tel. 926 40.
Stachus, Bayerstr. 7, Tel. 59 28 81.
Uhland, Uhlandstr. 1, Tel. 54 33 50.
Verdi, Verdistr. 123, Tel. 811 14 84.
Vier Jahreszeiten Kempinski, Maximilianstr. 17, Tel. 21 25-0.

Mitwohnzentralen

Home Company, Georgenstr. 45, Tel. 194 45. Buchungen bereits ab 2 Übernachtungen möglich.
Bed & Breakfast, Schulstr. 36, Tel. 168 87 81 und 168 87 76. Vermittlung tageweise bis unbefristet sowohl Zimmer als auch Appartements.

Für Jugendliche

CVJM – Jugendgästehaus, Landwehrstr. 13, Tel. 552 14 10. Einfach, aber herzlich. Ermäßigung für Gruppen. Nebenräume für 30–70 Personen und ein Restaurant im Haus.
DJH-Gästehaus, Miesingstr. 4, Tel. 723 65 50. Geöffnet von 7–1 Uhr für Leute mit einem gültigen Jugendherbergsausweis. Unweit des Zoos, mit Restaurant, Disco, Tischtennis- und Konferenzräumen.
Jugendherberge München, Wendl-Dietrich-Str. 20, Tel. 13 11 56. Nur mit gültigem Jugendherbergsausweis.
Jugendherberge Burg Schwaneck, Burgweg 4–6, Pullach, Tel. 793 06 43. 4-, 6- und 8-Bettzimmer. Am Rande von München, mit Sauna und Kegelbahn.
Haus International, Elisabethstr. 87, Tel. 12 00 60. Jugendhotel in zentraler Lage für junge Leute zwischen 14 und 33. Fünfbett- bis Einzelzimmer. Mit Bar, Disco und Restaurant. Auch ohne Jugendherbergsausweis.
Jugendhotel Marienherberge, Goethestr. 9, Tel. 55 58 91. Nur für Mädchen bis zu 25 Jahren nach Voranmeldung. In zentraler Lage, mit Teeküchen.
Jugendlager Kapuzinerhölzl – „Das Zelt", Kapuzinerhölzl, In den Kirschen, Franz-Schrank-Straße, Tel. 141 43 00 (Sommer), 51 41 06 16 (ganzjährig). Geöffnet von Mitte Juni bis Anfang September. Internationales Übernachtungscamp mit 300 Schlafgelegenheiten, Freizeitangebot, Fahrradverleih.

Camping

Campingplatz Thalkirchen, Zentralländstr. 49, Tel. 723 17 07. Geöffnet von Mitte März bis Ende Oktober. In der Nähe des Tierparks Hellabrunn. Mit Supermarkt und Schwimmbad.
Campingplatz Obermenzing, Lochhausener Str. 59, Tel. 811 22 35. Am Beginn der Autobahn Stuttgart, geöffnet bis 31. Oktober. Mit SB-Laden, Spielplatz und Taverne.
Campingplatz Langwieder See, Eschenrieder Str. 119, Tel. 864 15 66. Ganzjährig geöffnet; am See mit Bademöglichkeit, Restaurant, Lebensmittelgeschäft, Minigolf, Boot- und Caravan-Verleih. Warmwasser-Duschen und Gemeinschaftsküche.

Essen & Trinken

Deftig, sagt man, ist die bayerische Küche, und diesem Ruf macht sie auch alle Ehre. Zum Abnehmen oder Diät halten ist sie nicht geeignet mit ihren „Beuscherln", „Semmelknödeln" und „Reiberdatschis". Damit sind einige der selbst für viele Deutsche chinesisch klingenden Speisen genannt, die sie zu bieten hat. Schmankerln, so nennt sie der Bayer und meint damit alles, was ihm schmeckt.

Aus mindestestens 51 % Kalbfleisch, nur soviel sei hier verraten, muß die legendäre Weißwurst bestehen, die das Mittagsläuten nicht erleben darf. Der Leberkäs hingegen, ebenfalls ein Brotzeitschmankerl für den großen Hunger zwischendurch, muß weder Leber noch Käse enthalten, denn so die bayerische Logik à la Karl Valentin, in der Bierwurst sei ja auch kein Bier und in der Wollwurst keine Wolle. Aus einem Brät von Rind und Schwein wird der pastetenartige Leberkäs gemacht und wie die Weißwurst mit Senf und Brez'n zusammen verzehrt. Doch nun zu den geheimnisvollen Beuscherln: Sie gehören zu den Schmankerln der bayerischen Küche, die aus der Not geboren wurden. Wer sich früher kein Fleisch leisten konnte, mußte sich mit Innereien begnügen. Heute sind die Arme-Leute-Gerichte wie eingemachte Kalbslunge, Kutteln (Gekröse), saure Kalbsleber und -niere Bestandteil so mancher Speisekarte von Feinschmeckerlokalen. Serviert werden sie mit den obligaten Semmelknödeln, einem Gemisch auf der Basis von alten Brötchen, Eiern, Zwiebeln, Milch und Petersilie. Die Varianten des Knödels sind unendlich: Es gibt sie mit Grieß, Schinken und Speck genauso wie als süße Hauptspeise aus Kartoffelteig und Zwetschgen mit brauner Butter, Zucker und Zimt.

Was in Italien die Pasta und in Asien der Reis, das sind in Bayern die Mehl- und Kartoffelspeisen. Kartoffeln finden sich im Pichelsteiner Eintopf (dikke Suppe aus Fleisch und Gemüse) ebenso wie in der Kombination mit Mehl als Aufläufe und Nudeln. Doch ihren absoluten Triumph feiern Kartoffeln und Mehl in besagtem Reiberdatschi, einem flachen Pfannkuchen, der sowohl als Beilage zu Fleischgerichten als auch mit süßem Apfelmus serviert wird. Radi (Rettich), Kraut, Sellerie und Schwarzwurzel sind die vegetarischen Bestandteile der bayerischen Küche. Ob sie allerdings den Fettgehalt eines krustigen Schweinebratens, einer Kalbshaxe oder eines braun gegrillten Hendls (Hähnchen) wieder auszugleichen vermögen, sei dahingestellt.

Nachfolgend einige Münchner Gasthäuser, in denen bayerische Küche in ebensolchem Ambiente angeboten wird.

Bayerisch

Alter Wirt, Grünwald, Marktplatz 1, Tel. 64 18 55, tgl. 7–24 Uhr. Reservierung erwünscht. Elegant-rustikal, nicht ganz billig.
Andechser am Dom, Weinstr. 7a, Tel. 29 84 81, 10–1 Uhr. Bayerische Küche in schön renoviertem Lokal, süffiges Bier vom Andechser Berg.
Altes Hackerhaus, Sendlingerstr. 14, Tel. 260 50 26. Gemütliche Gaststube im historischen Stammhaus.
Glockenbach, Kapuzinerstr. 29, Tel. 53 40 43, tgl. 12–14 und 19–24 Uhr. Reservierung abends erforderlich. Ein Geheimtip für Gourmets im Schlachthofviertel. Französische und bayerische Küche in intimer Atmosphäre.
Atzinger, Schellingstr. 9, Tel. 28 28 80. Typisches Schwabinger Studenten- und Szenelokal.

Augustiner Gaststätten, Neuhauser Str. 27, Tel. 23 18 32 57, tgl. 9–24 Uhr. Altbayerische Schmankerl in urmünchnerischer Atmosphäre (1000 Sitzplätze, „kleiner" Biergarten mit 200 Plätzen).
Donisl, Weinstr. 1, Tel. 29 62 64, tgl. 9–1 Uhr. Reservierung erwünscht. Bayerische Schmankerln zu zivilen Preisen in Altmünchner Atmosphäre.
Franziskaner Fuchsenstuben, Perusastr. 5, Tel. 231 81 20, tgl. 8–2 Uhr. Reservierung empfehlenswert. Immer voll ist es hier, wo Spanferkel, Kalbs- und Schweinshaxe und natürlich auch die (angeblich besten Münchner) Weißwürste gleich zentnerweise verzehrt werden. Auch gehobene Küche zu entsprechenden Preisen gibt es hier.
Haxnbauer, Münzstr. 5, Tel. 29 16 21 00, tgl. 11–1 Uhr. Reservierung erwünscht. Altbayerische Lokalität, wo sich die Hax'n über offenen Buchenholzfeuern drehen. Die Preise richten sich nach der Größe derselben.
Hofbräuhaus am Platzl, Am Platzl, Tel. 22 16 76, tgl. 9–24 Uhr. Das wohl berühmteste Wirtshaus der Welt. Preiswerte Münchner Schmankerln mit Blasmusik. Fraglich allerdings, ob es da auch noch Einheimische gibt.
Hundskugel, Hotterstr. 18, Tel. 26 42 72, tgl. 10–1 Uhr. Reservierung erforderlich. Münchens „älteste Gaststätte", erstmals 1440 erwähnt.
Löwenbräu-Keller, Nymphenburgerstr. 2, Tel. 52 60 21, tgl. 9–24 Uhr. Alt-Münchner Bierkeller mit Biergarten.
Nürnberger Bratwurst Glöckl, Frauenplatz 9, Tel. 22 03 85, tgl. 9–24 Uhr. Reservierung dringend erforderlich. Die besten Nürnberger Rostbratwürstl von München werden hier auf Buchenholz gegrillt und mit Meerrettich auf Zinntellern serviert.
Paulaner Bräuhaus, Kapuzinerplatz 5, Tel. 544 61 10, tgl. 9–1 Uhr. Rund um die Kupfersudkessel wird gute bayerische Küche geboten. Di ist Ententag.
Ratskeller, Marienplatz 8, Tel. 220313, tgl. 9–24 Uhr. Gepflegtes und eines der größten Münchner Kellerlokale in den Katakomben des Rathauses mit Schmankerln zu erschwinglichen Preisen.
Straubinger Hof, Blumenstr. 5, Tel. 260 84 44, tgl. außer Sa, So und Feiertage 9–23 Uhr. Preiswert und gutbürgerlich sind hier die altbayerischen Schmankerln in zwei gemütlichen Gasträumen.
Weinhaus Neuner, Herzogspitalstr. 8, Tel. 260 39 54, tgl. außer So 17–1 Uhr. Reservierung erforderlich. Regionale Küche, kombiniert mit der französischen Nouvelle Cuisine, bilden hier eine exquisite Grundlage für den Weinliebhaber.
Wirthaus im Weinstadl, Burgstr. 6, Tel. 290 40 44, Mo–Sa 11–23.30 Uhr, So und Feiertage 16–24 Uhr. Bayerische Küche serviert das älteste Haus Münchens, dessen spätgotische Säulen ebenso erhalten sind wie seine Fassade aus dem 16. Jh. In einem der schönsten Innenhöfe der Stadt kann man hier zu nicht eben günstigen Preisen seinen Schoppen Wein genießen.
Wirtshaus in der Au, Lilienstr. 51, Tel. 448 14 00, Mo–Fr 17– Uhr, Sa u. So 10–1 Uhr. Gaststätte in einem schönen historischen Bau, mit Biergarten. So ab 12 Uhr Jazz-Frühschoppen.
Weißes Bräuhaus, Tal 10, Tel. 29 98 75. Großes Wirtshaus mitten im Zentrum mit einer reichen Auswahl an bayerischen Gerichten. Frisch renoviert und doch urgemütlich.
Zum Spöckmeier, Rosenstr. 9, Tel. 26 80 88, tgl. 9–24 Uhr, So ab 17 Uhr geschlossen. Reservierung erforderlich. Altmünchner Wirtshaus, wo man sich am frühen Vormittag zum Weißwurstessen trifft.

Für den Feinschmecker

(Reservierung bei allen Lokalen erforderlich).
Dallmayr, Dienerstr. 14–15, Tel. 213 51 00, Mo–Fr 9–24 Uhr, Sa abends und So geschlossen. Delikatessen nicht nur zum Mitnehmen, sondern auch zum sofortigen Verzehr.
Da Pippo, Mühlbauerstr. 36, Tel. 470 48 48, tgl. außer So und an Feiertagen, mittags und abends. Italienische Küche, Spezialitäten des Hauses: Tatar di salmone, Ossobuco d'agnello, Loup in Brennesselsauce.
Das kleine Restaurant im Gasthof Böswirth, Waidachanger 9, Tel. 811 97 63, Mi–Fr 17–23 Uhr, Sa, So ab 17 Uhr, Mo und Di geschlossen. Nouvelle Cuisine im Restaurant und bayerische Regionalgerichte in der Wirtsstube nebenan.
Gandl, St.-Anna-Platz 1, Tel. 29 16 25, Mo–Sa 8–22 Uhr. Intimer Feinschmeckertreff im Lehel.
Glockenbach, Kapuzinerstr. 29, Tel. 53 40 43. Nouvelle Cuisine und gehobene bayerische Küche.
Grüne Gans, Am Einlaß 5, Tel. 26 62 28, tgl. außer Sa abends. Intimster Münchner Feinschmeckertreff mit nur 30 Plätzen in heimeliger Wohnzimmeratmosphäre.
Halali, Schönfeldstr. 22, Tel. 28 59 09, Sa mittags, So und Feiertag geschlossen. Alt-Münchner Lokalität in den Händen des Witzigmann-Schülers Hans Mair. Bäuerlich-bürgerliches zu (relativ) günstigen Preisen.
Käfer-Schänke, Schumannstr. 1, Tel. 416 82 47, So und Fei geschlossen. Hinter dem Feinkost-Laden verbergen sich mehrere gediegene Stuben, in denen man ungestört tafeln kann.
La Mer, Schraudolphstr. 24, Tel. 272 24 39, nur abends außer Mo geöffnet. Inmitten von prachtvollem Dekor werden hier Fische und Krustentiere serviert.
Mifune, Ismaninger Str. 136, Tel. 98 75 72, tgl. außer So. Klassische japanische Küche.
Tantris, Johann-Fichte-Str. 7, Tel. 36 20 61, Di–Fr 12–15 und 18.30–22.30 Uhr, Mo und Sa nur abends. Das Top-Lokal in München, geführt von Hans Haas. Küche: Französisch.
Trader Vics's, im Hotel Bayerischer Hof, Promenadeplatz 2–6, Tel. 22 61 92, 17–3 Uhr. Polynesische Spezialitäten.

Ausländische Spezialitäten

Indisch

Ajanta, Belgradstr. 71, Tel. 30844.
Bombay, Kurfürstenstr. 47, Tel. 272 44 54.
Kashmir, Pariserstr. 38, Tel. 448 10 10.
Maharadscha, Papa-Schmid-Str. 1, Tel. 26 31 77.
Maharani, Rottmannstr. 24, Tel. 52 79 12.
Masala, Mariannenstr. 3, Tel. 21 94 93 11.
Noor Jahan, Kaiserstr. 5, Tel. 34 80 09.
Tandoori, Baumstr. 6, Tel. 201 22 08.

Asiatisch

Mekong, Lachnerstr. 1, Tel. 16 90 92. Nicht ganz billig, aber exzellente vietnamesische Küche.

Arabesk, Kaulbachstr. 86, Tel. 33 37 38. Libanesisches Spezialitätenrestaurant.
Daitokai, Kurfürstenstr. 59, Tel. 271 14 21. Japanisches Restaurant.
Mangostin Asia Restaurant, Maria-Einsiedelstr. 2, Tel. 723 20 31. Verschiedene Spezialitäten-Restaurants unter einem Dach.
Tokami, Rablstr. 45, Tel. 448 95 26. Japanische Spezialitäten.
Waikiki, Neureutherstr. 39, Tel. 271 11 46. Thailändische und indonesische Spezialitäten.

Chinesisch

Jasmin, Franziskanerstr. 16, Tel. 448 69 13. Durchschnittliche Küche zu ebensolchen Preisen.
Canton, Therersienstr. 49, Tel. 52 21 85.
Mandarin, Ledererstr. 21, Tel. 22 68 88.
Man Fat, Barer Str. 53, Tel. 272 09 62.
Tai Tung, Prinzregentenstr. 60, Tel. 47 11 00.

Französisch

Le Gaulois, Hörwarthstr. 4, Tel. 36 74 35. Für Liebhaber von Fisch und Wildspezialitäten.
La Marmite, Lilienstr. 8, Tel. 48 22 42. Angenehme Brasserie mit günstigen Preisen.
Rue des Halles, Steinstr. 18, Tel. 48 56 75. Schlichtes Interieur, nicht ganz billig, aber mit echt Pariser Atmosphäre.
Makassar, Dreimühlenstr. 25, Tel. 77 69 59. Kreolische Spezialitäten.
Le Cezanne, Konradstr. 1, Tel. 39 18 05. Der Meisterkoch Joel Noguier zaubert Köstlichkeiten für die Zunge zu erschwinglichen Preisen.

Griechisch

Dionysos, Leopoldstr. 42, Tel. 33 33 02. Für den Hunger nach 1 Uhr (bis 3 Uhr geöffnet).
Kalami, Kellerstr. 29, Tel. 48 72 82.
Paros, Kirchenstr. 27, Tel. 470 2995
Rembetiko, Dreimühlenstr. 2, Tel. 77 32 12. Gut und billig, Live-Musik.
To Steki, Dreimühlenstr. 30, Tel. 77 16 10. Am Wochenende mit Live-Musik.
Kytaro, Innere Wiener Str. 36, Tel. 480 11 76. Der In-Grieche (mit Reservierung) zu erschwinglichen Preisen.
Lyra, Bazeillestr. 5, Tel. 48 66 61.
Kyklos, Wilderich-Lang-Str. 10, Tel. 16 26 33.
Omikron, Einsteinstr. 143, Tel. 47 19 51.

Italienisch

Canale Grande, Ferdinand-Maria-Str. 51, Tel. 17 45 65. Etwas steif, aber gute, nicht ganz preiswerte Küche.
El Toula, Sparkassenstr. 5, Tel. 29 28 69.
Il Gattopardo, Georgenstr. 67, Tel. 271 65 25. Rustikale Einrichtung, Küche hingegen fein.
Mario, Adalbertstr. 15, Tel. 280 04 60; Luisenstr. 47, Tel. 52 15 19. Sehr gute Holzofen-Pizza.
Romagna Antica, Elisabethstr. 52, Tel. 271 63 55. Schwabinger Prominenten-Italiener. Vorlage für den Film *Rossini.*
Trattoria Centrale, Thierschstr. 5, Tel. 22 23 72.
Tre Colonne, Hiltenspergerstr. 43, Tel. 271 72 46. Sehr gut, sehr gemütlich.
Vini e Panini (Stehimbiß), Nordendstr. 45, Tel. 272 17 43.

Lateinamerika

Asado, Belgradstr. 10, Tel. 39 76 77. Steakhouse.
Churrasco, Tal 8, Tel. 29 46 61.
Joe Pena's, Buttermelcherstr. 17, Tel. 22 64 63. Top-Adresse für die Fans von Tex-Mex-Küche.
Tijuana Café, Leopoldstr. 13, Tel. 33 04 07 24. Gute mexikanische Speiseauswahl, mit Terrasse.

Spanisch

Bodega Dali (Weinschänke), Augustenstr. 46, Tel. 523 42 80.
Centro Español, Daiserstr. 20, Tel. 76 36 53. Kneipe mit kulturellen Ambitionen. Immer voll, keine Reservierung.
Don Quijote, Biedersteinerstr. 6, Tel. 34 23 18.
El Cid, Belgradstr. 45, Tel. 33 11 16.
La Paella, Rotwandstr. 1, Tel. 697 21 53.
La Tasca, Metthingstr. 2, Tel. 16 82 01.
Olé Madrid, Häberlstr. 15, Tel. 53 77 16.

Vegetarisch

Buxs, Frauenstr. 9, Tel. 22 94 82. Vegetarischer Schnellimbiß am Viktualienmarkt.
Café Gollier, Gollierstr. 87, Tel. 501673. Alternatives Restaurant, das nicht nur durch die Vielfalt der Speisen besticht.
Café Ignaz, Georgenstr. 87, Tel. 271 6093.
Café Vorort, Gautingerstr. 3, Neuried, Tel. 759 45 08.
Tofu, Herrnstr. 11, Tel. 290 41 35.

Bistros

Café Neuhausen, Blutenburgstr. 106. Frühstück tgl. bis 16 Uhr. Im Sommer auch im Freien.
Café Stör, Rosenheimerstr. 1, Stilvolles Café-Bistro mit Außenterrasse im Müllerschen Volksbad.
Kay's Bistro, Utzschneiderstr. 1 a. Lohnt sich schon wegen der laufend wechselnden Dekoration und den wirklich schönen Männern, die hier mit vollendetem Charme servieren. Prominententreff.
Oase, Amalienpassage. Ein angenehmer Ruhepunkt in einem schönen Innenhof. Im Sommer im Freien.
Tommi's Bistro, Clemensstr. 7. Ganz, wie man sich so ein Bistro vorstellt.
Zest, Adalbertstr. 23. Modern gestylt, aber trotzdem gemütlich. Immer voll.

Brunch

Café Größenwahn, Lothringerstr. 11, Portionen nicht allzu groß, dafür Szene total.
Café Puck, Türkenstr. 33. Frühstück mit hausgemachten Muffins und Brioches.
Mövenpick, Lenbachplatz. Gute und gepflegte Speisen.
Reitschule, Königinstr. 34. Jugendstilvilla am Englischen Garten mit Restaurant, Bar und Sommerterrasse.
Ruffini, Orffstr. 22. Ausgezeichnetes Frühstück, Sommerterrasse.

Cafés

Altschwabing, Schellingstr. 56. Wiener Stil und Stuck, sehr gemütlich.
Baader Café, Baaderstr. 47. Szenetreff im Gärtnerplatzviertel.
Café Extrablatt, Leopoldstr. 7. Pseudo-Prominententreff.

Café Münchner Freiheit, Münchner Freiheit 20. Gut besuchtes Café mit Eisspezialitäten, die man im Sommer im Freien genießen kann.
Café Wiener Platz, Innere Wiener Str. 48. Kühl und gestylt.
Dukatz, im Literaturhaus am Salvatorplatz. Hell, clean, teuer.

Münchner Biergärten

Obwohl man die Brotzeit selbst mitbringen darf (nur das Bier muß man kaufen, und zwar literweise), gibt es bayerische Schmankerln natürlich auch in allen Münchner Biergärten. Vor dem Besuch eines solchen ist dem Fremden die Lektüre der Seiten 92 bis 93 anzuraten. Sie wird ihn vor dem Zusammenprall mit so manchen bayerischen Eigenheiten bewahren.
Augustinerkeller, Arnulfstr. 52, Tel. 59 43 93, tgl. 10–1 Uhr. Neben dem Restaurant (Reservierung erwünscht) einer der berühmten Biergärten (5000 Plätze), mit Selbstbedienung, Brotzeitstandln und manchmal Blasmusik.
Bräustüberl der Forschungsbrauerei, Unterhachinger Str. 76, Tel. 670 11 69, Di–Sa 11–23 Uhr, So 10–11 Uhr. Bayerische Wurstspezialitäten gibt es in der Brauereiwirtschaft mit großem Garten. Familienfreundlich und für jedermann erschwinglich.
Chinesischer Turm, Englischer Garten, Tel. 38 38 73 27, bei schönem Wetter 10–23 Uhr. Daran kommt keiner vorbei, der je nach München kommt. 7000 Plätze, Selbstbedienung.
Flaucher, Isarauen 1, Tel. 723 26 77, tgl. 10–23 Uhr. Ausflugslokal und allseits bekannter „Geheimtip" unter Münchens Biergärten. Spezialitäten: Wild (in der Jagdsaison).
Hofbräukeller, Innere Wiener Str. 19, Tel. 45 99 25-0, tgl. 10–24 Uhr. Geheimtip. Preiswerte bayerische Küche.
Hirschgarten, Hirschgartenalle 1, Tel. 17 25 91, tgl. 9–24 Uhr, Nov–Feb., Di geschlossen. Mit 8000 Plätzen der größte Biergarten Bayerns mit angrenzendem Wildgehege.
Hirschau, Gyßlingstr. 7, Tel. 36 99 42, bei schönem Wetter immer geöffnet, Restaurant Mo geschlossen. Steckerlfisch, Kinderspielplatz.
Im Grüntal, Im Grüntal 15, Tel. 98 09 84, tgl. außer Mo 11–1 Uhr. Reservierung abends empfehlenswert. Schickeria-Biergarten mit dem Publikum angepaßten Speisen und Preisen.
Max-Emanuel-Brauerei, Adalbertstr. 33, Tel 271 51 58, tgl. 10–1 Uhr, Reservierung (im Restaurant) erwünscht. Berühmt durch die Aufführungen der Volkssängerbühne, seine „Weißen Feste" im Fasching und Jazzkonzerte.
Menterschwaige, Harthauser Str. 70, Tel. 64 07 32, tgl. 11–24 Uhr. Reservierung (im Restaurant) erwünscht. Seit 300 Jahren liegt das Ausflugslokal schon am Isarhochufer, doch die provenzalische Küche und der Boule-Platz sind neueren Datums.
Osterwaldgarten, Keferstr. 12, Tel. 34 63 70, tgl. 11–1 Uhr. Altschwabinger Biergarten unter uralten Kastanien. So Frühschoppen ab 11 Uhr.
Pschorr-Keller, Theresienhöhe 7, Tel. 50 10 88, tgl. 8–24 Uhr. Ein typisch Münchner Wirtskeller (insgesamt 3500 Sitzplätze, Biergarten 600) mit Schrammelmusik und Spanferkel vom Grill. Die Speisen sind nicht ganz billig.
Salvator-Keller, Hochstr. 77, Tel. 459 91 30, tgl. 10–24 Uhr. Eine *der* Bierhochburgen in München (Lokal 2000, Biergarten 3000 Sitzplätze). Küche gut bürgerlich und preisgünstig.
Sankt Emmeram's Mühle, München-Oberföhring, St. Emmeram 41, Tel. 95 39 71, tgl. außer Di 11–23 Uhr. Dort trifft sich die einheimische Prominenz und solche, die gern dazugehören möchten.
Waldwirtschaft Großhesselohe, Großhesselohe, Georg-Kalb-Str. 3, Tel. 79 50 83, Biergarten tgl. bei schönem Wetter, Restaurant außer Mo und Di 11–22.30 Uhr. Bekannt vor allem bei Jazz-Fans. Täglich im Sommer spielen hier bekannte und unbekannte Bands. Spezialitäten: Spanferkel mit Dunkelbierkruste, Wild in der Jagdsaison.
Wirtshaus am Hart, Sudetendeutsche Str. 40, Tel. 311 60 39, tgl. 11–1 Uhr, Sa ab 17 Uhr. Alternativ herzlich und kinderfreundlich präsentiert sich der kleine heimelige Biergarten in gelben Mauern. Die Portionen sind groß, die Preise klein.
Zum Aumeister, Sondermeierstr. 9, Tel. 32 52 24, tgl. außer Mo 8–23 Uhr. Beliebtes Ausflugsziel am Nordrand des Englischen Gartens (Biergarten: 2500 Plätze).
Zur Schwaige, Schloß Nymphenburg, Tel. 17 44 21, tgl. 11.30–1 Uhr. Diese Schloßwirtschaft mit heimeligem Biergarten bietet eine ausgezeichnete Küche zu angenehmen Preisen, ein Geheimtip nicht nur für Spargelliebhaber.

Unternehmungen

Kulturelles

Theater

Theaterfans kommen in München voll auf ihre Kosten. Über 50 Theater, Kabarette und Kleinkunstbühnen bieten ein breites Spektrum an Programmen, das von der Oper bis zum Volksschwank reicht. Daneben finden jährlich zahlreiche internationale Veranstaltungen wie Opernfestspiele, Musiktheatertage und Treffen von Kleinkunstbühnen sowie experimentellen Theatern statt, die Besucher aus aller Welt in die bayerische Metropole lokken. Auch die Münchner lassen sich kaum einen kulturellen Leckerbissen entgehen, daher ist es ratsam, sich rechtzeitig Karten für angekündigte Sonderveranstaltungen zu besorgen.

Eine Programmübersicht mit Vorschau enthält das *Offizielle Monatsprogramm des Fremdenverkehrsamtes München,* das an jedem Kiosk und in allen Buchhandlungen erhältlich ist.

Kartenvorverkauf

für Konzerte, Theater und Veranstaltungen im Olympiapark
Abendzeitung-Schalterhalle, Sendlinger Str. 10, Tel. 26 70 24.
Bauer Otto, Landschaftstr., im Rathaus, Tel. 22 17 57.
Buchhandlung Lehmkuhl (nur Konzertkarten), Leopoldstr. 45, Tel. 38 01 50.
Hallo Reisebüro im PEP, Thomas-Dehler-Str. 12, Tel. 637 10 44.
Hertie Schwabing, an der Münchner Freiheit, IV. Stock, Tel. 33 66 59.
Hieber Max, Theater- und Konzertkarten, Liebfrauenstr. 1, am Dom, Tel. 29 00 80-14.
Kiosk am Marienplatz, UG, Tel. 26 46 20.
München Ticket, Rathaus (Tourismusinformation), Mo–Fr 10–20, Sa 10–16 Uhr, Tel. 54 81 81 81.
Residenz-Bücherstube, Residenzstr. 1, Tel. 22 08 68.

Olympiapark. Ständige Vorverkaufsstellen für Veranstaltungen in der Olympiahalle und für alle Fußballspiele, Eissportstadion im Olympiapark, Mo–Fr 10–18, Sa 10–15 Uhr, Tel. 54 81 81 81.

Kartenverkauf der Bayer. Staatstheater, Staatsoper, Maximilianstr. 11, Tel. 21 85 19 20; Staatsschauspiel, Max-Joseph-Platz 1, Tel. 21 85 19 40; Staatstheater am Gärtnerplatz, Tel. 26 46 20.

Kartenverkauf der Kammerspiele, Maximilianstr. 26, Tel. 23 72 13 28.

Kartenverkauf für Herkulessaal in der Residenz, Abendkasse 1 Stunde vor Vorstellungsbeginn, Herkulessaal, Tel. 29 06 72 63.

Kartenverkauf Gasteig, Rosenheimer Str. 5 (Glashalle), Mo–Fr 10–18 Uhr, Sa 10–14 Uhr, Tel. 480 98-0.

Die Programme der einzelnen Bühnen sind der Tagespresse zu entnehmen oder dem Offiziellen Monatsprogramm des Fremdenverkehrsamtes München.

Die „großen" Bühnen

Cuvilliéstheater, Residenz, Residenzstr. 1, Tel. 21 85 19 20. Eine „Rokoko-Perle" unter den Theatern, gebaut von F. Cuvilliés d.Ä., nach dem Zweiten Weltkrieg wiederaufgebaut.

Deutsches Theater, Schwanthaler Str. 13, Tel. 55 23 44 44. Nach Loriot das „schönste Haus in der Schwanthaler Straße"; für die ganz leichte Muse, vorwiegend Gastspiele von Shows, Revuen und Operetten.

Kammerspiele – Schauspielhaus, Maximilianstr. 26, Vorverkauf: Tel. 23 72 13 28. Eines der großen deutschen Schauspielhäuser mit namhaften Regisseuren (Dieter Dorn, George Tabori, Herbert Achternbusch).

Kammerspiele – Werkraum, Hildegardstr. 1, Vorverkauf siehe Kammerspiele, Tel. 23 72 13 28. Experimentierbühne der Kammerspiele.

Nationaltheater (Bayerische Staatsoper), Max-Joseph-Platz, Vorverkauf: Maximilianstr. 11, Tel. 21 85 19 20.

Prinzregenten-Theater, Prinzregentenplatz 12, Kartenvorverkauf: Maximilianstr. 13, Tel. 29 16 14 14. „Klassiker" von Shakespeare bis zu Heiner Müller. Gastspielbühne für Oper, Ballett und Konzert.

Residenztheater, Max-Joseph-Platz, Tel. 21 85 19 40. Eines der großen Münchner Theater.

Staatstheater Am Gärtnerplatz, Gärtnerplatz 3, Tel. 201 67 67. Operetten und Ballett, Musicals und Komische Oper, etwas für die leichte Muse.

Schauburg, Franz-Joseph-Str. 47, Tel. 23721365. Eines der ersten (und auch besten) bundesdeutschen Kinder- und Jugendtheater.

Theater im Marstall, Marstallplatz, Kartenvorverkauf: Maximilianstr. 11, Tel. 221316. Experimentierbühne im vormaligen Pferdestall der Residenz.

Volkstheater, Am Stiglmaierplatz (Eingang Brienner Str. 50), Tel. 523 46 55. Volkstheater mit Niveau (hier darf auch Achternbusch gespielt werden).

Komödien und Volkstheater

Blutenburg-Theater, Münchens Kriminalbühne, Blutenburgstr. 35, Tel. 123 43 00.

Iberl-Bühne, Wilhelm-Leibl-Str. 22, Solln, Tel. 79 42 14. Intelligentes Volkstheater in bayerischer Sprache.

Kleine Komödie am Max-II-Denkmal, Maximilianstr. 47, Tel. 22 18 59.

Komödie im Bayerischen Hof, Passage Promenadeplatz und Prannerstraße, Tel. 29 28 10.

Ludwig-Thoma-Theater e.V., im Karlshof, Dachauerstr. 24, Tel. 59 66 11.

Freie Bühnen

Teamtheater Tankstelle, Am Einlaß 2a, Tel. 260 43 33.

Teamtheater Comedy, Am Einlaß 4, Tel. 260 66 36.

Theater links der Isar, Auenstr. 19, Tel. 64 20 87 10.

Theater 44, Hohenzollernstr. 20, Tel. 322 87 48.

Theater Scaramouche, Hesseloherstr. 3, Telefonische Vorbestellung: Tel. 33 45 55 (ab 15 Uhr).

„Das Schloß" Theaterzelt am Olympiaberg, Ackermannstr. 77, Tel. 300 30 13.

Modernes Theater, Hans-Sachs-Str. 12, Tel. 22 54 73.

Jörg Maurers Unterton, Kurfürstenstr. 8, Tel. 33 39 33, Vorbestellung ab 17 Uhr.

Bel Etage, Theater im Drugstore, Feilitzschstr. 12, Tel. 33 90 13.

TamS, Theater am Sozialamt, Haimhauserstr. 13 a, Tel. 34 58 90.

Theater in der Westermühle, Westermühlstr. 28, Tel. 201 35 38, Kasse ab 18 Uhr.

pathos-transport Theater, Dachauer Str. 110 d, Tel. 12 39 20 34.

Pasinger Fabrik, August-Exter-Str. 1, Kartenvorbestellung 16.30–20.30 Uhr, Tel. 834 18 41.

Kabarett und Kleinkunst

Münchner Lach- und Schießgesellschaft, Haimhauser/Ecke Ursulastraße, Tel. 39 19 97, Vorbestellung täglich 14–19 Uhr.

Münchner Rationaltheater, Politisches Kabarett, Hesseloher Str. 18, Tel. 33 50 40, 33 40 50, Vorverkauf: bei den Vorverkaufsstellen, Abendkasse ab 19.30 Uhr.

Theater Im Fraunhofer, Fraunhoferstr. 9/Rgb., Tel. 26 78 50 (15–19 Uhr).

Hinterhof-Theater, Wirtshaus am Hart, Sudentendeutsche Str. 40, Tel. 311 60 39.

Drehleier, Rosenheimer Str. 123, Tel. 48 27 42.

Lustspielhaus, Occamstr. 8, Tel. 34 49 74.

Schlachthof, Zenettistr. 9, Tel. 76 54 48.

Theater bei Heppel & Ettlich, Kaiserstr. 67, 34 93 59.

Wirthaus zum Isartal, Brudermühlstr. 2, Tel. 77 21 21.

Kindertheater

Münchner Theater für Kinder, Dachauer Str. 46, Tel. 59 54 54, 59 38 58.

Münchner Marionettentheater, Blumenstr. 29 a, Tel. 26 57 12.

Klassische Konzerte

Klassische Konzerte finden vornehmlich in der **Philharmonie** im Gasteig, manchmal auch im Carl-Orff-Saal im selben Haus statt. Die Konzertsaison der Philharmoniker beginnt Mitte September und geht mit dem Juli zu Ende. Die (schwer erhältlichen) Karten bekommt man im Vorverkauf im Kulturzentrum im Gasteig. Weitere der klassischen Musik geweihte Orte sind der **Herkulessaal** in der Residenz und das **Rundfunkhaus** des Bayerischen Rundfunks am Rundfunkplatz.

Im Sommer finden Konzerte auch im Schloß Schleißheim, im Schloß Nymphenburg sowie in der Schloßkirche Blutenburg statt. Veranstaltungshinweise im Monatsprogramm des Fremdenverkehrsamtes.

Museen

Alte Pinakothek, Barerstr. 27. Europäische Malerei des 14. bis 19. Jh.s Umfangreiche Gemäldesammlung weltberühmter Werke der altdeutschen und flämischen Meister sowie der italienischen, niederländischen, französischen und spanischen Schule. Tgl. außer Mo 9.15–16.30 Uhr, Di und Do Abendöffnung 19–21 Uhr.

Bayerisches Nationalmuseum, Prinzregentenstr. 3. Historische Sammlungen von Plastiken, Malerei und Kunsthandwerk vom Mittelalter bis zum 19. Jh. Kunstgeschichtliche Sammlungen: Porzellan, Fayencen, Majolika und Steinzeug. Volkskundliche Sammlungen, Bauernstuben, bäuerliches Handwerk, Trachten, religiöse Volkskunde, Hafnerkeramik. Tgl. außer Mo 9.30–17 Uhr, Tel. 211 24–1.

Geologische Staatssammlung, Luisenstr. 37. Erdkrusten und Bodenschätze der Erde. Mo–Fr 8–18 Uhr, Tel. 520 31.

BMW-Museum, Petuelring 130. Sammlung von Automobilen, Motorrädern, Motoren und Triebwerken in einer von Künstlern entworfenen Inszenierung. U. a. Filme, Video- und Diaschauen in einem der besten Kinosäle Münchens. Tgl. 9–17 Uhr, Tel. 38 22 33 07.

Deutsches Jagd- und Fischereimuseum, Neuhauser Str. 2. Jagdtrophäen, -waffen, -utensilien, -gemälde, -graphiken und -gobelins; Jagdprunkschlitten aus Barock, Rokoko und Empire sowie Fischereigeräte von der Steinzeit bis zur Neuzeit. Streichelecke für Blinde und Kinder. Sonderausstellungen. Tgl. 9.30–17 Uhr, Mo und Do 9.30–21 Uhr. Tel. 22 05 22.

Deutsches Museum, Museumsinsel 1, an der Ludwigsbrücke. Bedeutendstes Museum für die historische Entwicklung der Naturwissenschaften, der Technik und der Industrie. Ca. 1700 Objekte können auf einem 16 km langen Rundgang besichtigt werden. Interessant sind vor allem die selbst zu bedienenden Demonstrationsobjekte und das Zeiss-Planetarium. Laufend Sonderausstellungen, Veranstaltungen und Kongresse. Tgl. 9–17 Uhr, Tel. 217 94 33.

Deutsches Theatermuseum, Galeriestr. 4a. Sammlung, Archiv und Bibliothek zur Weltgeschichte des Theaters. Sonderausstellungen. Tgl. außer Mo 10–16 Uhr, Bibliothek Di, Do 10–12, 13.30–16 Uhr, Tel. 21 06 91-0.

Feuerwehrmuseum, Hauptfeuerwache Blumensraße 34. Die Berufsfeuerwehr von 1899 bis heute. Sa 9–16 Uhr.

Glyptothek, Königsplatz 3. Sammlung antiker griechischer und römischer Skulpturen. Di, Mi, Fr–So 10–17, Do 10–20 Uhr. Tel. 28 61 00.

Haus der Kunst, Prinzregentenstr. 1. Das nationalsozialistische Bauwerk beherbergt in seinem Westflügel die Staatsgalerie Moderner Kunst (s. unten), im Mittelteil und Ostflügel finden Sonderausstellungen statt. Di–Fr 10–22 Uhr, Sa, So, Mo und Fei 10–18 Uhr, Tel. 21 12 70.

Künstlerwerkstatt, Lothringerstr. 13. Laufend Ausstellungen über zeitgenössische experimentelle Kunst. Tgl. 13–19 Uhr, Tel. 448 69 61.

Kunsthalle der Hypo-Kulturstiftung, Theatinerstr. 5. Erfolgreiche Ausstellungsaktivitäten, die man sich bei einem München-Besuch nicht entgehen lassen sollte. Mo–So 10–18 Uhr, Do bis 21 Uhr, Tel. 22 44 12.

Kunstverein München e.V., Galeriestr. 4. Magazin (Di–Fr 10–16 Uhr) mit Originalen zeitgenössischer Kunst, Sonderausstellungen. Di–So 11–18 Uhr, Tel. 221152.

Kunstraum München e.V., Goethestr. 34/Rgb. Gemeinnützige Institution zur Präsentation und Dokumentation zeitgenössischer Kunst in Sonderausstellungen. Di–Fr 15–18, Do 15–20.30 Uhr, Sa 11–14 Uhr, Tel. 54 37 99 00.

Lenbachhaus Kunstbau, im U-Bahn *Königsplatz.* Wechselnde Kunstausstellungen. Tgl. außer Mo 10–20 Uhr, Tel. 233 03 20.

Museum Mensch und Natur, Schloß Nymphenburg (Nordflügel). Ständige Ausstellung, die die Entwicklung des Lebens auf unserem Planeten, den Menschen und seine Umwelt zeigt. Spielerische Naturkunde – nicht nur für Kinder. Tgl. außer Mo 9–17 Uhr, Tel. 217 64 94.

Museum „Reich der Kristalle“, Theresienstr. 41. Ausstellung über Entstehung und Eigenschaften von Mineralien und Kristallen. Di–Fr 13–17, Sa, So 13–18 Uhr, Tel. 23 94 43 12.

Münchner Stadtmuseum, St.-Jakobs-Platz 1. Ausstellungen zum historischen München und Bayern, Brauereimuseum, Moriskentänzer, Stadtmodell München um 1570, Waffenhalle und Puppentheatermuseum, Filmmuseum, Fotomuseum, Musikinstrumentenmuseum, Modemuseum und Münchner Wohnkultur. Wechselnde Sonderausstellungen. Programmansage unter Tel. 233 55 86. Di und Do–So 10–17, Mi 10–20.30 Uhr.

Neue Pinakothek, Bayerische Staatsgemäldesammlungen, Barer Str. 29. Ständige Sammlung zur europäischen Malerei und Skulptur des 19. Jh.s.Tgl. außer Mo 10–17, Di und Do 10–20 Uhr, Tel. 23 80 51 95.

Die Neue Sammlung, Staatliches Museum für angewandte Kunst, Prinzregentenstr. 3. Sammlung gestalteter Gebrauchsgegenstände vom 18. Jh. bis zur Gegenwart, wechselnde Ausstellungen zur Umweltgestaltung im 20. Jh. Nur zu Sonderausstellungen geöffnet; Tel. 22 78 44.

Paläontologisches Museum, Bayerische Staatssammlung für Paläontologie und historische Geologie, Richard-Wagner-Str. 10. Tier- und Pflanzenfossilien aus der Vorzeit, Tonbildschau (jeden 1. So im Monat, 11 und 14 Uhr). Mo–Do 8–16 Uhr, Fr 8–14 Uhr, Tel. 520 33 61.

Prähistorische Staatssammlung, Lerchenfeldstr. 2. „Vorgeschichte in Bayern“, „Römische Kaiserzeit“, „Frühes Mittelalter anhand archäologischer Funde zu Kunst, Handwerk, Wirtschaft und Brauchtum“.Tgl. außer Mo 9–16 Uhr, Do 9–20 Uhr, Tel. 29 39 11.

Residenzmuseum, Max-Joseph-Platz 3. Den ehemaligen Sitz der Wittelsbacher, entstanden während sechs Bauperioden ab 1560, kann man während eines Vormittags- und eines Nachmittagsrundgangs besichtigen. Zu sehen sind Räume aus Renaissance, Rokoko und Klassizismus nebst der Schatzkammer der Residenz mit Kleinodien und Juwelen aus 10 Jahrhunderten, Antiquarium, Ahnengalerien, Miniaturen- und Porzellankabinetten. Di–So 10–16.30 Uhr, Tel. 29 06 71.

Schackgalerie, Prinzregentenstr. 9. Sammlung der Grafen Schack, bestehend aus Gemälden des 19. Jh.s, u. a. von Böcklin, Lenbach, Feuerbach, Schwind und Spitzweg. Tgl. außer Di 10–17 Uhr, Tel. 23 80 52 24.

Siemens-Museum, Prannerstr. 10. Studienräume zur Entwicklungsgeschichte der Elektrotechnik von den Anfängen bis zur Gegenwart. Mo–Fr 9–17 Uhr, Sa, So 10–14 Uhr, Tel. 23 43 26 60.

Spielzeugmuseum im Alten Rathausturm, Marienplatz. Sammlung von Ivan Steiger. Tgl. 10–17.30 Uhr, Tel. 29 40 01.

Staatliche Antikensammlungen, Königsplatz 1. Sammlung griechischer Vasen, griechischer, etruskischer und römischer Kleinplastik sowie Goldschmuck und Glas. Di und Do–So 10–17, Mi 10–20 Uhr, Tel. 59 83 59.

Staatliche Graphische Sammlung, Studiensaal, Meiserstr. 10. Druckgraphik und Handzeichnungen von der Spätgotik bis zur Gegenwart. Mo–Fr 10–13 Uhr, Di–Do 10–13, Di und Mi auch 14–16.30 Uhr, Tel. 559 14 90.

Staatsgalerie Moderner Kunst, Bayerische Staatsgemäldesammlungen im Haus der Kunst, Prinzregentenstr. 1. Sammlung internationaler Malerei und Skulptur des 20. Jh.s; u.a. Klee, Beckmann, Kirchner, Picasso. Wechselnde Ausstellungen über zeitgenössische Künstler. Tgl. außer Mo 10–17 Uhr, Do 10–20 Uhr, Tel. 21 12 71 37.

Staatliche Münzsammlung, Residenz-Eingang, Residenzstr. 1. Münzen, Medaillen und Geldzeichen aus mehreren Jahrtausenden. Tgl. außer Mo 10–16.30 Uhr, Tel. 22 72 21.

Staatliches Museum für Völkerkunde, Maximilianstr. 42. Sonder- und Dauerausstellungen zum außereuropäischen Kunst- und Kulturgut. Di–Fr 9–17, Do 9–21, Sa und So 10–17 Uhr, Tel. 210 13 60.

Staatliche Sammlung Ägyptischer Kunst, Residenz, Eingang Hofgartenstr. 1. Denkmäler des ägyptischen Altertums von der Vorgeschichte über die klassischen Epochen bis zur hellenistisch-römischen Zeit sowie frühchristliche Kunst aus dem Nil-Tal und nubische, meroitische und assyrische Kunst. Di–Fr 9–16 Uhr, Sa u. So 10–17 Uhr, Di 19–21 Uhr, Tel. 29 85 46.

Städtische Galerie im Lenbachhaus, Luisenstr. 33. Sammlung von Werken der Münchner Schule des 19. und frühen 20. Jhs; u.a. Werke von Kandinsky, Klee, Macke, Marc und Jawlensky, aber auch zeitgenössische Kunst. Tgl. außer Mo 10–18 Uhr, Tel. 233 03 20 und 23 33 20 00.

Üblacker-Häusl, Preysingstr. 58. Herbergenmuseum des Münchner Stadtmuseums. Di, Do, So 10–12 Uhr, Mi, Fr 17–19 Uhr.

Valentin-Musäum. Ein Museum zu Ehren von Karl Valentin und Liesl Karlstadt, das man sich als Liebhaber von genialer Komik und Kuriosem nicht entgehen lassen sollte. Mo, Di, Fr, Sa 11.01–17.29 Uhr, So 10.01–17.29 Uhr, Eintritt Erw.199, Kinder 99 Pfennige, Tel. 22 32 66.

Villa Stuck, Prinzregentenstr. 60, Jugendstil-Villa des „Künstlerfürsten" Franz von Stuck, zu besichtigen im Zusammenhang mit laufend wechselnden Ausstellungen zur Kunst der klassischen Moderne und der Gegenwart. Tgl. außer Mo 10–17, Do bis 20 Uhr, Tel. 45 55 51 25.

Zählermuseum Stadtwerk, Elektrizitätswerke, Franzstr. 9. Über die Entwicklung der Elektrizitätszähler. Mi 9–12 Uhr.

ZAM – Zentrum für außergewöhnliche Museen, Westenriederstr. 26. Sieben Spezialmuseen, u.a. Tretauto-, Sissy-, Osterhasen-, Nachttopf-Museum. Tägl. 10–18 Uhr, Tel. 290 41 21.

Museen in der Nähe von München

Burgmuseum Grünwald, Zeillerstr. 3. Zweigmuseum der Prähistorischen Staatssammlung München. Sammlung römischer Grab- und Weihesteine, Rekonstruktion einer römischen Küche, Geschichte der Burg, Turmbesteigung mit Alpenpanorama. Mi–So 10–16.30 Uhr, Tel. 641 32 18.

Diözesanmuseum Freising, Domberg 21. Christliche Kunst aus Bayern, Salzburg und Tirol, Wechselausstellungen. Di–So 10–17 Uhr, Tel. 08161/487 90.

„Flugwerft Schleißheim" – Deutsches Museum, Effnerstr. 18, direkt bei Schloß Schleißheim. Die Zweigstelle des Deutschen Museums umfaßt u. a. die historische Flugwerft (1912–1919) und eine neue Ausstellungshalle für die Luft- und Raumfahrtsammlungen. Tgl. 9–17 Uhr, Tel. 315 71 40.

KZ-Gedenkstätte Dachau mit Museum, Alte Römerstr. 75. Fünfsprachige Dokumentation über die Vorgeschichte des Dritten Reiches, die Entstehungsgeschichte des Lagers, die Lebensbedingungen der Häftlinge und das Organisationssystem der SS in Dachau. Ein Gang durch das Lager mit seinen Wohnbaracken, dem Appellplatz, Bunker und Krematorium vergegenwärtigt die Grausamkeit der „Endlösung der Judenfrage" durch die Nazis. Di–So 9–17 Uhr; Führungen für Einzelbesucher 12 Uhr auf deutsch, 12.30 Uhr auf englisch ganzjährig am Sa, So und Fei; Juni–August auch an den übrigen Öffnungstagen. Voranmeldung für Gruppen: Tel. 08131/71007.

Meißener Porzellan-Sammlung, Schloß Lustheim, Park von Schloß Schleißheim. Tgl. außer Mo 10–12.30 Uhr und 13.30–17 Uhr, Tel. 315 02 12.

Galerien

Galerie von Abercron, Maximilianstr. 22, Tel. 22 64 20. Klassische Moderne, Neue Sachlichkeit.

Galerie Gunzenhauser, Maximilianstr. 10, Tel. 22 30 30. Internationale Avantgarde.

Galerie Ruf, Oberanger 35, Tel. 26 52 72. Bilder und Skulpturen von Klassikern der Moderne und Künstlern der Gegenwart.

Architekturgalerie, Türkenstr. 30, Tel. 28 28 07. Architekturbezogene Ausstellungen, Vorstellung städtebaulicher Projekte und Bühnenbilder.

Produzentengalerie, Adelgundenstr. 6, Tel. 228 38 40. Selbstverwaltete Galerie „von Künstler zu Künstler".

Galerie Bernd Klüser, Georgenstr. 15, Tel. 33 21 79. Trendsetter mit internationalen Avantgardisten (Joseph Beuys, Andy Warhol u. a.).

Galerie Alvensleben, Arcisstr. 58, Tel. 271 56 56. Vorwiegend Künstler aus den zwanziger Jahren des 20. Jh.s sowie Photoausstellungen.

Galerie Dany Keller, Buttermelcherstr. 11, Tel. 22 61 32. Junge Künstler der Gegenwart, auch moderne afrikanische Kunst.

Galerie Neuhausen (Kunstkeller), Elvirastr. 17 a, Tel. 129 78 03. Ausstellungen junger Künstler.

Edition Schellmann, Römerstr. 14, Tel. 33 17 17. Internationale Avantgarde.

Galerie Klewan, Klenzestr. 23, Tel. 202 16 06. Österreichische Avantgardisten aus den sechziger Jahren, Neue Sachlichkeit.

Galerie Jahn Fred, Baaderstr. 56 c, Tel. 201 59 00. Malerei, Graphik u. Zeichnungen der zwanziger Jahre neben zeitgenössischer Kunst.

Goethe 53, Goethestr. 53, Tel. 23 32 35 36. Galerie des Ausländerbeirats der Stadt.

Galerie Karl & Faber, Amiraplatz 3, Tel. 22 18 65. Gemälde, Zeichnungen und Graphik der Klassischen Moderne.

Galerie Pabst, Stollbergstr. 11, Tel. 29 29 39. Zwanziger Jahre, Wiener

Jugendstil u. österreichische klassische Moderne.
Kunstbunker Tumulka, Prinzregentenstr. 97a, Tel. 45 55 55 41. Ausstellungen von Avantgarde-Künstlern in architektonisch interessantem Bau.

Kinos

Das vollständige Programm sämtlicher Münchner Kinos ist den Tageszeitungen (SZ, AZ, TZ usw.) zu entnehmen.
ABC, Herzogstr. 1, Tel. 33 23 00. Erstaufführung anspruchsvoller Kunst- und Unterhaltungsfilme, meist in Originalfassung.
ARRI, Türkenstr. 91, Tel. 38 40 53 10. Komfortables und modernes Kino, leider ist das Programm nicht immer auf demselben Niveau.
Atelier, Sonnenstr. 12, Tel. 59 19 18.
Atlantis, Schwanthaler Str. 2, Tel. 55 51 52. Meist anspruchsvollere Fime in Originalfassung.
Autokino Aschheim, Münchner Str., Aschheim, Tel. 90 70 08. Einziges Münchner Autokino.
Cadillac + Veranda, Rosenkavalierplatz 12, Tel. 91 20 00.
Cinema, Nymphenburger Str. 31, Tel. 55 52 55. Regelmäßig Double-Features bis zum Abwinken, ab und zu Orginalfassungen.
City Kino Center, Sonnenstr. 12, Tel. 59 19 83. Eines der besten Kinos der Stadt.
Eldorado, Sonnenstr. 7, Tel. 55 71 74.
Elisenhof Kinocenter, Prielmayerstr. 3, Tel. 55 75 40.
Filmcasino, Odeonsplatz 8, Tel. 22 08 18.
Filmmuseum, St. Jakobsplatz 1, Tel. 233 23 48. Unterschiedliche Reihen zur Filmgeschichte, exzellente Projekte in Zusammenarbeit mit anderen kulturellen Institutionen.
Forum 2, Nadistr. 3, Tel. 983778, 351 37 80. Freitags und samstags Kinderkino, donnerstags: „Der besondere Film“.
Gloria Palast, Karlsplatz 5, Tel. 59 37 21. Mit über 600 Plätzen Münchens größter Kinosaal. Erstaufführungen von Unterhaltungsfilmen.
IMAX-Kino – Forum der Technik, Museumsinsel 1, Tel. 21 12 51 80.
Isabella, Neureutherstr. 29, Tel. 271 88 44. Erstaufführung von Autorenfilmen.
Leopold 1 + 2, Leopoldstr. 80, Tel. 33 10 50.
Lupe 2, Ungererstr. 19, Tel. 34 76 51. Programmkino mit Kunst- und Autorenfilmen, neuen ebenso wie alten Klassikern.
Marmorhaus, Leopoldstr. 35, Tel. 55 56 70.
Maxim, Landshuter Allee 33, Tel. 16 87 21.
Maxx Filmpalast, Isartorplatz 7, Tel. 21 23 80 80.
Museum Lichtspiele, Lilienstr. 2, Tel. 48 24 03.
Neues Arena, Hans-Sachs-Str. 7, Tel. 260 32 65. Erstaufführung von Kunst- und Genrefilmen. Regelmäßig Double-Features, z. T. in Originalfassungen.
Neues Rottmann, Rottmannstr. 15, Tel. 52 16 83. Erstaufführung anspruchsvoller Autoren- und Unterhaltungsfilme.
Odyssee, Schwanthalerstr. 3, Tel. 55 57 54.
Neues Rex, Agricolastr. 16, Tel. 56 25 00.
Rio Palast, Rosenheimer Str. 46, Tel. 48 69 79.
Royal-Filmpalast, Goetheplatz 2, Tel. 53 39 56/7.
Stachus-Kino-Center, Sonnenstr. 6, Tel. 59 42 75.
Theatiner, Theatinerstr. 32, Tel. 22 31 83.
Tivoli, Neuhauserstr. 3, Tel. 26 43 26.
Türkendolch, Türkenstr. 74, Tel. 271 88 44. Klassisches Off-Kino.
Werkstattkino, Fraunhoferstr. 9, Tel. 260 72 50. Kleines Hinterhofkino für politische und Genrefilme.

Nachtleben

Bars

Atomic Café, Neuturmstr. 5, Club und Disko mit Betonung auf den sechziger und siebziger Jahren.
Bongo Bar, Grafinger Str. 6. In-Bar im Kunstpark Ost, im (Pseudo-)Nachtclubstil der zwanziger Jahre. Mitunter schrille Programmabende.
Iwan, Josephspitalstr. 15, 11–3 Uhr. Für gut gestylte, aufgeschlossene Großstadtmenschen.
Kalibar, Kunstpark Ost, Grafinger Str. 6. Eine der schönsten Bars im Kunstpark mit Inhabern, die ihr Handwerk verstehen. Sehr gute Cocktails.
Lenbach, Ottostr. 6. Lindgrüne Luxusbar in prunkvollem Speisetempel.
Nachtcafé, Maximiliansplatz 5, 19–5 Uhr. Da geht man eigentlich erst ab Mitternacht hin. Unaufdringliche Jazz-Live-Musik, Publikum sehr gemischt, echt weltstädtisch also.
Schumann's, Maximilianstr. 36, 17–3 Uhr. Gilt als exklusiv bis abgestürzt.
Skyline, Leopoldstr. 82, 18.30–4 Uhr. Bar mit Blick über die Leopoldstraße. Ab 24 Uhr Diskothek.
Wunderbar, Hackenstr. 3, 18–3 Uhr. Einer der ältesten Szene-Treffs.

Discos

Neben den vielen Diskotheken und Techno-Clubs im **Kunstpark Ost** *(u. a.* K41, Babylon, Ultraschall, Kraftwerk, Natraj Tempel*) gibt es in München über das ganze Stadtgebiet verteilt zahlreiche Tanztempel. Die Trends wechseln häufig, und derzeit gibt es neben ständigen Neueröffnungen kaum Schließungen.*
Crash, Ainmilerstr, 10, 20–1 Uhr. Für Hard-Rock-Fans.
New York, Sonnenstr. 25, 23–4 Uhr. Für Schwule und Heteros, bekannt für gute Musik.
Park Café, Sophienstr. 7, 22–3 Uhr. Wechselndes Wochenprogramm.
P 1, Prinzregentenstr. 1, 22–4 Uhr. In fester Hand des Feinkostzarensprößlings Michael Käfer, mit entsprechenden Preisen.
Nachtwerk, Landsberger Str. 185, 22.30–4 Uhr. In Halle 3 und 4 Disco, mal Techno, mal Seventies.

Ganz spät

Adams City, Pacellistr. 2, 8–6 Uhr, Sa ab 10, So ab 15 Uhr. Bierkeller für jene, die auch um 3 Uhr noch nicht müde sind.
Mc Donalds, Ingolstädter Str. 58, 6–5 Uhr. Wen es des Nachts nach einem Big Mac gelüstet.
Nachtcafé, Maximiliansplatz 5, 21–6 Uhr. Unaufdringliche Live-Musik und beachtliche Küche bis spät in die Nacht. Erfreulicher Generationenmix.
Nachtkantine, Kunstpark Ost, Grafinger Str. 6, Mo–Fr 10–4 Uhr, Sa u. So 10–7 Uhr. In einer ehemaligen Fabrikkantine gibt es eine fast rund um die Uhr geöffnete Speisekantine.
Schmalznudel, Prälat-Zistl-Str. 8, 5–14 Uhr. Hier treffen sich die gestandenen Durchmacher mit den Marktleuten vom Viktualienmarkt.

Kneipen

Ballhaus, Klenzestr. 71. Café-Kneipe im Glockenbachviertel.
Bunter Vogel, Herzogstr. 44, 19–1 Uhr. Für gemütliche Abende bei Kerzenlicht.
Frundsberg, Frundsbergstr. 46. Gemischtes Publikum inmitten von Karussell-Dekors.
Heppel & Ettlich, Kaiserstr. 67. Theater-Café.
Lissabon Bar, Breisacherstr. 22. Beliebtes Lokal mit portugiesischer Küche in Haidhausen.
Stadtcafé im Stadtmuseum, St.-Jakobs-Platz 1. Seit Jahren der In-Treff für Münchens Intellektuelle und die Freunde des Filmmuseums.
Stragula, Bergmannstr. 66, 18–1 Uhr. Realwirtschaft.
Vollmond, Schleißheimerstr. 82, 19–1 Uhr. Bei Vollmond gibt's für manchen was umsonst.

Musikkneipen

Café am Beethovenplatz, Geothestr. 51. Tagsüber Wiener Caféhaus, abends internationale Küche und Live-Musik.
Drehleier, Rosenheimerstr. 123. Salsa und Merenge am Samstag.
„Jazz bei Fritz" im Hofbräukeller, Innere Wiener Str. 19. Jazz von Swing bis Modern in den alten Gewölben des Bierkellers.
Kaffee Giesing, Bergstr. 5. Etwas spröde, ehemals unter der Leitung von Konstantin Wecker.
La Cumbia, Taubenstr. 2. Für Latino-Fans.
Max Emanuel, Adalbertstr. 33. Für Salsa-Fans mittwochs und freitags interessant.
Rattlesnake Saloon, Schneeglöckchenstr. 91. Für Freunde von Country-Music.
Schwabinger Podium, Wagnerstr. 1. Rockkneipe mit Live-Musik.
Unterfahrt, Kirchenstr. 96. Guter Modern Jazz und Anlaufstelle auch für noch weniger bekannte, gute Musiker. Ab 21 Uhr.
Waldwirtschaft Großhesselohe, Georg-Kalb-Str. 3. Dixie und Bier, im Sommer im Freien. Sonntags Jazzfrühschoppen.
Wirtshaus zum Isartal, Brudermühlstr. 2. Jazz und Samba.

Studentenkneipen

Atzinger, Schellingstr. 9. Der nächste Zufluchtsort nach der Vorlesung.
Baal, Kreitmayrstr. 26. Das Interieur besteht aus lauter Büchern.
Fraunhofer, Fraunhoferstr. 9. Immer voll, immer was los.
Schelling Salon, Schellingstr. 54. Für Spieler (Schach, Billard etc.), Penner und Studenten.
Zum Kloster, Preysingstr. 77. Echt alternativ, von Sozialpädagogen besetzt.

Einkaufen

Einkaufszentrum ist in München die Fußgängerzone am Marienplatz. Zwischen den großen Kaufhäusern reiht sich ein Geschäft ans nächste: Schuhgeschäfte, Boutiquen, Juweliere u.a. bieten hier so ziemlich alles an, was das Herz begehrt. Wer in der Neuhauser- und der Kaufingerstraße nicht fündig wird, kann seine Suche in der Sendlinger Straße, im Tal oder im Rosental fortsetzen. Münchnerischer Glanzpunkt in der Innenstadt ist der Viktualienmarkt.

Weitere Schlemmereien gibt es in Deutschlands Delikatessengeschäft No. 1, dem **Dallmayr** in der Dienerstr. 15. Wildspezialitäten gibt es im **Zerwirkgewölbe,** Ledererstr. 3. Nicht mehr aus München wegzudenken ist das Bekleidungsgeschäft **Ludwig Beck am Rathauseck,** bekannt vor allem durch seine ständig wechselnde Dekoration, die von angesehenen Künstlern gestaltet wird.

Elegantes und Exklusives wie Pelze, Antiquitäten und Porzellan findet man in den folgenden Straßen: Theatinerstraße, Residenzstraße, Brienner Straße und im **Kunstblock** an der Ottostraße 3 beim Lenbachplatz. Kunstliebhabern ist die Maximilianstraße zu empfehlen, wo gleich 25 Galerien zum Staunen und Kaufen einladen.

Geschenke ganz besonderer Art für Bayernfans gibt es in der Boutique **Et Cetera** in der Wurzerstraße 12, Lederhosen bei **Karl Wagner** im Tal 77.

Bayerns Noblesse kleidet sich ein bei **Loden Frey** in der Maffeistraße. Kleinigkeiten, Porzellan und Stoffe findet man bei **Radspieler,** Hackenstr. 7.

Für den kleineren Geldbeutel hält die Hohenzollernstraße in Schwabing Modisches bereit. Auch auf der Leopoldstraße läßt sich so mancher Fummel günstig erstehen. Wer ganz besondere Blumensträuße mag, sollte unbedingt im **Tropica** in der Nordendstraße vorbeischauen. Offene Weine, bei denen auch der Dilettant nichts falsch machen kann, bietet die **Nordendquelle** in derselben Straße an. Antiquariate und Buchläden en masse sind in der Schelling-, Türken- und Amalienstraße hinter der Universität zu finden.

Märkte

Viktualienmarkt: siehe Seite 90f.
Elisabethplatz (Westschwabing): Schwabings Kleinausgabe des Viktualienmarktes (tgl. außer So).
Großmarkthalle: Thalkirchner Str. 81; größter europäischer Umschlageplatz für Gemüse und Obst (tgl. außer So 5 bis 13 Uhr).
Christkindlmärkte: jährlich von Anfang Dezember bis zum Hl. Abend. Verkauft werden Christbaumschmuck, Kerzen, Krippen, Lebkuchen u.Ä. Der weitaus größte Weihnachtsmarkt findet am Marienplatz statt, weitere kleinere Märkte gibt es an der Münchner Freiheit, am Weißenburger Platz und am Rotkreuzplatz.

Wochenmärkte

(v. a. Obst, Gemüse und Blumen):

- **Dienstag:** Neuperlach, Plettstr. (8–12 Uhr); Haidhausen, Weißenburgerstr. (8–12 Uhr), Johanneskirchen/Oberföhring, Fritz-Meyer-Weg (13–18 Uhr); Berg am Laim, Baumkirchener Str. (13–18 Uhr)
- **Mittwoch:** Blumenau, Blumenauer Str. (8–12 Uhr); Sendling, Konrad-Celtis-Str./Jean-Paul-Richter-Str. (8–12 Uhr); Fürstenried-Ost, Berner Str. (13–18 Uhr); Neuaubing-Westkreuz, Mainaustr. (13–18 Uhr)
- **Donnerstag:** Hasenbergl, Wellenkampstr. (8–12 Uhr); Moosach, Nanga-Parbat-Str. (8–18 Uhr)
- **Freitag:** Johanneskirchen/Oberföhring, Fritz-Meyer-Weg (8–12 Uhr); Berg am Laim, Baumkirchener Str. (8–12 Uhr); Neuperlach, Hanns-Seidel-Platz (13–18 Uhr); Giesing, Perlacher Str. (13–18 Uhr)
- **Samstag:** Fürstenried-West, Graubündener Str. (8–13 Uhr); Neuaubing-West, Mainaustr. (8–13 Uhr); Großhadern, Guardinistr. (8–13 Uhr)

Flohmärkte

Flohmärkte finden in unregelmäßigen Abständen statt. Die genauen Termine können Sie den Tageszeitungen entnehmen. Standorte sind am ehemaligen Containerbahnhof an der Arnulfstr. und im Kunstpark Ost, Grafinger Str. 6.

Secondhand-Läden

Secondhand-Läden mit allerlei alten Fummeln wie Petticoats und Lederjakken gibt es vor allem im Glockenbachviertel, Westend und in Schwabing.

- **Glockenbachviertel:** *Alexa's*, Utzschneiderstr. 10; *Der 7. Himmel*, Hans-Sachs-Str. 17.
- **Westend:** *Bambini*, Gollierstr. 25; *Brandhofer*, Westendstr. 36.

Schwabing: *Secondhand Agentur*, Designermode aus zweiter Hand, Siegesstr. 20; *Secondhand „Chic"*, Marktstr. 10; *„Die 2"*: Leopoldstr. 204; *Menshop*, Occamstr. 12; *Zsa Zsa*, Schellingstr. 66.

Stadtrundfahrten

Täglich Stadtrundfahrten in Bussen bietet die **Münchener Fremdenrundfahrten OHG**, Arnulfstr. 8, Tel. 120 44 18, an.

Abfahrtstelle ist der Bahnhofsplatz gegenüber dem Haupteingang des Hauptbahnhofs. **Kleine Rundfahrten** (ca. 1 Stunde) beginnen jeweils um 10, 11.30 und 14.30 Uhr; der Preis schließt die Besichtigung des Olympiageländes und Auffahrt zum Olympiaturm ein. **Große Rundfahrten** (ca. 2 1/2 Stunden) finden täglich außer Mo statt. Die Vormittagstour (10 Uhr) enthält einen Besuch der Alten Pinakothek und der Peterskirche, die Nachmittagstour (14.30 Uhr) die Besichtigung des Schlosses Nymphenburg.

zu Fuss/ per Rad

City Hopper Touren, Anmeldung Tel. 272 11 31.

Stattreisen München e.V.. Stattreisen bietet Münchner Geschichte und Gegenwart aus ungewöhnlicher Perspektive – mit der Tram, zu Fuß und per Fahrrad. Sa 14 Uhr, So 11 u. 14 Uhr, Mi (Mai–August) 18 Uhr. Tel. 54 40 42 30.

Radius Touristik im Hauptbahnhof (bei Gleis 31), Tel. 43 66 03 83; auch Radverleih.

Turmbesteigungen

Olympiaturm (290 m): tgl. 9–24 Uhr, Kinder unter 6 Jahren frei.

Peterskirche (92 m) am Rindermarkt: Mo–Sa 9–18, So 10–18 Uhr (je nach Wetter).

Rathaus (85 m) am Marienplatz: Mo–Fr 9–19 Uhr, Sa, So und feiertags 10–19 Uhr.

Frauenkirche (Südturm, 98 m): Mo–Sa 10–17 Uhr, So und Fei geschlossen.

Das Münchner Jahr

Fasching: Am Dreikönigstag (6. Januar) beginnt auf dem Viktualienmarkt die Ballsaison mit ca. 3000 Bällen bis zum Faschingsdienstag. Diese finden u.a. in den folgenden Faschingshochburgen statt: Bayerischer Hof, Deutsches Theater, Hofbräuhaus, Löwenbräukeller, Max-Emanuel-Brauerei und Schwabinger Bräu. Auf den Straßen (Marienplatz, Odeonsplatz, Max-Josephs-Platz und Fußgängerzone) wird am Faschingssonntag mit Straßentheatern, Jazz-, Pop- und Blaskapellen sowie privaten Gaudimachern aller Art gefeiert. Und am Faschingsdienstag endet diese erste Münchner Jahreszeit dort, wo sie begonnen hat – am Viktualienmarkt, wo die „Marktweiber" zum Tanze laden.

Der **Schäfflertanz**, ein Brauch aus der Pestzeit im 16. Jh., wird nur alle sieben Jahre aufgeführt: 1998 und 2005 tanzen die Schäffler wieder bei Bällen und auf öffentlichen Plätzen.

Am **Aschermittwoch** findet dann am Fischbrunnen auf dem Marienplatz die traditionelle „Geldbeutelwäsche" statt, und anschließend geht der Münchner in eines der vielen Lokale, wo an diesem Tag mit einem opulenten Fischessen die Fastenzeit beginnt.

Starkbierzeit: Mit selbstgebrautem Starkbier (erhöhter Stammwürzegehalt bis zu 20%, ca. 6% Alkohol) trösteten sich früher die Mönche über die Entbehrungen während der Fastenzeit hinweg. Obwohl heute auch im vorwiegend katholischen München kaum mehr gefastet wird, hat man am Starkbier festgehalten und ihm die sogenannte fünfte Münchner Jahreszeit reserviert. Sie beginnt ca. zwei Wochen nach Aschermittwoch, wo sie auf dem Nockherberg eröffnet wird. Und dann wird nur noch Bier getrunken, das auf *-ator* endet. *Salvator, Triumphator, Maximator* und *Optimator* gibt es aber auch noch am 1. Mai, wenn mit dem traditionellen **Maibock-Anstich** (Hofbräuhaus) die Biergartensaison eröffnet wird.

„Ozapft is" am vorletzten Samstag im September, wenn *die* Münchner „Jahreszeit" schlechthin beginnt. Eröffnet wird das **Oktoberfest** mit dem Einzug der Wies'nwirte auf Brauereigespannen. Am ersten Wiesensonntag findet dann der Trachten- und Schützenzug durch die Innenstadt zur Wies'n statt, wo gefeiert wird bis zum ersten Sonntag im Oktober.

Auf keinen Fall entgehen lassen sollte man sich die **Auer Dult** (Trödelmarkt und Vergnügungspark), die dreimal im Jahr auf dem Kirchplatz der Maria-Hilf-Kirche in der Au stattfindet (Mai-Dult: letzte Aprilwoche bis Anfang Mai, 9 Tage; Jakobi-Dult: Ende Juli, 9 Tage; Kirchweih-Dult: ab Mitte Oktober, 9 Tage).

Mit dem **Christkindlmarkt** auf dem Marienplatz und an der Münchner Freiheit in Schwabing (1. Advent bis Hl. Abend) endet das Münchner Jahr.

Sport

Auskünfte über Breitensport, an dem jeder teilnehmen kann, enthält ein Prospekt des Sportamtes München, erhältlich in der Stadtinformation im Rathaus. Weitere Auskünfte über das Freizeitsportprogramm der Stadt: Tel. 233 87 15.

Baden

Freibäder

Dantebad, Dantestr. 6, Tel. 15 28 74. Bus Nr. 8 und 17 bis Dantebad, Tram Nr. 20 bis Baldurstraße.

Georgenschwaige, Belgradstr. 195, Tel. 30 99 13. U3/U2 bis Scheidplatz.

Maria-Einsiedel, Zentralländstr. 28, Tel. 723 14 01. Bus Nr. 5 bis Maria Einsiedel.

Michaelibad, Heinrich-Wielandstr. 16, Tel. 40 76 91. U2, Bus Nr. 59, 92, 93,94, 137.

Schyrenbad, Claude-Lorrain-Str. 24, Tel. 65 37 15. Bus Nr. 5 bis Claude-Lorrain-Str., Bus Nr. 5 bis Humboldtstr., U2 bis Kolumbusplatz.

Ungererbad, Traube-Str. 3, Tel. 36 98 42. U6 bis Dietlindenstraße.

Sommerbad-West, Weinbergerstr. 11, Tel. 88 54 41. Tram 19 bis Gräfstraße.

Sommerbad, Allach, Eversbuschstr. 213, Tel. 812 54 27. Bus Nr. 7 oder 70 bis Sommerbad Allach.
Prinzregentenbad, Prinzregentenstr. 80, Tel. 47 48 08. Tram 18, Bus Nr. 51, 54, 55.

HALLENBÄDER

Müllersches Volksbad, Rosenheimerstr. 1, Tel. 23 61 34 29. Mit römisch-irischem Schwitzbad. S-Bahn bis Rosenheimer Platz. Mo 10–17, Di, Do 8–19.30, Mi 6.45–19.30, Fr 8–20.45, Sa 8–17.30, So 9–18 Uhr.
Nordbad, Schleißheimerstr. 142, Tel. 18 00 91. Tram 12 und 18 bis Nordbad, U2 bis Hohenzollernplatz. Mo 10–17, Di/Mi/Do 8–19.30, Fr 8–20.45, Sa 8–18, So 8.30–12.30 Uhr.
Südbad, Valleystr. 37, Tel. 76 15 69. Tram 16 und 26. Mo 10–17, Di/Do 8–20.45, Mi/Fr 8–19.30, Sa 8–18, So 9–18 Uhr.
Westbad, Weinbergstr. 11, Tel. 88 54 41. Tram 19 bis Gräfstr. Mo 9–16, Di–So 7–21 Uhr.
Michaelibad, Heinrich-Wieland-Str. 24, Tel. 40 76 91. U2, Bus Nr. 59, 92, 93, 94, 137. Mo 10–18, Di–So 7–21 Uhr.
Giesing/Harlaching, Klausenerstr. 22, Tel. 692 55 17. Tram 15 und 25 bis Kurzstr. Mo 10–18, Di/Do 7–20.45, Mi/Fr 8–20, Sa 8–18, So 9–18 Uhr.
Forstenrieder Park, Stäblistr. 27b. Tram 16 und 26. Mo 10–18, Di/Do 7–20.45, Mi/Fr8–20, Sa/So 9–18 Uhr.
Olympiaschwimmhalle, Olympiazentrum, Tel. 30 67 22 90. U3/U6 bis Olympiazentrum. Mo 10–22.30, Di–So 7–22.30 Uhr.

WELLENBAD

Cosimabad, Cosimastr. 5, Tel. 91 17 90. Bus Nr. 89, 189, 51, 151 bis Cosimapark, U4. Mo–So 7.30–22 Uhr, Wellenbetrieb Mo–Fr ab 15 Uhr, Sa, So u. Feiertage alle volle und halbe Stunde.

Offene Sportanlagen

(Auswahl, ohne sportliche Anleitung, Benutzung kostenlos)

- Agilolfinger Str. 6, Giesing, Tel. 65 66 99.
- Guerickestr. 6, Schwabing Nord, Tel. 361 37 80.
- Feldbergstr. 65, Trudering, Tel. 439 25 44.
- Grohmannstr. 63, Hasenbergl-Nord, Tel. 313 30 33.
- Eichmannstr. 11, Untermenzing, Tel. 812 27 78.

Öffnungszeiten: April–Oktober, Mo–Fr 9–12 und 16–20 Uhr.

Gesundheitspark

Spiridon-Louis-Ring 27, Tel. 30 61 01-0. Mo–Fr 14–19 Uhr. Zu erreichen mit U3/U6 bis Olympiazentrum, von dort weiter mit Olympiapark-eigenem Kleinbus.

Squash-Center

Bavaria Squash, Bavariastr. 16, Tel. 77 41 81.
Squash-Center Schwabing, Winzererstr. 47b, Tel. 308 35 16.
Park Club Nymphenburg, Stievestr. 15, Tel. 178 20 55.
Tennis- und Squash-Center GmbH, München-Süd, Zielstattstr. 61, Tel. 78 69 70.
„Racket" Sport-Centrum, Wilhelm-Hale-Str. 45, Tel. 168 86 86.

Tennis

Tennis Park St. Florian GmbH, Sondermeierstr. 77, Tel. 323 30 66.
TSC Tennis-Park und Squash-Center GmbH, Georg-Kainz-Str. 8, Tel. 149 28 75.
Tennis Allwetter Fideliopark GmbH, Freischützstr. 42, Tel. 93 71 25.
Tennisplätze Herzogpark, Flemingstr. 16, Tel. 99 89 41 20.

Literaturhinweise

Sachbücher

Reinhard Bauer, *München – Geschichte einer Stadt,* dtv Tb 305040
Richard Bauer, *Zu Gast im alten München,* Hugendubel
Wolfgang Bekh u. Wolfgang Lauter, *Zeit für München*
Erika Drave: *Münchner Augenblicke,* DuMont
Christa Eder: *Die schönsten Landpartien in München und Umgebung.* München 1994.
Barbara Ettl: *Bäriges München – Maxls München für Kinder.* München 1997.
Ernst Hoferichter; *Goldenes München,* Stadt der Lebensfreude, Bruckmann. 1983.
Norbert Huse: *Kleine Kunstgeschichte Münchens.* München 1990.
R. Geipel/G. Heinritz (Hg.): *München. Ein sozialgeographischer Exkursionsführer,* Münchner Geographische Hefte 55/56, Laßleben-Verlag.
Hanns Glöckle: *München-Bier-Oktoberfest,* Bayerland-Verlag
Haupka, R., *Rund um München,* Deutsche Radtourenkarte
Petra Moll: *Der Viktualienmarkt,* Schlaraffenland im Herzen Münchens, Süddt. Verlag
München: Die Kunst- und Kulturdenkmäler in der Region München
Kurt Preis: *München unterm Hakenkreuz,* Herbig-Verlag
Kurt Seeberger: *Schwabing,* Ein Lesebuch, Piper
Schröder, Peter, *Die schönsten Radtouren rund um München*
Egmont Strigl, *Baden in und um München*
Hans Ulrich: *Radeln mit der S-Bahn rund um München,* Süddt. Verlag.
Benedikt Weyerer: *München zu Fuß,* 20 Stadtteilrundgänge durch Geschichte und Gegenwart
Robert Wistrich, *Ein Wochenende in München*

Belletristik

Reinhard Bauer/Ernst Piper, München, *Ein Lesebuch,* Frankfurt a.M. 1986.
Tankred Dorst: *Die Münchner Räterepublik,* Edition Suhrkamp. 1972.
Ernst Hürlimann, *Ja so san's oder Ja so sind sie*
Lesebuch zur Geschichte des Münchner Alltags, Buchendorfer
Albert von Schirnding (Hrsg.), *dtv Reise Textbuch München, ein literarischer Begleiter auf den Wegen durch die Stadt,* München. 1988.
Herbert Schneider, *Münchner Geschichten.* 1979.

Visuelle Beiträge

Archiv Gerd Pfeiffer 2, 10/11, 14/15, 16/17, 18, 20/21, 24, 26, 27, 29, 30, 32/33, 34, 36, 37, 39, 40, 41, 42/43, 44, 46, 47, 49, 50, 51, 52, 54/55, 56, 60, 61, 63, 66/67, 68/69, 79, 80, 81L/R, 82, 88, 90, 91, 94, 95, 110/111, 117, 119L/R, 120R, 124/125, 127, 128, 130, 131, 132, 134, 135, 136/137, 138, 139, 140, 141, 142, 143, 146, 155, 156, 158, 159, 161, 162, 165, 166, 167, 168, 172, 173, 174, 175L/R, 176, 177, 183, 192, 195, 197, 199, 205L/R, 209, 216/217, 219, 220, 221L/R, 222, 223L/R, 224, 225, 229, 230, 231, 235, 240/241, 251, 253, 254, 261, 265
ADAGP, Paris und Cosmopress Genf 160
Alte Pinakothek, München 184
Archiv für Kunst und Geschichte, Berlin 58, 59, 264
Archiv Heinz Gebhardt 62 L/R, 65, 103, 120L, 200/201, 206, 236
Bavaria Filmstudios 169
Joachim Chwaszcza 226/227
Furtner Fotostudio 262
Tony Halliday 104, 105, 190/191, 196, 198
Herbert Hartmann 1, 9, 72, 73, 76, 77, 93, 97, 98/99, 100, 101, 148/149. 157, 238/239, 263
Heiner Henninges/Free Lance Press 157, 180/181, 194, 233, 258, 260, 266
Marlis Kappelhoff 102, 118L, 133, 147, 213, 232, 237, 255
Lenbachhaus München 188
Werner Lüring 31L/R, 122, 123, 130, 137, 145, 152, 153, 154, 214, 215, 240R, 257
Neue Pinakothek München 185
Jörg Reuther 244, 246, 247, 248, 249, 250
G. P Reichelt 75
Heiko Schiemann 202
Günter Schneider 86/87, 106/107, 112, 118R, 145, 178, 182, 210/211,
Robert Srzentic 97, 99, 163, 179, 207, 256
Fremdenverkehrsamt Augsburg 259
Fremdenverkehrsamt Oberbayern 267
Weltbild Möppert, München 2 189
Phil Wood/Apa 12/13, 22, 23, 71, 74, 78, 84, 89, 96, 108/109, 129, 144, 170/171, 186, 187, 193, 203, 208, 234, 252, 268

Karten Berndtson & Berndtson

Design Konzept V. Barl

Register

A

B

C

D

E

F

G

H

I, J

K

T

U, V

W

Z